중세지향, 퇴행사회

中世志向　　　　　退行社會

홍승기

박영사

머리말

　『제국의 위안부』 사건의 진행을 보면서 소스라치게 놀랐습니다. 경찰의 '혐의 없음' 의견을 검찰이 뒤집어 공소를 제기하고, 집중 심리기일을 반복하며 1심 법원이 '전부무죄' 판결을 하였는데, 굳이 고등법원이 '일부유죄'로 뒤집었습니다. 쟁점이 간명한 사건을 대법원은 6년을 깔고 앉아 있었더랬습니다.

　그들에게 종군 위안부는 20만 명이어야 하고, 모두 총칼에 끌려갔어야 했습니다. 그들이 창작한 설화(說話)의 허구를 지적했다가 사달이 났습니다. 위안부 운동꾼들에게는 '反日'이 생계이자 축재수단이자 권력이기 때문입니다.

　우리사회가 총체적으로 혐오하는 '친일잔재'란 정치적 필요에 따라 가공될 수 있는 불확정 개념입니다. 친일잔재는 삽시간에 청산할 수도 없고, 그렇게 청산되지도 않으며, 시급히 청산하겠다고 들면 오히려 사고가 나는 다의적(多義的) 개념입니다. 신 아무개 국회의원이 反日 목소리를 높이다가 부친의 헌병 오장(伍長) 경력이 드러난 희극이 왜 일어났을까요? 부친의 만주국 경찰 경력이 드러난 김 아무개 의원의 경우도 마찬가지입니다. 식민지 35년간 조선인 3천만은 일본국 국민(邦人)이었습니다. 「지원병(志願兵)에게」를 쓴 모윤숙이 「국군은 죽어서 말한다」의 작가라고 분개할 일이 아닙니다. 오히려 세상살이의 순리로 이해할 만합니다. 북조선의 혁명가요 「조선인민혁명군」은 일본 군가 「일본해군」을 베꼈고, 「반일혁명가」는 「철도창가」를 베꼈습니다.

실체가 애매한 무장항쟁론자들의 과격한 요구가 '반민특위(반민족행위특별조사위원회)'로 나타났습니다. "소급입법"에 의한 형사처벌에 무감각해진 첫 번째 사고이지 싶습니다. 반민특위의 완장질을 항일변호사로 이름을 날린 이인(李仁) 초대 법무부장관이 '국회의원이 되어' 잠재웁니다. 진보를 참칭하는 좌익 맹동주의자들은 이를 두고 '이승만의 친일파 보호'라고 거품을 뿜습니다. Ultra−super 반일주의자 이승만은 '운동가'의 투쟁성에서 벗어나 국가를 경영하여야만 했습니다. 1948년의 반민특위도 너무 나갔지만, 해방 후 60년이 흐른 뒤의 '친일반민족행위진상규명위원회'는 맥락에 맞지 않는 「드골신화」를 부풀려 뒤집어썼습니다. 외눈박이들이 설익은 폭력을 마구 휘둘렀습니다.

이렇게나 불량한(?) 법률가의 시각으로 몇 가지 꼭지를 묶었습니다. 묶고 보니 '인물'에 대한 이야기가 많아졌습니다. 그들의 인생보다는 그들이 살아온 '세월'을 이야기하고 싶었습니다. 시작할 때는 '위안부'와 '징용배상 판결'이라는 꼭지를 포함할 생각이었으나 분량이 넘쳐 뺐습니다. 그 두 꼭지만으로도 책 한 권을 넉넉히 묶겠더군요. 이번 겨울 찬바람 불 무렵 다시 한 권을 낼까 싶습니다.

이창위 서울시립대 로스쿨 교수가 초고를 읽고 조언을 아끼지 않았습니다. 김주성 전 교원대 총장, 석희태 경기대 명예교수, 박인환 변호사(전 건국대 로스쿨 교수), 황승연 경희대 명예교수, 강규형 명지대 교수의 전투력과 통찰력도 힘이 되었습니다.

2023년 9월
홍승기

목차

Ⅰ
근대적 삶, 중세적 삶

Ⅱ
친일파와 국가유공자 사이

Ⅲ

포로감시원, 전범에서 독립유공자까지

IV
끝없는 열패감

I

근대적 삶, 중세적 삶

근대적 삶, 중세적 삶

이승만을 지워야 하는 이들

이승만을 비난해야만 한다는 강박감

한국사에서 거의 사라졌던 건국대통령 이승만이 소생하고 있는 듯합니다. 문재인 대통령 시절 통일부장관 후보자 인사청문회에서 이인영 후보자가 "이승만 대통령이 국부라는 주장에는 동의하기 어렵다"고 우기는 사소한 소동도 있었습니다. 최근 시민사회에서 이승만을 제자리에 세우겠다는 의지가 모이는 듯하더니, 원로영화인 신영균 선생은 이승만기념관 부지 4천평을 기부하겠다고 제안하셨습니다. 국가보훈부를 비롯하여 정부에서도 화답하는 분위기입니다. 만시지탄이지만 천만다행입니다.

우리사회에는 이승만을 비난해야만 한다는 강박감을 느끼는 지식인이 적지 않습니다. 송건호선생도 둘째가라면 서러워할 인물이지 싶습니다.

"이승만 외교의 일생에 걸친 헛수고를 두고 오늘날까지 '외교에는 귀신'이라는 말이 그에게 적용되고 있는 것 또한 이상한 일이다. 해방 후만 하더라도 대미의존 외에는 아무런 국제적 지위를 얻지 못한 것이 그의 외교의 전부였다. 이승만은 또 '세계의 분쟁을 일으키는 조화를 가진 사람으로 알려졌다'는 평가를 받고 있었으며, 재미교포 사회와 독립운동 사이를 분열시키는 데 중요한 역할을 했다. 이승만은 1913년 하와이로 갔는데 그 뒤 25년의 그곳 생활은 분쟁으로 보낸 것이라는 평을 받을 만큼 교포사회를 분열시켰다."[1]

태평양전쟁이 일어나고 1942년부터 미국은 행정명령 9066호에 의해 미국 서부 거주 일본계 미국인 12만 명을 전국 각지 수용소(Japanese Enemy Alien Detention Centers)에 격리(relocation)했습니다. 적성국 국민(enemy alien)이라는 이유였지요. 40년 이상이 흘러 1988년 8월 10일 미국 의회는 이들 외국인에 대한 피해회복을 위하여 '시민자유법'을 입법하였고, 미국 정부는 1990년부터 생존자에게 배상금과 사과편지를 보냈습니다. 행정명령 9066호의 서명일은 '기억의 날'로 지정되었지요. 조 바이든 미국 대통령도 '사법절차를 생략하고 가족을 뿔뿔이 흩어지게 했던 위헌적인 격리수용'에 대해 거듭 사과했습니다. 3만 3천 명의 일본계 미국인 청년이 2차 대전 중 미군의 일원으로 용감하게 싸웠다는 사실도 지적했습니다.[2]

이승만은 당시 미국 국방장관에게 한국인을 적성국민으로 취급하지 말아 달라는 편지를 쓰고, 대일투쟁 증거를 제출하여 한국인의 강제수용을 막았답니다. 덕분에 한국인이 캠프에 수용되는 일은 없었고 오히려 통역으로는 고용되었습니다. 1944년 4월 하와이 군정장관(military governor)은 일반명령 95호를 통하여 적성국 국민에 '한국인, 한국계 미국인, 한국계 외국인은 포함되지 않는다'고 선언

---

1) 송건호, 『해방전후사의 인식 1』, 한길사, 2020, 364쪽.
2) 「연합뉴스」, 2023-02-20.

했습니다.3) 1944년 7월 미국 체신청은 태극기 디자인과 영문 'KOREA'를 새긴 5센트 우표까지 발행했습니다. 이승만의 노력으로 가능했던 사업이었지요. 이 우표는 중경 임시정부에도 전달되었습니다.4) 이승만은 '미국의 소리(VOA, Voice of America)' 방송에 한국어 방송채널이 개설되게 하고, 1942년 6월 13일 임시정부 주미외교위원부 위원장 자격으로 항일방송을 시작했습니다. "일제는 전쟁에 패망할 것이다. 우리 임시정부는 연합군의 승인을 얻을 것이다. 우리는 독립을 위해 준비해야 할 것이다"는 이승만의 항일방송은 계속되었습니다. 김성수, 송진우, 여운형 등 국내 지도층 인사들도 '미국의 소리' 방송을 통해 전황을 이해했습니다.

인도네시아 자카르타에서 근무하던 포로감시원들은 1943년 4월 이후 샌프란시스코에서 송출되는 한국어 방송―일본군에서 탈출하여 연합군에 협력하라는―을 들었다고 합니다.5) 1942년 6월 13일

---

3) Thomas Dolan & Kyle Christensen, "*Korean Ethnic Identity in the United States 1900―1945*", Journal of Global Initiatives: Policy, Pedagogy, Perspective Vol 5, No.2, June 2011, pp.83,84.
4) 유일씨의 facebook 중 <내가 본 이승만―10>.
5) 우쓰미 아이코, 무라이 요시노리 지음·김종익 옮김, 『적도에 묻히다』, 역사비평

워싱턴 DC에서 이승만의 목소리를 송출한 이래, 체계를 갖춰 1942
년 8월 29일부터 샌프란시스코에서도 본격적으로 한국어 방송을 하
였습니다. 해방될 때까지 일본의 후방을 교란하고 일제에 항거하라
는 방송이 아시아 전역을 대상으로 이루어졌던 것입니다.

1942년 말 경성방송국과 개성방송국 직원들이 '미국의 소리' 단파
방송을 듣고 전파하다가 무더기로 체포된 일도 있었습니다. 여운형,
허헌, 백관수, 함상훈 등 해방 후 건준(건국준비위원회)과 한민당의
주역이 된 인물들까지 폭넓게 연루되었던 사건입니다. KBS 본관 앞
에는 이 사건으로 고초를 겪은 방송인들을 기리는 비석이 서 있습
니다.6) 단파방송 사건의 당사자 송남헌(당시 경성방송국 근무)은 회
고합니다.

> "1942년 6월경 샌프란시스코에서 이승만 박사가 흥분한 목소리
> 로 '2천 3백만 동포들이여 조국 광복의 날이 멀지 않았으나 동포는
> 일심협력하여 일제에 대한 일체의 전쟁협력을 거부하고 때를 기다
> 리라'고 한 연설을 나는 직접 들었다. 이 방송을 들은 나는 가슴이
> 마구 뛰었고, 흥분해서 변호사 사무실로 달려가 그대로 전했다. 내
> 가 전하는 말을 듣고서 모두가 금방 독립이라도 되는 듯이 기뻐했
> 다. 그리고 이 말은 곧 시내로 퍼져나갔다."7)

일본 패전 직전 중경 임시정부의 김구 주석은 OSS(Office of
Strategic Service, CIA 前身)의 윌리엄 도노반(William J. Donnovan) 사령
관을 만나 1945년 8월경 광복군을 한반도에 투입하여 정보수집·거
점 확보·파괴 활동을 한다는 작전을 구상합니다. 중국으로부터 일

사, 2012, 187쪽.
6) 이승만 기념관 자료실 > 항일단파방송사건.
7) 심지연, 『송남헌 회고록』, 한울, 2000, 40쪽.

단의 한국인 파괴공작원을 한반도에 투입하고, 종국적으로 일본에 침투시킨다는 독수리 작전(Eagle Project)은 이승만의 끈질긴 대미(對美) 교섭의 성과였습니다.8) 김구가 이승만에게 머리를 숙이지 않을 수 없었던 이승만 외교활동이었습니다.

한편 김기협 교수는, 샌프란시스코 부두에서 대한제국 외교고문 스티븐스(D. W. Stevens)를 살해한 장인환·전명운을 (이승만이) 외면했다고 비난합니다.9) 장인환·전명운이 객지에서 벌인 테러에 이승만이 동의하였는지도 의문이지만, 그는 당시 이역만리 매사추세츠 주 하버드 대학원 재학 중인 학생이었습니다. 장인환·전명운은 스티븐스가 미국으로 돌아가서 '일본의 통감정치를 옹호하였다'며 그를 살해하였습니다. 미국에서의 그러한 돌발적 범죄가 과연 대한제국의 평판에 얼마나 긍정적이었을까요? 미국 거주 한인들이 마냥 반가워할 일이었을까요?

'악질 친일파 이승만', 'A급 민족반역자 이승만'의 기원?

민족문제연구소 제작 영상물 「백년전쟁」은 이승만 건국 대통령을 '악질 친일파', 'A급 민족반역자'라고 표현합니다. 반면, 「아사히 신문(朝日新聞)」 논설주간을 했던 와카미야 요시부미(若宮啓文)는 이승만을 '울트라 슈퍼(ultra-super) 反日주의자'라며 일화를 소개합니다. 요시다 시게루(吉田茂) 전 일본 총리는 가장 싫어하는 정치인으로 고노 이치로(河野一郎)와 함께 '이승만'을 꼽았습니다. 고노 이치로야 워낙 공격적인 성향이라 다들 싫어했다지만, 이승만을 왜 그리 싫어했을까요?

---

8) 국사편찬위원회 > 대한민국임시정부자료집 13권 한국광복군 Ⅳ.
9) 김기협, 『해방일기 1』, 너머북스, 2011, 370,371쪽.

이승만은 요시다 내각 시절 유엔군 사령관 클라크의 초대로 단 한 번 도쿄를 비공식 방문했습니다. 일본 외무대신이 미군 공항으로 환영을 나왔더니 이승만이 버럭 화를 냈답니다. 클라크의 초대로 일본 방문을 하였으니 일본 정부에서 나오지 않아도 되지만, 굳이 오려거든 총리인 요시다가 왔어야 했다며 그날 예정된 총리 주최 연회에 참석조차 않았답니다. 다음 날 비공식회담에서 요시다가 인사말로, '한국에 예전에 호랑이가 많았다던데, 아직 호랑이가 있냐'고 물었더니 퉁명스럽게 '가토 기요마사(加藤淸正)가 다 잡아서 없다'고 응수했다는 것이지요.10) 도요토미 히데요시(豊臣秀吉)의 가신인 가토 기요마사는 임진왜란, 정유재란 때 일본을 위해 맹활약한 장수입니다.

이승만의 반일정책은 '이승만 라인'의 선포에서도 드러납니다. 1952년 이승만 정부는 일방적으로 '대한민국 인접 해양에 대한 대통령 선언'을 발표했습니다('이승만 라인' 혹은 '평화선'). '어업자원 보존'을 이유로 한 전관어로수역(專管漁撈水域)이라고 주장했으나 국제법적 근거가 없었습니다. 임의로 획정한 '이승만 라인'에 따라 한국 정부는 일본어선 328척을 나포하고, 일본 어민 3,929명을 억류했지요. 그 과정에서 일본측 사상자가 44명 발생했습니다.

1965년 한일협정을 체결하면서 일본은 선박 나포와 선원 사상의 인적·물적 피해에 대한 청구권을 포기합니다. 1964년 당시 일본측 사업자단체가 산정한 피해액은 합계 90억 엔에 이릅니다. 어선 피해(미귀환선 185척 가액, 귀환선 142척 수리비) 24억 엔, 적매물(積賣物) 8억 엔, 사건에 수반하는 지출 2억 엔, 억류 중 임금 25억 엔, 휴업보상 25억 엔, 사망 장애보상 5억 엔이 그 내역입니다. 보험으로 처

---

10) 권오기·와카미야 요시부미, 『한국과 일본국』, 샘터, 2005, 109쪽.

리할 수 없었던 40억 엔은 일본 정부가 보상했답니다.11)

'악질 친일파 이승만', 'A급 민족반역자 이승만'의 기원은 박헌영입니다. 1945년 10월 이승만이 환국하여 범국민적인 환영을 받았습니다. 조선공산당을 이끌던 박헌영도 「조선인민공화국(人共)」 명의로 "우리 인공의 주석, 이승만 박사 귀국하셨다"는 성명을 냈습니다. 박헌영은 이승만의 동의를 받지 않고 그를 인공의 '주석'으로 공표했습니다(당시 한국민주당도 '총재' 자리를 비워 놓고 이승만을 기다렸습니다). 박헌영은 자신의 읍소(泣訴)에도 이승만이 '주석' 취임을 거부하자 태도를 바꿔 이승만을 공격하기 시작했습니다.

이승만은 1945년 12월 20일字 성명 <공산당에 대한 나의 입장>을 통해 "온 세계를 파괴하는 자도 공산당이요, 조선을 파괴하는 자도 공산주의자"라고 조선공산당과 선을 그었고, 박헌영은 사흘 뒤 조선공산당 중앙위원회 대표 명의로 이승만을 "민족반역자 및 친일파의 수령"이라고 맹비난했던 것입니다.12) 1945년 12월 28일 모스크바에서의 3국 외교부 장관 회의(모스크바 三相會議)는 한반도에 대한 미·영·소·중 4개국의 5년간 신탁통치를 결정했습니다. 박헌영의 조선공산당은 반탁운동을 전개하다가 갑자기 찬탁으로 돌아섭니다. 우여곡절 끝에 1948년 2월 26일, UN은 남한 단독정부 수립이 현실적이라고 인식하고 한반도에서 '선거가 가능한 지역'에서의 선거를 하기로 의결하였습니다. 1948년 2월 7일 남조선로동당('조선공산당'의 후신)은, 남한 단독정부 수립을 막겠다는 구실로 당원 30만 명을 동원하여 폭동을 일으켰습니다. 당시의 슬로건에도 "국제제국

11) 藤井賢二, "이승만 라인으로 한국이 넓힌 것", 『別冊正論』 23호, 産經新聞社, 2015년 3월, 니시오카 쓰토무西岡力 지음·이우연 옮김, 『날조한 징용공 없는 징용공 문제』, 미디어워치, 2020에서 재인용.
12) 남시욱, 『한국진보세력연구 개정증보판』, 청미디어, 2018, 45,46쪽.

주의 앞잡이 이승만, 김성수 등 친일파를 타도하라"는 구호가 등장했습니다.[13)]

대한민국역사박물관에서 생긴 일

서랍 속의 기념품 펜

서랍에서 한 번도 열어보지 않은 펜박스가 나왔습니다. 대한민국 역사박물관 로고가 찍힌 기념품입니다. 지난 일이 떠올랐습니다.

2017년 5월 10일 문재인 대통령이 취임하였습니다. 문화체육관광부는 '블랙리스트'로 혼비백산 중이었고, 몇 개 산하기관도 홍위병이 발호한 양 북새통이었습니다. 그해 겨울 대한민국 역사박물관에서 전화가 왔습니다. '영상저작물 문제로 의논할 일이 있다'고 했습니다. 역사박물관 직원 여러분이 함께 인하대학교로 찾아오겠다기에, '제가 광화문으로 가는 편이 편하겠다'고 했더니 반기는 눈치였습니다.

역사박물관 회의실에서 생긴 일

회의실로 안내받으며 책임자로 보이는 분에게 "직전 관장은 이승만 전공자이고, 신임 관장은 「백년전쟁」 제작진과 같은 편이라 머리가 아프시겠습니다"고 운을 뗐습니다. '그걸 알고 계시냐?'며 눈이 왕방울만 해졌습니다. 사실은 그 점이 그날 회의 주제와도 관련 있었습니다. 박물관 소장품 구매 담당팀 전원이 회의실에 모인 듯했습니다. 새 관장이 부임하자마자 '몽구미디어 전편(全篇)' 구입을 명하셔서 머리가 아프다고 호소했습니다. '몽구미디어'에 대해 문외한

---

13) 박윤식, 『참혹했던 비극의 역사 1948년 제주 4·3 사건』, 도서출판 휘선, 2013, 113~115쪽.

이라 잠시 인터넷 검색을 했습니다. 이명박 前 대통령이 유인촌 前 장관 등 참모들을 뒤로하고 서울구치소로 떠나는 영상이 보였습니다. "나는 저것들도 다 감옥에 가는 것을 보고 싶다"—그런 비슷한 음성이 깔려 나왔습니다. 바로 느낌이 왔습니다.

대한민국역사박물관의 소장품목으로 적절해 보이지도 않고, 관장님 명에 따라 몽구미디어 제작자를 접촉해 보니 큰 금액을 요구하여 예산상 부담도 크다고 했습니다. 무엇보다 정권이 바뀌면 구매 업무 담당자들이 곤욕을 치르지 않을까 두렵다고 했습니다. "책임을 지더라도 기관장이 책임을 질 일이지 실무자들에게 화가 미치겠습니까?" 그렇게 말을 하면서도, 문재인 정부의 적폐 수사 기준을 다음 정부에서 똑같이 적용한다면, '몽구미디어 구매 사실'은 바로 실무자들에 대한 '영장 기재 범죄사실'이 되겠다 싶었습니다.

몇 가지 제안을 했습니다. 첫째, 전편 구매가 적절하지 않다는 의견을 문서든 전자메일이든 기록으로 계속 남기시라. 둘째, 만일 구매를 한다면 (전편이 아니라) 일부를 다른 영상물과 함께 구매하시라. 셋째, 외부 전문가 중심으로 자문위원회를 구성하고 사실상의 결정권을 넘기시라. 한 호흡도 쉬지 않고, '그 자문위원회 위원으로 들어와 달라'고 했습니다. "제가 조선일보 독자권익위원회에 참여합니다. 조선일보에 매달 제 이름이 오를 텐데, 혹시라도 저를 추천했다가는 관장님께 혼나실 겁니다." 책임자 되는 분이 거의 울상을 짓고 말씀하셨습니다. "조선일보 그 위원을 안 하시면 안 되나요?" 그날 역사박물관 회의실에서 수심 가득한 얼굴로 저를 반긴 그분은 이제 정년을 맞았을지도 모르겠습니다. 참으로 선량해 보이던 그분의 걱정스러운 표정이 문재인 대통령 임기 내내 제 머리에서 떠나지 않았습니다.

대한민국 역사박물관 관장들

2008년 이명박 대통령이, 제63주년 광복절 및 건국 60주년 기념 경축사에서 현대사박물관 건립을 공포하였습니다. 그래서 2012년 12월 21일 대한민국역사박물관이 문을 엽니다. 초대 관장은 김왕식 이화여대 교수, 2대 관장 김용직 성신여대 교수는 문재인 정부가 출범하자 임기를 6개월 남기고 2017년 7월 12일 사임합니다. 2017년 11월 1일 주진오 상명대 교수가 3대 관장으로 취임합니다.

2017년 7월 13일 자「한겨레신문」보도입니다.

> "김(용직) 관장은 2008년 뉴라이트 계열 인사들이 만든 〈대안교과서 한국 근·현대사〉 집필진에 참여했고, 박근혜 전 정부의 역사 교과서 국정화 방침이 고시된 뒤인 2015년 10월에는 '올바른 역사교과서를 지지하는 교수 모임'의 국정화 지지성명에 이름을 올려 관장 임명 당시 자격 시비를 빚었다. 지난해 3월 기획전 간담회에서는 '임시정부 수립 당시는 일제강점기여서 선거를 할 만한 상황이 아니었다. 임시정부는 정부가 아닌 민족운동단체'라고 발언해 구설을 불렀다. 그의 발언은 대한민국이 임시정부 법통을 계승했다고 명시한 헌법을 정면 부정했다는 비판을 받았다."

3대 관장 주진오 교수는「백년전쟁」에 출연하여 이승만 건국대통령을 공격하였답니다.「백년전쟁」으로 세상이 시끄러울 때, 잠깐 영상물을 들여다보다가 화면을 돌렸습니다. 웬만한 인내심으로는 감당할 수 없을 정도로 조악하였습니다. '주진오'가 누구인지도 몰랐으니 그가 출연한 장면을 보았던지도 기억하지 못합니다. 그는 "이승만이 학업능력 부진으로 하버드대에서 석사도 마치지 못했으나, 미국 장로교의 전폭적인 지원으로 프린스턴 입학이 가능했고, 박사학위를 취득하게 된 것도 한국의 원주민 교역자를 프린스턴 대학에서 배출하려는 의도"라고 깎아내렸답니다.[14] 배재학당 출신의 조선인 청년이 1910년경 미국 명문대학을 오가며 이룬 놀라운 성과를 단칼에 격파할 수 있는 '국내파' 토종 교수의 용기가 놀랍습니다.

「백년전쟁」에 의하면, 이승만이 안중근과 같은 독립투사로 보이기 위해 손끝에다 입김을 부는 괴상한 행동을 했고, 하와이 한인들이 궁금해하면 "내가 일본감옥에서 고문을 당해 아직도 손끝이 시리다"라고 거짓말을 했답니다. 그 이유는 하와이 한인들이 자신을 추종하도록 하기 위해서라지요. 이에 대해 주진오 교수는 이승만이 일본에 의해 감옥에 갈 이유가 전혀 없을 뿐만 아니라, 일본이 이승만을 박해할 이유도 전혀 없다고 주장했답니다.

이승만 건국대통령은 박영효의 고종 폐위 모의에 연루되어 종신형을 선고받고 한성감옥에서 5년 7개월간 수감생활을 하고 1904년 8월 석방되었습니다. 권총 탈옥 시도, 동지들의 사형 집행, 수감생활 중 집필활동, 재소자 교육, 옥중 도서관 설치 등 드라마틱한 수감생활만으로도 더이상 투쟁경력을 과장할 이유가 전혀 없는 인물입니다. 당시의 수사와 수형(受刑) 과정에서 고문은 일상이었으니 그 후유증도 당연히 예상됩니다. 도대체 어떤 꼬투리로 시비를 걸려는지 이해하기 곤란합니다.

헌법전문 – 임시정부의 법통

임기 6개월을 남기고 사표를 낸 김용직 교수는 고등학교 1학년

14) 「New Daily」, 2013년 3월 16일 자.

때 짝꿍입니다. 서울대학교 정치학과 학사·석사를, 노스캐롤라이나 대학에서 박사를 끝낸 성실한 연구자이지요. 청년 시절, 길바닥에서 마주쳐 '이화장에서 이승만 자료를 정리 중'이라던 소식을 들은 후로 한 번도 만나지는 못했으나, 그의 학문적 엄밀성은 짐작하고도 남습니다. 「한겨레신문」은 김용직 교수가 임시정부 법통을 명시한 헌법을 부정했다는 취지로 보도했으나, "임시정부의 법통"은 제헌헌법이 공표된 후 40년이 지나 1987년 처음 헌법전문에 등장합니다.

1948년 제헌헌법의 전문은 이렇습니다.

"유구한 역사와 전통에 빛나는 우리들 대한국민은 기미 삼일운동으로 대한민국을 건립하여 세계에 선포한 위대한 독립정신을 계승하여 이제 민주독립국가를 재건함에 있어서 ..."

1962년 헌법 전부개정 당시 '4·19'와 '5·16'이 추가됩니다.

"유구한 역사와 전통에 빛나는 우리 대한국민은 3·1운동의 숭고한 독립정신을 계승하고 4·19의거와 5·16혁명의 이념에 입각하여 새로운 민주공화국을 건설함에 있어서, ..."

1980년 전부개정으로 다시 '4·19'와 '5·16'이 사라집니다.

"유구한 민족사, 빛나는 문화, 그리고 평화애호의 전통을 자랑하는 우리 대한국민은 3·1운동의 숭고한 독립정신을 계승하고 조국의 평화적 통일과 민족중흥의 역사적 사명에 입각한 제5민주공화국의 출발에 즈음하여..."

1987년 전부개정 헌법의 전문입니다.

> "유구한 역사와 전통에 빛나는 우리 대한국민은 3·1운동으로 건
> 립된 대한민국임시정부의 법통과 불의에 항거한 4·19 민주이념을
> 계승하고, … 1948년 7월 12일에 제정되고 8차에 걸쳐 개정된 헌법
> 을 이제 국회의 의결을 거쳐 국민투표에 의하여 개정한다."

'임시정부의 법통'이 한법전문에 들어간 데는 광복군 출신 김준엽
고대 총장의 역할이 절대적이었습니다. 1987년경 헌법 개정 작업
진행 중에 김준엽 고대 총장이 민정당 이종찬 의원(현재 광복회장)을
불러 "이번 기회에 임정의 법통을 잇는다는 내용을 반드시 헌법전
문에 명시해야 한다"고 역설했답니다. 이종찬 의원은 헌법개정특별
위원회 간사인 민정당 현경대 의원의 동의를 얻었습니다. 그래서
'임시정부의 법통'이 헌법전문에 명시되었습니다.[15] '임시정부'는 민
족운동단체 중 하나로서 그야말로 '임시' 정부였습니다. 존재하던
정부가 이전하여 '망명정부'를 구성한 경우가 아니므로 정부로서의
연속성도, 정통성도 인정하기 어렵습니다.

이제는 5·18 정신을 헌법전문에 넣자는 주장도 나옵니다. 5·18
정신이 헌법전문에 들어가든 않든 논의를 시작하자마자 엄청난 혼
선이 예상됩니다. 헌법전문에는 그 국가탄생의 역사적 연원이 반드
시 필요하지도 않고, 나아가 전문 자체가 헌법의 필수요소도 아닙
니다. 미국 헌법전문은 헌법 제정의 정신을 선포할 뿐입니다. "우리
합중국 국민은 좀 더 완벽한 연방을 형성하고, 정의를 확립하며, 국

---

15) 「프레시안」, 2017. 04. 05. 서중석의 현대사 이야기 <250> 6월항쟁, 서른두 번
　　째 마당 "임정 계승은 어떻게 1987년에야 헌법에 담겼나"

내의 안녕을 보장하고, 공동방위를 도모하고, 국민 복지를 증진하고
우리와 우리의 후손들을 위한 자유와 축복을 확보할 목적으로 이
미합중국 헌법을 제정한다."16) 일본헌법 전문도 별로 다르지 않습
니다. 국민주권의 원칙을 중심으로 평화를 강조하고 있습니다.17)

2019년 12월 대한민국 대법원, 언론

이렇게 저렇게 좌파들이 이승만에게 씌운 '악질 친일파', 'A급 민
족반역자'라는 파렴치한 프레임을 '민족문제연구소'가 반복합니다.
2019년 12월 21일 대한민국 대법원은 「백년전쟁」 판결에서 그러한

---

16) We the People of the United States, in Order to form a more perfect Union,
establish Justice, insure domestic Tranquility, provide for the common
defence, promote the general Welfare, and secure the Blessings of Liberty to
ourselves and our Posterity, do ordain and establish this Constitution for the
United States of America.

17) 일본국민은 정당하게 선출된 국회의 대표자를 통하여 행동하고, 우리들과 우리들
의 자손을 위하여 모든 국민과의 화합에 의한 성과와 우리나라 전 국토에 걸쳐
자유가 가져오는 혜택을 확보하며, 정부의 행위에 의하여 다시는 전쟁의 참화가
일어나는 일이 없도록 할 것을 결의하고, 이제 주권이 국민에게 있다는 것을 선
언하며, 이 헌법을 확정한다. 무릇 국정은 국민의 엄숙한 신탁에 의한 것으로 그
권위는 국민으로부터 유래하며, 그 권력은 국민의 대표자가 행사하고, 그 복리는
국민이 향수한다. 이는 인류보편의 원리이며, 이 헌법은 이러한 원리에 의거한 것
이다. 우리들은 이에 반하는 일체의 헌법, 법령 및 조칙을 배제한다.
일본국민은 항구적인 평화를 염원하고, 인간상호 관계를 지배하는 숭고한 이상을
깊이 자각하며 평화를 사랑하는 모든 국민의 공정과 신의를 신뢰하여 우리들의
안전과 생존을 보호·유지하고자 결의하였다. 우리들은 평화를 유지하고, 전제와
예종, 압박과 편협을 지상에서 영원히 제거하고자 노력하는 국제사회에서 명예로
운 지위를 차지하고자 한다. 우리들은 전 세계의 국민이 다 같이 공포와 결핍에
서 벗어나서, 평화로운 가운데 생존할 권리를 가진다는 것을 확인하다.
우리들은 어느 국가도 자국의 것에만 전념하여 타국을 무시하여서는 아니되고,
정치도덕의 법칙은 보편적이며, 이 법칙에 따르는 것은 자국의 주권을 유지하고
타국과 대등관계에 서고자 하는 각국의 책무라고 믿는다.
일본국민은 국가의 명예를 걸고, 전력을 다하여 이 숭고한 이상과 목적을 달성할
것을 맹세한다.

프레임이 '일리가 있다'고 했습니다. 그 대법원 판결을 두고 「서울 신문」은 "6년 만에 오명 벗은 이승만·박정희 다큐 「백년전쟁」"이라고 제목을 뽑았습니다.[18] 그 「백년전쟁」 내레이션을 권해효라는 배우가 했습니다.

「백년전쟁」 판결문을 읽으며

2019년 11월 21일 대법원이 선고한 「백년전쟁」 사건의 판결문은 예사롭지 않습니다. 방송용 다큐멘터리 「백년전쟁」의 내용에 별 문제가 없다는 취지입니다(2015두49474 판결, '제재조치 명령의 취소'). 민족문제연구소 제작 영상물 「백년전쟁」이 이승만과 박정희를 모멸하는 편향적 자료만 이용하여 두 사람의 명예존중 의무에 반한다는 이유로 방송통신위원회는 제재를 명했습니다. 방송을 금하지도 않았고, 일부 화면을 걷어내라고 하지도 않았습니다. '관계자에 대한 징계 및 경고'라는 가벼운 수준의 제재입니다. 서울행정법원과 서울고등법원은 방송통신위원회의 제재명령이 적법하다고 봤습니다.

대법원에서 격론이 벌어졌고 공방은 뜨거웠습니다. 대법관 6명은 하급심 판단이 적절하다고 판단하였으나, 다른 대법관 7명이 다수의견으로 파기환송을 결정했습니다(다수의견: 김명수, 김재형, 박정화, 민유숙, 김선수, 노정희, 김상환 / 소수의견: 조희대, 권순일, 박상옥, 이기택, 안철상, 이동원). 6대 6 상황에서 대법원장이 캐스팅 보트를 행사하여 굳이 하급심 판단을 뒤집어야 했던지도, 과연 이런 다수의견이 의미 있는 다수의견인지도 의문입니다. 대법원이 사회의 갈등상황을 부추기고 있다는 느낌도 지울 수 없습니다.

'제재명령을 취소하라'는 7인 다수의견에 대하여 6인 반대의견(소

---

18) 「서울신문」 입력 2019-11-21 14:47

수의견)이 치열하게 반박하고, 이에 대하여 다수의견도 반대의견도 날선 '보충의견'을 붙였습니다. 판결문 말미, '반대의견에 대한 대법관 조희대, 대법관 박상옥의 보충의견'에서는 반대의견측의 분노가 읽힙니다.

> "이 사건 방송은 이승만 대통령을 나치 독일의 선전장관으로서 대중선동가였던 요제프 괴벨스의 이론에 빗대는 방식으로 '악질 친일파', 'A급 민족반역자', '하와이 깡패'등으로 표현했다. 원고가 나치 괴벨스의 이론까지 동원하면서 이승만 대통령을 빗대어 모욕하고 조롱하는 이유를 알 수도 없거니와, 이는 원고의 이 사건 각 방송이 심각한 역사적 몰이해와 편향된 시각을 전제로 하고 있음을 단적으로 보여준다. 이러한 방송은 헌법이 예정하고 있는 언론의 역할에 전혀 부응하지 못하고 불필요한 갈등과 분열만을 초래할 위험이 있다."

언제부터인가 '이승만 죽이기'에 사회의 주도세력까지 동원되었습니다. 김영삼 전 대통령은 임시정부 이래 최초의 정통정부가 자신의 '문민정부'라고 했고, 노무현 전 대통령은 '대한민국은 태어나서는 안 될 정부'라고 공언했습니다. 중심을 잡아야 할 사법부까지 함께 경망스럽기로 단단히 결심을 했나 봅니다. 반대의견 6인의 격한 반론이 다소나마 위로가 됩니다.

이승만과 교육 - 인하대학교의 설립
인천과 하와이 이민

인하대학교의 교명 '仁荷'는 인천과 하와이의 첫음절을 딴 조어(造語)입니다. 한국과 하와이의 첫 글자를 모아 한하(韓荷)대학교가 될 뻔했습니다. 인하대학교의 설립자는 건국 대통령 이승만이고, 하와이가 교명에 등장한 배경은 그의 독립운동 근거지가 하와이였기 때문입니다. 하와이 동포 이주 50주년 기념사업으로, 6·25 전쟁 중이던 1952년 이승만 초대 대통령의 발의에 의하여 출범한 학교가 인하대학교입니다.

'하와이 왕국'은 19세기 후반부에 인구가 줄면서 이주 노동자들을 받기 시작하였습니다. 중국인이 먼저, 뒤를 이어 포르투갈인과 일본인들이 투입되었습니다. 1890년대에 일본인 노동자들의 잦은 파업으로 농장주들은 '조선'에 주목합니다. 1898년경 하와이는 미국령이 되었습니다. 당시 미국법은 외국 노동자의 미국 이민에 부정적이었습니다. 미국·스페인 전쟁의 승리로 미국령이 된 푸에르토리코의 노동자들이 이주하였으나 노동력 부족을 채우기에는 부족하였습니다.

1897년 駐韓 미국공사로 부임한 알렌(Horace N. Allen)이 고종 황제를 설득하여 고향 출신 미국인 사업가 데쉴러(D.W. Deshler)에게 한인 이민 업무를 맡기도록 했습니다.[19] 그러나 당시 사회 분위기에서 하와이 이민이란 너무나 생경한 이벤트였습니다. 알렌과 친분이 있던 인천 '내리교회' 미국인 목사 존스(G.H. Jones)가 나서서 하와이가 '기회의 땅'이라고 기독교인들을 설득했습니다. 그래서 1902년 12월 22일 인천 내리교회 신도들을 중심으로 몇몇 인천 부두노동자를 더한 121명이 겐카이마루(玄海丸)에 몸을 싣고 제물포항을 출발하였습니다. 목포와 부산을 거쳐 이틀 후 일본의 나가사키(長崎)에 도착하였고, 1903년 1월 2일 미국 상선 갤릭(S. S. Gaelic)으로 갈아타고 열흘 후 호놀룰루에 닻을 내렸습니다. 121명이 출발하였으나 나가사키 검역소에서 신체검사와 예방접종을 받고 102명만이 갤릭호에 올랐고,

---

19) 이덕희, 『이승만의 하와이 30년』, 북앤피플, 2015, 14~16쪽.

제물포를 떠난 지 22일 걸려 도착한 호놀룰루항에서 86명만이 검역 절차를 통과하여 입국이 허가되었습니다.[20] 대한제국 시절 시작한 하와이 이민은 1905년 8월 일제 통감부가 이민을 금지할 때까지 약 7,400명의 하와이 동포사회를 구성하게 되었습니다.

한성감옥 시절

이승만은 한성감옥 수감 중 '나라를 세우는 데는 교화를 근본으로 삼아야 한다(立國以教化爲本)'는 한문논설도 썼고, 오늘날 중요한 것은 군사력보다 교육이라는 뜻의 7언절구(七言絕句)도 남겼습니다 (教育俊英最急 養兵唯止壓變鹿).[21] 『청일전기』 탈고 후 각계에 출판비 지원을 호소하기 위해 작성한 '신역전기부록(新譯戰記附錄)'에서 국가독립의 기반 요건인 '개명진보(開明進步)'의 방법으로 첫째, 학교를 세워 학문을 일으키고, 둘째 민회를 열어 토론을 하고, 셋째, 널리 신문사를 설치하며, 넷째 도서관을 세우자고 했습니다. 도서관 건립이 그중에서 가장 시급하다고 덧붙였습니다.[22] 수감생활을 함께 한 (유길준의 동생) 유성준이, 독립협회 외에는 당시까지의 개혁운동이 '대중교육'을 간과하였다고 집필을 강권하여 『독립정신』을 썼습니다.[23]

이승만은 20대 초반인 1897년 6월 8일 정동감리교회당에서 열린 배재학당 졸업식에서 '한국의 독립'을 주제로 영문 답사(commen-cement address)를 하여 큰 박수를 받았습니다. 서재필도 영문판「독

---

20) 오인환·공정자. 『구한말 한인 하와이 이민』, 인하대 출판부, 2004, 95~99쪽.
21) 유영익, 『이승만의 생애와 건국 비전』, 청미디어, 2019, 289,290쪽.
22) 오영섭, "이승만이 감옥에서 <청일전기>를 번역한 이유", 제100회 이승만 포럼 학술회의 발표문(2019. 6. 18).
23) 우남이승만전집발간위원회편, 『독립정신』, 연세대학교 대학출판문화원, 2019, 435쪽.

립신문」에서 그날 그 연설의 내용에 대하여 높이 평가하였습니다.[24] 졸업 직후 「협성회회보」, 「매일신문」, 「제국신문」 등의 창간을 주도하고 그 주필이나 사장으로서 다수 논설을 발표하였습니다.

1899년 1월 9일에는 박영효 그룹의 고종 폐위 및 입헌군주제 도모 사건에 연루되어 한성감옥에 투옥되었습니다. 구속 후 스무날을 막 넘긴 1월 30일, 최정식·서상대와 함께 탈옥을 시도하였는데, 그 과정에서 최정식이 쏜 육혈포에 형리(刑吏)가 부상하였습니다. 문제의 육혈포는 배재학당 동문인 주시경이 넣어주었다고 합니다. 탈옥죄까지 추가되어 '칼 쓰고, 차꼬 차고, 수갑 차고', 주리 틀리는 고문을 무수히 겪었고, 뜻을 함께 한 충애열사(忠愛烈士)들의 참수형도 여러 건 목격하였습니다. 수형자들이 몰래 구한 신문에서는 '이승만이 간밤에 처형당했다'는 오보(誤報)가 여러 건이었고, 부친께 유언을 세 번 썼으며, 부친이 옥문 밖에서 시체를 인수하려고 밤을 샌 일이 두 번이었습니다.[25] 1899년 7월 11일 평리원(平理院)은 이승만에게 '죄를 범하고 도주 저항하다가 사람을 상해한 죄'에 따라 '태(笞) 1백, 종신형'을 선고하였습니다. 이승만의 육혈포에서는 격발의 흔적이 없었기에 그나마 극형을 면하였습니다.

1900년 2월 14일 새로 부임한 옥사장(獄司長) 김영선의 배려로 독서와 집필이 가능해졌습니다. 1902년 8월에는 수감자, 형리, 그들의 자제·친지 등 어린이 13명과 어른 40명에게 한글, 한문, 영어, 산학, 국사, 지리, 성경을 가르쳤습니다.[26] 1903년 1월에는 '서적실'의 구축을 주도하였고, 선교사들의 도움으로 도서를 구비하였습니다. 1904년 민영환 등 혁신파가 정권을 잡은 후 8월 9일 고종의 사면령

24) 장을병, 『인물로 본 8·15 공간』, 범우, 2007, 268,269쪽.
25) 우남이승만전집발간위원회편, 『독립정신』, 24,25쪽.
26) 이승만 편저, 『청일전기』, 북앤피플, 2015, 16쪽.

으로 석방될 때까지 국제법 교과서인 '공법편람', '만국공법요략'까지 수집하여 서적실의 장서를 500권 이상으로 불렸다니 이미 옥중에서 국제법을 상당히 익혔을 것입니다.[27] 실제로 그가 남긴 『獄中雜記』(옥중잡기)의 독서목록에는 '공법회통(公法會通)', '약장합편(約章合編)' 등의 국제법 서적이 포함되어 있습니다.

옥중 집필서 『청일전기』 초고는 "밤이면 초를 구해 석유통에 넣어 간수들이 보지 못하게 (영자신문지에) 몰래 옮겨 적"어서 만들어졌습니다. 문필에 능한 개혁성향 재소자들이 작업을 도왔습니다. 실제로 『청일전쟁』은 중국에서 선교사 겸 언론인으로 활동하던 알렌(Young J. Allen)과 중국 언론인 채이강(蔡爾康)의 공저 『中東戰紀本末』(중동전기본말)을 발췌·번역하고 논설 "전쟁의 원인" 및 "권고하는 글"을 덧붙여 완성한 것입니다. 여러 번 국내 출판을 시도했으나 여의치 않아 1917년에야 호놀룰루에서 출판할 수 있었습니다. 『독립정신』은 러일전쟁 직전 인천 항구에서 울리는 대포 소리를 들으며 급히 쓴 책입니다. 서문에 "옥중에서 몇 년 동안 신문의 논설을 쓰는 일로 어지간히 회포를 풀었고, 한영자전 간행 작업도 하였으나, 세상 형편에 따라 울분의 피가 솟구쳐" 삽시간에 썼다고 기록했습니다. 『독립정신』은 먼저 출옥한 박용만이 원고를 넘겨받아 미국에서 출판하고자 시도하였으나 실패하고, 1910년 문양목이 로스앤젤레스에서 출판하였습니다.

하와이 활동

이승만은 출옥 후 3개월 만인 1904년 11월 4일 미국으로 떠났습

---

27) 정인섭, "제100회 이승만 포럼 학술회의 발표문"(2019. 6. 18.), 「New Daily」, 2019. 6. 24.에서 재인용.

니다. 하와이 이민 제39진과 함께 하와이를 경유하여 미국 본토에 도착하였습니다.[28] 11월 29일 호놀룰루 항구에 정박한 기회에 사탕수수 농장을 방문하여 교민 500명 앞에서 긴 연설을 하고 함께 어울렸답니다.

민영환·한규설 등 개화파 지도자들은 그에게 조미수호통상조약(朝·美修好通商條約) 제1조 '우호적 개입(good offices)' 규정에 따라 미국의 도움을 요청하라는 임무를 맡겼습니다.[29] 조미수호통상조약은 1882년 조선이 서양국가와 맺은 최초의 조약입니다. 영문 조약 체결의 경험이 전혀 없었으므로 실제 조약 문안의 작성은 텐진(天津)에서 청국의 리홍장(李鴻章)·마건충(馬建忠)과 미국측 슈펠트(Schupelt, R. W.) 사이에서 이루어졌습니다. 이후 조선에서 신헌·김홍집과 형식적인 교섭을 하였을 뿐입니다. 조약 제1조 'good offices(우호적 개입)'는 체약국 일방이 제3국으로부터 부당한 대우를 당할 경우 조약의 타방이 직접 지원하거나 중재자로 나선다는 규정입니다.[30] 고종과 개화파 지도자들은 이 규정의 의미를 과신하였습니다.

이승만은 1905년 8월 4일 주미 대한제국 공사관의 주선으로 미국 대통령 시어도어 루스벨트와 만났고, 그가 '겉으로 보여주는' 호의에 감격하였습니다. 그러나 1905년 7월 27일 이미 태프트-카스라

---

28) 강옥엽, "일제 강점기 하와이에서의 민족교육과 이승만", 「인하대학교 총동창회 창립 60주년 기념 학술자료집」, (2019. 11), 7쪽.
29) 정인섭, "제100회 이승만 포럼 학술회의 발표문", (2019. 6. 18). 「New Daily」, 2019. 6. 24.에서 재인용.
30) The 1882 US and Korea Treaty: Article 1. ... If other Powers deal unjustly or oppressively with either Government, the other shall render assistance and protection, or shall act as mediator in order to the preservation of perfect peace.

밀약이 성립된 이후였던지라 실질적인 성과를 기대할 상황이 아니
었습니다.[31] 이승만은 선교사들 추천서의 도움과, 한편으로 배재학
당의 학력을 일부 인정받았던지 조지 워싱턴 대학 2학년에 편입하
였고,[32] 하버드 대학을 거쳐 1910년 프린스턴 대학에서 박사학위를
취득하였습니다. 프린스턴 대학 출판부는 1912년 박사학위 논문
"Neutrality as Influenced by the United States"을 단행본으로 출판하
였습니다.[33] 이 논문은 거의 한 세기가 지나 우리나라에서도 번역·
출간되었습니다(이승만 저·정인섭 역, 『이승만의 전시중립론』, 나남출
판, 2000).

이승만은 1913년 2월 3일 하와이 국민회의 초청으로 하와이로 거
처를 옮겼습니다. 유학을 마치고 서울로 돌아와 YMCA에서 근무하
다가 다시 하와이 땅을 밟았으니 그의 나이 38세였습니다. 그는 『한
국교회 핍박』을 출간하고 『태평양 잡지(The Korean Pacific Magazine)』
를 발간하여 동포의 계몽에 힘쓰는 것으로 하와이 활동을 개시하였
습니다. 1913년 9월 미국 감리교 교단이 운영하는 한인기숙학교
(Korean Boarding School for Boys) 교장으로 취임하여, 교명을 한인중
앙학교(Korean Central School)로 바꾸고 의욕적으로 '남녀공학'을 실
시합니다. 이승만은 한성감옥 시절 이미 여성교육에 눈을 떴습니다.
1913년 12월 14일 하와이 신문 *Advertiser*는, 하와이 한인중앙학교
(Korean Central School)의 교장으로 그가 시행한 남녀공학 교육을 보
도했습니다.[34] 하와이 동포사회에서조차 여아(女兒)에 대한 차별이

---

31) 유영익, 『이승만의 생애와 건국비전』, 청미디어, 2020, 35~37쪽.
32) 배재학당의 교육과정은 예비과정(preparatory department), 교양과정(academic
    department), 대학과정(college department)의 3단계로 구성되었다. 김영철, 『영
    어 조선을 깨우다 1』, 일리, 2011, 348쪽.
33) Syngman Rhee, *Neutrality As Influenced by the United States*, Princeton
    University Press, 1912.

심한 점에 자극받아 '여성교육'에 대한 소신으로 시작하였으나, 보수적인 감리교 교단과의 의견 차이로 3년 만에 교장직을 사임하였습니다.

1916년 본격적인 여성교육을 목적으로 한인여학원(Korean Girl's Seminary)을 열었습니다. 한인여학원 설립을 위해 1만 달러를 모금하였는데, 그중 미국인의 후원은 200달러 정도에 불과하였으니 거의 전액을 한인들이 갹출한 것이었습니다.35) 1919년 가을 학기에는 한인여학원을 8년제 남녀공학 "한인기독학원(Korean Christian Institute)"으로 확대 개편하였습니다. 남학생은 보이스카우트 대원으로, 여학생은 YWCA 회원으로 참여하고, 각종 스포츠 팀과, 오케스트라 및 합창단을 둔 손색없는 학교였습니다. 그러함에도 동포들의 후원금에 의지하였을 뿐 따로 학비를 받지 않았던지라 경영에 어려움이 적지 않았습니다.36) 한인기독학원의 교육지침은, '한국인의 주체성 확보', '청년 지도자 양성', '사회교육', '종교교육'을 내용으로 하였습니다(To promote educational and religious activities, to retain Korean Identity, to promote leadership among the young people, to promote social education).37) 이는 이승만의 교육관을 정확하게 반영한 것입니다.

우드로 윌슨(Thomas Woodrow Wilson) 대통령과의 개인적 인연이 알려지고 워낙 활동적인 인물이라 이내 하와이 사회의 명망 있는 교육자로 언론의 주목을 받았습니다. 대통령 재직 중 딸을 결혼시킨 윌슨이 하와이에 초대장을 두 장 발송하였는데, 그중 하나가 이

---

34) 김현태, 『교육혁명가 이승만 대통령의 교육입국론』, 도서출판 샘, 2020, 208~213쪽.
35) 강옥엽, "일제강점기 하와이에서의 민족교육과 이승만", 17쪽.
36) 이덕희, 『이승만의 하와이 30년』, 85~104쪽.
37) 강옥엽, "일제강점기 하와이에서의 민족교육과 이승만", 17쪽.

승만에게 보낸 것이었습니다. 윌슨은 이승만이 박사과정 재학 중 프린스턴 대학교 총장이었습니다. 조선에서 온 청년 이승만을 가족의 저녁 식사에 자주 초대하여 윌슨의 가족과도 친분을 쌓았다고 합니다.[38]

1919년 '3·1 만세 운동' 후 블라디보스톡, 상해, 한성에서 임시정부가 세워집니다. 이승만은 1919년 4월 11일 중국 상해에서 조직된 대한민국임시정부의 국무총리로, 4월 23일 한성정부의 집정관 총재로 추대되었습니다. 1919년 9월 15일에는 블라디보스톡, 상해, 한성의 임시정부를 통합한 통합임시정부 대통령으로 선출되었습니다. 본격적인 활동을 위하여 이승만은 한인기독학원 교장직을 고향 후배에게 맡기고, 워싱턴과 상해에서 대통령직을 수행하며 한인기독학원을 관리하였습니다. 1923년경 한인기독학원 학생들은 신축교사 건립을 위하여 조선에서의 모금활동을 구상하였습니다. 이를 위하여는 일본 영사관에 '일본 여권'을 신청하여야 했습니다. 동포사회에서는 그 적절성에 대하여 논란이 있었으나 결국 방문을 결정합니다. 1923년 6월 20일 학생 20명과 교사로 구성된 방문단은 한국의 30개 지역과 만주 길림(吉林)과 조양(朝陽)을 순회하였고, 「동아일보」가 밀착 취재하여 이들의 활동을 보도하였습니다.[39]

모국 방문에 힘입어 하와이에 새 교사를 마련하고 학생 수도 증가하였으나 1940년대가 되자 상황이 달라졌습니다. 농장 노동 1세대 동포들이 도회 지역으로 거주지를 옮기는 경우가 늘었습니다. 이민 동포들의 현지 정착을 위한 당연한 수순이었으니 '민족교육'의 시대는 저물고 있었던 것입니다. 그렇게 하여 "한인기독학원"은

38) 「자유일보」, 2022. 04. 11, "류석춘의 시간을 달린 지도자, 이승만" (18) 유학.
39) 이덕희, 『이승만의 하와이 30년』, 113~116쪽.

1947년, 개교 이후 34년 만에 폐교하였습니다. "한인기독학원" 이사회는 1950년 10월 그 부지를 매각하였고, 그 매각 대금의 용도에 대하여 '건국대통령' 이승만과 협의하였습니다.

인하대학교의 개교

이승만은 평생 국가의 부강은 교육이 아니면 이룰 수 없다는 '교육입국론'을 신조로 하였습니다.[40] 그는 미국 유학 시절 MIT(Massachusetts Institute of Technology)에서 깊은 인상을 받았답니다. 신생독립국가에는 과학기술자 양성을 위한 공과대학이 무엇보다 필요하다고 느꼈겠지요. 그래서 하와이 한인 지도자들에게, 한인기독학원 매각 대금으로 인천이나 서울 부근에 공과대학을 설립할 뜻을 밝혔습니다.

> "오래전에 하와이 이민으로 들어간 동포들이 희생적 공헌으로 그 자녀들의 교육을 위해서 기독학원을 세웠던 그 역사를 영원히 기념케 함과 동시에 … 인천에서 배를 타고서 여러분이 하와이 갔던 것을 또 기념할 것이로되, 그 대학 안에는 처음부터 종사하던 기독학원 발기 주동자들과 또 찬성 회원의 명록과 기타 역사적 관계를 기록하고 그때의 사진과 물질을 얻어 보유하여 모든 동지들의 역사까지도 올려두게 하자는 계획인데 … 하와이 동포와 본국 동포 사이에 연락하는 그 정의를 영원히 표하기 위해서라도 이보다 더 좋을 것이 없겠음으로 이와 같이 작성하니 이 글을 보고 일동이 다 이것을 찬성하거든 양(유찬) 대사에게 알려가지고 이 돈을 찾아서 김(용식) 총영사에게로 보내면 속히 시작해 볼 것이요."[41]

---

40) 오영섭, "이승만이 감옥에서 <청일전기>를 번역한 이유", 제100회 이승만 포럼 학술회의 발표문(2019. 6. 18), 23쪽.
41) 이덕희, 『이승만의 하와이 30년』, 125,126쪽.

이승만은 명망가들과 논의 끝에 학교 이름을 '인하'로 결정하였습니다(영문명은 IIT, Incheon Institute of Technology). 인하공과대학 설립에 관하여 문교부 장관 김법린은 담화를 발표하였습니다.

 "그동안 본 대학의 재원 확립을 위하여는 하와이 동포들의 눈물겨운 기부금 15만 불과 정부보조금 100만 불 및 인천시 기증 교지 12만여 평을 필두로 정부 각 부처와 산하 공무원의 각출금, 대한중석회사, 화신산업주식회사, 대한금융단 등 각 기관, 전국 방방곡곡으로부터의 기부금 등 총 2,700만 환이 넘는 거액이 단시일 내에 수집되어 이제 2억 5천만 환의 재단을 구성하게 된 것은 우리 교육사에 일찍이 그 유례를 볼 수 없는 성사로서 우리 교육기관의 발전을 위하여 크게 치하하여 마지않는 바입니다."

1954년 4월 24일 인하공과대학은 금속, 기계, 광학, 전기, 광산 및 화학공학의 6개 학과로 개교하였습니다. 정부 보조금과 UNESCO의 기부금, 독일 정부의 원조로 첨단 설비를 갖추어 갔습니다. 그런데 4·19 의거 후 이승만이 대통령직을 내려놓고 하와이에서 병상 생활을 하면서 상황이 급변하였습니다. 정부지원금이 끊기고 재단 이사진이 계속 바뀌면서 인하공과대학은 주인 없는 학교가 되다시피 한 것입니다. 5·16 군사정변으로 집권한 박정희는, 베트남전 미군 군수물자 운송사업으로 성공한 한진상사 조중훈 회장에게 인하공과대학의 인수를 설득하였습니다. 조중훈은 하루 품삯 70센트 남짓의 이민 1세대 농장 인부들의 성금이 인하공과대학 건립의 마중물이라는 사실을 알고 있었습니다. 인천은 조중훈이 한진상사 첫 사무실을 연 곳이기도 했습니다. 그는 고심 끝에 1968년 9월 인하학원 재단의 이사장으로 취임하였습니다.

현재 인하대학교 구 정문에서 인경호(仁鏡湖)까지 연결된 도로를

이승만의 호를 따서 '우남로(雩南路)'라고 합니다. 인경호 뒤 언덕에
는 하와이 '대한인동지회'에서 보낸 성금으로 이승만 동상이 축조되
어 있었습니다. 어려운 시절을 함께 한 하와이 동포들이 그의 사후
에도 그와의 인연을 추억하며 성금을 모았다는 사실은 시사하는 점
이 적지 않습니다.

이승만 지우기

1979년 2월 24일 비가 내리던 날, 프란체스카 여사와 조중훈 한진
그룹 회장이 나란히 제막식에 참석하였습니다. 이승만이 1965년 하
와이에서 눈을 감은 후 국내에 처음 세워진 동상입니다. 좌대에는
"하와이 이민의 한 많은 눈물을 받아 본교 창립에 크게 이바지한 초
대 대통령"이라는 추념문이 새겨졌습니다. 그런데 1983년 10월 일
부 학생과 교수들이 합세하여 동상에 줄을 걸어 이를 쓰러뜨렸고,
현재는 화강암 좌대만 남아 있습니다.[42]

이승만은 임시정부의 초대 대통령이자 대한민국 초대 대통령으
로서 '공화정'의 기초를 닦은 인물입니다. 몽양 여운형·박헌영이 주
도한 건국준비위원회조차 1945년 9월 14일 — 이승만의 동의 없이 —
일방적으로 그를 '조선인민공화국' 주석으로 발표했습니다(부주석 여
운형, 국무총리 허헌, 내무부장 김구, 외무부장 김규식, 군사부장 김원봉,
재무부장 조만식 등이 명단에 올랐습니다).[43] 유영익선생은 '인공'의 급
조와 9월 14일자 내각 명단 발표가 박헌영에 의한 것이고, 여운형說
은 오류라고 썼습니다.[44]

---

42) 「인천일보」 2014. 6. 4. 자 "하와이 이민자 눈물 땀으로 꽃핀 '지식의 상아탑'
43) 이기형, 『몽양 여운형』, 실천문학사, 1984, 315쪽.
44) 유영익, 『이승만의 생애와 건국비전』, 212쪽.

이승만은 1941년 7월 일본의 미국 기습 공격을 예측한 『Japan Inside Out』을 미국에서 출간했습니다.[45] 불과 4개월 만인 1941년 12월 7일 진주만의 미 해군기지가 맹폭을 당하자 『Japan Inside Out』은 미국에서 큰 인기를 얻었습니다. 1946년 7월 '한국여론협회'가 서울 중심가의 행인 6,671명을 대상으로 실시한 여론조사에서 이승만의 지지도는 김구, 김규식, 여운형을 합한 수치에 근접하였습니다(이승만 1,916명 약 29%, 김구 702명 약 11%, 김규식 694명 약 10%, 여운형 689명 약 10%, 박헌영 84명 약 1%, 기타 110명 약 2%, '모르겠다' 2,476명 약 37%).[46] 해방공간에서 특유의 국제 경험, 외교력 및 통찰력을 갖춘 그에 대한 시민사회의 압도적 지지를 보여주는 예입니다. 이후 현실 정치인으로서의 그에 대한 평가가 난삽해지고, 시류에 따른 부정론도 상당해졌습니다. 급기야 인하대학교 구성원들이 설립자 동상을 무너뜨리는 상황이 되었습니다. '슬픈 역사수정주의'라고 하겠습니다.

조봉암과 이승만

이승만에 대한 비판에는 조봉암 법살론(法殺論)이 큰 역할을 합니다. 좌익계 독립운동가이자 대한민국 건국에 참여한 조봉암이 이승만과 대권을 겨루다가 이승만에 의해 사법살인을 당하였다는 평가이지요(진보당 사건). 이승만을 더욱 나쁘게 묘사하기 위하여, 대법원에서 확정판결이 나자마자 즉시 사형을 집행하였다는 헛소문으로까지 이어졌습니다.

1958년 7월 2일 서울지방법원은 조봉암에게 「국가보안법」의 불

---

45) Syngman Rhee, *Japan Inside Out*, Fleming H. Revell Company, 1941.
46) 「동아일보」, 1946년 7월 23일자. "初代大統領은 누구?".

법무기소지죄를 적용하여 징역 5년을 선고합니다. 북한에서 온 정
치자금을 조봉암에게 제공한 양명산에게는 「국가보안법」의 간첩죄
를 적용하여 징역 5년을 선고하고, 다른 진보당 간부에게는 무죄를
선고했습니다. 1958년 10월 25일 서울고등법원은 조봉암과 양명산
에게 국가보안법의 간첩죄를 인정하여 각 사형을, 다른 진보당 간
부들에게는 징역 2년 혹은 3년형을 선고했습니다. 1959년 2월 27일
대법원은 진보당 간부들에 대한 국가보안법 위반에 대하여는 무죄
를 선고하면서 조봉암과 양명산에게는 사형을 확정했습니다.[47] 조
봉암은 대법원에 재심을 청구했으나 7월 30일 재심이 기각되었습니
다. 재심 기각 다음 날 사형이 집행되었습니다.

2007년 9월 18일 '진실과 화해를 위한 과거사 정리위원회'(진실화
해위)는 "이 사건은 평화통일을 주장하는 조봉암이 1956년 5·15 대
통령 선거에서 200여만 표 이상을 얻어 이승만 정권에 위협적인 정
치인으로 부상하자 조봉암이 이끄는 진보당의 1958년 5월 민의원
총선 진출을 막고 조봉암을 제거하려는 이승만 정권의 의도가 작용
하여 서울시경이 조봉암 등 간부들을 국가변란 혐의로 체포하여 조
사하였고, 민간인에 대한 수사권이 없는 특무대가 조봉암을 간첩
혐의로 수사에 나서 재판을 통해 처형에 이르게 한 것으로 인정되
는 비인도적, 반인권적 인권유린이자 정치 탄압 사건"이라고 규정
했습니다. 아울러 "국가는 특무대가 수사과정에서의 불법감금 등
인권침해를 한 것과 검찰과 법원이 임의성 없는 자백에 의한 기소
및 유죄판결로 국민의 생명권을 박탈한 것에 대하여 피해자와 유가
족에게 총체적으로 사과하고 화해를 이루는 등 적절한 조치를 취하
는 것이 필요하다"는 취지의 진실규명결정을 하였습니다.[48]

---

47) 대법원 1959. 2. 27. 선고 4291형상559 판결.
48) 서울중앙지방법원 2011. 12. 27 선고 2011가합63463 판결 [국가배상] 판결 이유

유족들은 진실화해위의 결정에 따라 재심을 청구하였고, 대법원은 2011년 1월 20일 조봉암의 간첩 혐의에 대해 무죄라고 판결하였습니다.[49] 유족에게는 29억 원이 넘는 국가배상금이 지급되었습니다.[50]

그런데 러시아연방 국가문서보관소에서 구소련의 비밀문서가 발굴되면서 새로운 양상이 벌어졌습니다. 러시아 학자 표도르 째르치즈스키 박사가 김일성과 소련 내각 부의장 드리트리 폴랸스키 사이의 1968년 9월 12일, 13일자 대화록을 발굴하였는데, 그 내용은 '1956년 5월 실시 예정인 한국의 제3대 대통령 선거를 앞두고 조봉암이 출마의사를 밝히며 지원을 요청하였고, 김일성이 조봉암에게 정치자금을 보냈다'는 것입니다.[51]

진보당 사건의 주심 대법관 김갑수는 1956년 10월 「신동아」를 통해 이례적으로 사형선고에 이르게 된 경위를 밝혔습니다. 조봉암은 줄곧 간첩사실을 부인하였으나, 자금을 제공한 양명산이 수사단계와 제1심 법정에서 북한발(發) 자금 제공 사실을 자백하였고, 양명산이 조봉암에게 돈을 준 장소가 남한산성·광릉·우이동·동구릉 등 은밀한 장소였으며, 양명산이 항소심에 와서 '북한에서 자금을 받아 조봉암에게 전달하였다'는 그간의 자백을 번복하였으나 돈의 출처에 대하여 횡설수설하였고, 특무대가 조봉암과 양명산의 동태를 추적하여 확보한 증거도 상당하였다는 것입니다. 구치소에서 조봉암이 양명산에게 은밀하게 전달한 쪽지의 내용도 조봉암에게 불

중 1. 기초사실.
49) 대법원 2011. 1. 20. 선고 2008재도11 판결.
50) 서울중앙지방법원 2011. 12. 27. 선고 2011가합63463 판결; 서울고등법원 2012. 7. 26. 선고 2012나20385 판결.
51) 「주간조선」, 승인 2020.06.18., 김학준, "봉인 해제된 조봉암 관련 구소련 문서가 던진 질문들"

리하였습니다. 당시에는 간첩죄가 인정되면 사형을 선고하는 것이 전혀 이례적이 아니었던 만큼, 조봉암이 대통령 입후자였고, 국회 부의장이었고 농림부장관을 지냈다는 사정은 오히려 양형에서 가중 사유라는 것이 김갑수 대법관의 논리였습니다.

그들에게 백범이란?

이승만을 건너뛰고 김구를 두 번 부르다

이재명 전 경기도지사가 민주당 대통령 후보로 결정된 날 격정의 연설을 하였습니다. 김구가 두 번, 김대중이 두 번 등장하고 이승만을 건너뛰었습니다. 마지못해 박정희는 한 번 끼워주는 듯했습니다. 이인영 전 통일부 장관이 백범을 국부(國父)라고 우겨서 사소한 소동도 있었습니다. 집권세력 인물들이 백범을 칭송할 때면 쓴웃음이 나옵니다. 1980년대, 두루마기 차림으로 김일성 걸개그림에 큰절을 하고서야 집회를 시작하던 학생 운동가들의 치기(稚氣)가 떠오르기 때문입니다.

박은식의 『대한독립운동지혈사』와 함께 『백범일지』는 장중한 무게로 제 청소년기를 압도했습니다. 『백범일지』 말미의 "나의 소원"은 글의 느낌이 크게 달라 백범이 필자가 아니려니 짐작했고, "임시정부의 문지기를 하겠다"던 문장이 '비유법'이라던 선생님의 설명에도 별로 동의하지 않았습니다.

춘원과 『백범일지』

이광수 연구자 하타노 세츠코(波多野節子)는 『이광수, 일본을 만나다』에서 이렇게 썼습니다. "(춘원이) 1947년 흥사단의 의뢰를 받아 안창호의 전기를 집필하고 그밖에도 『백범일지』를 현대문으로 고쳐 쓰는 작업을 했지만, 이들 애국자의 책에 이광수의 이름은 실리지 않았다."[52] 졸지에 일본이 항복하자, 일제 말기 창씨개명에 앞장서는 등 총독부 정책에 적극 협력했던 춘원의 입장이 난처했을 겁니다. 수양동우회(修養同友會) 사건으로 옥고를 치렀고 조선사회에 대한 기여가 예사롭잖았지만, 세상인심은 거두절미 허물만 기억합니다. 경교장을 드나들며 『백범일지』를 고쳐 쓰던 춘원의 불안한 심정이 전해지는 듯합니다.

"나의 소원"이 백범의 문장이 아니라면 춘원의 문장이지 싶었습니다. 대학 동기 홍성걸 국민대 교수가 확인해 주었습니다. 부친인 홍일식 교수(전 고대 총장)께서, '춘원의 부인에게서 그렇게 들었다'고 하셨답니다. 그 어른이 국문학 전공이셨으니 춘원의 부인 허영숙과도 친분이 있으셨겠지요.

백범과 김립

백범은 '좌익'과 어울리기 힘든 인물입니다. 상해 고려공산당의 걸출한 지식인 김립(金立) 살해 사건만으로도 그렇습니다. 본명이 김익용(金翼容)인 김립은 일본유학시절, 보성전문학교 동문인 허헌(항일변호사)과 함께 입헌공화제에 몸을 던지겠다는 결의로 '立憲'의 '立'자를 써서 변명(變名)을 하였답니다. 허헌(許憲)은 자신의 이름 '憲'자를 '입헌'의 '헌'으로 해석했다지요. 김립은 제정 러시아 당국에 체포되기도 하고, 연해주 조선인 청년들을 모아 볼세비키와 연대하여 항일빨치산 운동도 전개했습니다. 1918년 '한인사회당'을 창당하여 중앙위원 겸 선전부장을 맡고, '한인사회당' 당수 이동휘를 설득하여 상해 임시정부 설립에 참여합니다.[53] 임정에서 스스로 국무원

---

52) 하타노 세츠코 지음·최주한 옮김, 『이광수, 일본을 만나다』, 푸른역사, 2016, 291쪽.

초대 비서장(수석 차관)을 역임하고, 1920년 8월 상해에서 한인사회당을 한인공산당으로 개칭하여 한인공산당 코민테른 파견 대표자로 선출되었으며, 1921년 고려공산당 창립대회에서 비서부장을 맡았습니다.

러시아 볼세비키 지원자금(레닌자금)이 임정으로 들어오지 않자 1922년 1월 26일 '대한민국임시정부 포고 제1호'가 발표됩니다. 이동휘와 김립을 맹공하는 내용입니다. 1922년 2월 8일 백범이 지휘하는 임정 경무국 소속 요원들에 의해 김립의 몸에 총알 12발이 박혔습니다. 중국 「항주보」와 「동아일보」는 일제의 소행으로 보도하였으나, 일본의 상해 주재 총영사관 경찰부의 정보보고서에서는 레닌자금 40만루블 다툼으로 임정이 사살한 것으로 파악했습니다.[54] 상해파 고려공산당과 맞수인 이르쿠츠크파 고려공산당이 김립 처형을 부추겼다니 독립운동 진영 세력다툼의 어두운 국면입니다.

『백범일지』의 기록

『백범일지』는 판본이 여럿입니다. 도진순 주해 『백범일지』는 김립 살해 사건을 임정 입장에서 자세히 기술합니다.

  "마침내 한형권이 모스크바에 도착하니 러시아 최고지도자인 레닌씨가 친히 맞이하며, 독립자금은 얼마나 필요로 하느냐고 물었다. 한형권은 입에서 나오는 대로 200만 루블을 요구하였다. 레닌은 웃으면서 반문하였다. 일본을 대항하는데 200만으로 될 수 있는가? ... 한형권이 시베리아에 도착할 시기를 맞추어 이동휘는 (국무원) 비서장인 김립(金立)을 밀파, 한형권을 종용해 금괴를 임시정부에 바치

---

53) 「한겨레 온」, 2019. 3. 10, 하성환, "비극적인 항일독립지사 '김립'에 대한 회상"
54) 「한겨레 21」, 2018. 3. 18, 임경석의 역사극장, "동지가 동지를 쐈다."

지 않고 중간에서 빼돌렸다(311쪽). ... 정부의 공금횡령범 김립은 오
면직·노종균 등 청년들에게 총살을 당하니 사람들이 통쾌하게 생
각하였다. 임시정부에서는 한형권을 러시아 대표직에서 파면하고 안
공근을 러시아 주재대표로 파송하였다. 그러나 별 효과 없이 러시아
와의 외교관계는 끝내 단절되었다(313쪽)."

'백범기념사업회'가 후원하는 나남출판사 간행 『백범일지』에서
슬쩍 얼버무리는 내용입니다.

임시정부는 한형권 등을 임정 대표로 파견하였으니 레닌자금이
임정으로 들어와야 마땅하다고 판단했겠지만, 어렵게 금괴를 운반
한 한형권, 박진순, 김립은 임정 간부이기 이전에 상해파 고려공산
당 간부였습니다. 따라서 임정이 애타게 기다리던 금괴를 '공산국가
건설을 위한 레닌의 하사금'이라고 강변했을 듯합니다. 김립 살해에
격분한 상해파 공산당 내에서는 임정에 대한 보복 공격론이 비등했
으나 당 간부들이 만류했답니다.

舊소련 해체 후 공개된 코민테른의 문서에서는 레닌자금이 상해
파 공산주의자들에게 지급된 것이고, 정산도 그들과 사이에서 큰
배달 사고 없이 이루어졌다고 했답니다.[55] "이 금괴로 (김립이) 북간
도 자기 식구들을 위해 토지를 매입하고, 상해에서 광동 여자를 첩
으로 삼아 향락하였다"는 백범의 비난과는 잘 맞지 않습니다.[56]

백범과 이승만

임시정부 초대 대통령인 이승만과 초대 경무국장 김구는 해방 이

후까지도 원만한 관계를 유지했습니다. 이승만은 미국에서의 외교 활동에서 '대한민국 임시정부 구미위원회 위원장'이라는 타이틀이 유용했을 것이고, 장개석 정부의 눈칫밥을 먹으며 버티던 백범에게 는 이승만의 외교활동이 위로가 되었을 것입니다.

대한민국 현대사에서 이승만은 이제 거의 지워진 인물입니다. 영 상물 『백년전쟁』으로 대표되는, '어둠의 자식들'의 영민한 기획이 거둔 성공입니다. 그런데 그들 '어둠의 자식들'이 우파 민족주의자 인 김구를 떠받드는 이유는 과연 무엇일까요? 이승만의 대척점으로 김구를 소모품으로 설정하고, 그를 디딤돌로 하여 김일성으로 건너 뛰겠다는 발상이 아닐까요?

백범은 인간적으로 약점도 많고 과장도 심한 인물입니다. 1896년 2월의 황해도 치하포(鴟河浦) 사건이 단적인 예입니다. 그는 민비 시 해의 원수를 갚느라(國母報讐) 일본 육군중위 쓰치다(土田讓亮)를 죽 여, '점점이 난도질해서, 왜놈의 피를 움켜 마시고, 그 피를 얼굴에 발랐다'고 허풍을 떱니다.57) 그런데, 『백범일지』 주해자 도진순 선 생은 '일본 외무성 자료에 의하면' 피해자는 (일본 장교가 아니라) '상 인 쓰치다(土田)'라고 진상을 밝힙니다.58) 경위야 자세히 알 수 없지 만 멀쩡한 일본인 민간인을 살해하고서 대단한 애국자인 양 분칠을 한 셈입니다.

좌익은 1946년 6월 3일의 '정읍 발언'에서 이승만이 '남한 단독정 부 수립'이라는 돌아설 수 없는 다리를 건넜다고 이승만을 비난했 습니다. 김구는 1947년 12월 1일까지도 "소련의 방해가 제거되기까 지 북한 의석을 남겨 놓고 선거하는 조건이면 이승만 박사의 단독

---

57) 도진순 주해 『백범일지』, 91~98쪽.
58) 도진순 주해 『백범일지』, 98쪽 각주(脚註) 59.

정부론과 내 의견은 같은 것이다"라며 유연한 입장을 보였습니다. 문제는 다음 날인 12월 2일 터진 '장덕수 암살사건'이었습니다. 미군정 경찰이 김구를 암살 배후로 지목하자, 김구는 분기탱천하였던지 공세적으로 '단정 반대'로 돌아섰습니다.[59]

『세카이(世界)』의 김일성 인터뷰

일본의 대표적인 진보잡지 『世界』는 김일성과의 인터뷰 기사를 몇 번 실었습니다. 1985년 8월호 <회견기록> "解放40年を迎えて (해방 40년을 맞아)"에서 김일성은, 백범이 상해 임정 시절 다수 공산주의자를 죽였기에 공산주의자들은 '백범에게 치를 떨었다'고 했습니다. 실제로 프랑스 조계에 위치했던 임정에서는 꽤 많은 살인이 벌어졌다니 그 와중에 애매하게 목숨을 잃은 공산주의자도 적지 않았지 싶습니다.

'1945년 이전'의 공산주의 운동을 어떻게 평가할지에 대해서는 입장이 다를 수 있으나, 어쨌든 김구는 공산주의자들의 공세에 맞서며 임정을 지켰습니다. 임정의 활동이 사실 이상으로 부풀려졌다고 하더라도, 김구의 활동에서 거친 면면이 보이더라도, 건강한 우리 공동체가 그를 버릴 이유는 없습니다. '어둠의 자식들'이 얄팍하게 백범을 이용하고 있다면 더욱 '홧김에' 백범을 버려서는 안 될 일입니다.

---

59) 「중앙일보」, 2019. 8. 15. 박보균 대기자의 퍼스펙티브, "김구는 보수 우파 … 좌파가 교란한 정체성 복원하라"

혈서에 가둔 박정희

강만길의 시선 - 괴뢰 만주국 장교 박정희

역사가 강만길 선생이 박정희 대통령을 긍정적으로 묘사한 문장을 읽은 기억이 없습니다. 과도하다 싶은 비난은 여러 번 접했습니다. 어떤 개인사가 작용하였든 강만길 선생의 평가에 동의하지 않습니다.

"제국주의 일본의 괴뢰 만주국 장교 출신으로서, 또 해방 후에는 우리 군대의 장군으로서 민주적으로 성립된 정부를 군사 쿠데타로 뒤엎고 정권을 탈취한 박정희 정부가 1965년에 처음으로 한일협정을 맺었을 때 … 제국주의 일본의 괴뢰 만주국 장교 출신인 박정희 정권의 죄과가 얼마나 큰지 우리사회 일반이, 그리고 우리 역사가 아직도 제대로 지적하지 못하고 있는 것입니다."[60]

괴뢰(傀儡) 만주국과 이시와라 간지(石原莞爾)

1931년 관동군 작전주임참모 시절 만주사변을 기획한 이시와라 간지(石原莞爾)는, 1935년 요직인 육군 참모본부 작전부장에 임명되었으나 중일전쟁 전선 확대에 반대하여 관동군 부참모장으로 좌천되었습니다. 이후 관동군 참모장 도조 히데키(東條英機)와 대립하다가 1940년 도조가 육군대신이 되자 예비역에 편입되었습니다. 그는 만몽(滿蒙, 만주와 내몽골)이 일본의 생명선이므로, 이곳을 거점으로 소련과 미국을 상대로 하는 최종 전쟁에 대비하고자 했습니다. 만주국을 축으로 한 동아시아의 연대를 꿈꾼 그에게 만주국은 일본인·한인(漢人)·조선인·만주인·몽골인이 공동체를 이룬 오족협화(五

---

60) 강만길, 『공부의 시대—강만길의 내 인생의 역사공부』, 창비, 2016, 128,130쪽.

族協和)의 독립국이었습니다. "동아시아 각 민족의 단결과 협력으로
세계평화를 지향한다"를 지론으로 오족공영(五族共榮), 민족협화(民
族協和)를 꿈꿨지요. 지론이 그런 만큼 한반도의 식민통치에도 반대
했습니다.61)

'괴뢰'란 허수아비(傀)이자 꼭두각시(儡)를 말합니다. 괴뢰 만주국
은 '일본의 꼭두각시인 만주국'이라는 뜻이지요. 일본과 전쟁을 치
루었던 연합국이나 중국 입장에서 만주국은 괴뢰국입니다. 만주국
을 국가로 승인한 국가는 일본 외에, 엘살바도르, 도미니카공화국,
코스타리카, 이탈리아, 스페인, 독일, 헝가리 정도이니, 국제사회에
서의 '실체'를 보아도 괴뢰국이라고 부르는 데 무리가 없습니다. 로
마교황청은 공식적으로는 만주국을 부인하면서도 만주국의 천주교
신자 보호를 위해 실제로는 승인하였다고 합니다.62) 그러나 일본제
국의 식민지에서 분리 독립한 대한민국이 만주국을 마냥 괴뢰국이
라고 능멸할 수 있을지는 의문입니다. 조선인의 '만주국 경험'에서
볼 때 그렇다는 뜻입니다.

만주국의 조선인 – 나라 만들기(state building)

만주국은 <커피 한 잔>, <님은 먼 곳에>를 남긴 불후의 대중
음악가 신중현이 유아기를 보낸 땅이고, 도쿄 고등음악원에서 작곡
을 공부한 음악 유학 1세대 임원식과 김성태의 고향입니다. 조선영
화의 개척자 이규환은 만주영화협회(滿映)에서 수학했고, 음악가 김
성태는 만영(滿映) 제작 계몽영화의 음악감독을 맡았더랬습니다. 징

---

61) 아스다 고이치 지음·이재우 옮김, 『일본 '우익'의 현대사』, 오월의 봄, 2019,
133~146쪽.
62) 신의식, "로마교황청의 만주국 승인과 관련된 몇 가지 문제–당시 왕래한 문서를
중심으로", 「교회사연구」 2014, vol., no. 44, 285쪽,

용과 학도병을 피해 만주로 넘어간 조선 음악가들도 만주에서 일자리를 얻었습니다. <가고파> 작곡가 김동진, 연주가 전봉초는 신경(新京)교향악단에서 기량을 뽐냈지요.[63] 일본 유학파 시인 백석은 1939년부터 1942년까지 만주국 국무원 경제부와 안동세관에서 근무했습니다.[64]

1938년 개교한 만주 국립 건국대학 졸업생 중에는 조선인이 50명이 넘었습니다. 건국대학의 개교 이념에는 이시와라 간지의 오족협화(五族協和)라는 이상이 녹아 있어 여러 민족에게 입학생을 배정했더랬습니다.[65] 건국대학에서 강의한 최남선은 조선 출신 유학생들의 버팀목이었습니다.

박정희가 입교한 봉천군관학교(奉天軍官學校, 2년제)는 1932년 개교 이래 조선인 87명을 배출했고, 1939년 개교한 신경군관학교(新京軍官學校, 4년제)의 조선인 졸업생은 48명 정도였습니다. 이들 군관학교 우등생에게는 일본육군사관학교에 유학할 기회가 주어졌습니다. 엘리트 조선인들은 일본 고등문관시험, 조선 변호사시험, 만주국 고등문관시험 모두에 응시하였습니다. 만주국 고등문관시험에 합격하여 관료가 되면 만주국 공무원 훈련기관인 대동학원(大同學院)에서 훈련받기도 했습니다. 한편, 1945년 무렵 만주국의 조선인 비율은 3.4% 정도였으나 만주국 의사 대비 조선인 의사 비율은 13% 쯤 되었습니다(2,046명 중 261명).[66] 소시민과 건달들에게 만주가 기회의 땅이었다면, 엘리트(有識者) 조선인들에게 만주는 귀중한 현장 경험을 제공하는 체험 공간이었습니다. 계층 간 이동이 거의 보이

---

63) 한석정, 『만주모던』, 문학과 지성사, 2022, 407~428쪽.
64) 한석정, 『만주모던』, 118쪽.
65) 한석정, 『만주모던』, 122쪽.
66) 한석정, 『만주모던』, 121~123쪽.

지 않던 재일조선인 사회와는 이 점에서 크게 달랐습니다.

중국인으로 만주군관학교를 졸업한 인물들은 문화혁명 시기까지 고초를 겪었음에도, 조선인 만주군관학교 출신 '친일파'들은 해방 이후 승승장구했다고도 비난합니다(MBC TV의 역사 다큐멘터리 "이제는 말할 수 있다" 등). 기본적으로 강만길 선생의 시각입니다.

2차대전 후 전범을 처벌한 극동전범법정은, 1937년 중일전쟁 당시 일본군이 남경(南京) 진입 과정에서 6주간 중국 군인과 민간인 12만 명 내지 35만 명을 살육하였다고 판단했습니다(南京大屠殺, Nanjing Massacre). 일본 신문은 일본군 장교들이 벌인 '100인 참수(斬首) 경쟁'을 주인공 두 소위의 사진과 함께 크게 보도했지요. 일본이 중국에 대해 극도의 잔혹극을 연출하면서 빚어진 비극입니다. 그래서 대만 출신 지원병들도 종전 귀환 후 적군에 협력했다는 이유로 장개석 정부로부터 고초를 겪었습니다.

그런데 만주인맥이 경험한 만주국의 계획경제, 산업화, 도시개발, 동원 체제라는 '압축성장'의 원형은 1960년대 이후 대한민국에서 '조국 근대화'로 부활했습니다. 만주를 경험한 전 일본군 장교들의 작전 능력 없이는 중국과 소련을 뒷배로 한 김일성의 기습공격으로부터 대한민국의 방어는 불가능했을 것입니다. 느닷없는 '항일서사(抗日敍事)'의 격랑 가운데 200만 조선인이 생존의 땅으로 삼았던 만주국은 억지로 수몰된 듯싶습니다. 일군(一群)의 역사가와 동류(同類)의 미디어는 만주국에서 훈련된 관료, 개척 영농인, 기업인, 군인, 관현악 단원, 문인, 교사, 엔지니어 등 식민지 엘리트들의 대한민국 만들기(state building)를 부인하고자 폭압적으로 침묵을 강요합니다.[67]

---

67) 한석정, 『만주모던』, 450쪽.

'쿠데타'와 '혁명' - 『사상계』의 용어 선택

당대 최고의 교양지 『사상계』는 '민주적으로 성립된 정부를 군사 쿠데타로 뒤엎고 정권을 탈취한' 5·16 쿠데타 세력을 공박하기는 커녕, '5·16 혁명'을 지지했습니다. 5·16 거사 직후인 1961년 6월 호 『사상계』를 봅니다. "革命 새벽에 오다"는 제목의 화보와 함께 편집인 장준하가 쓴 '권두언'에서 '5·16 혁명'에 대한 기대를 이렇게 표했습니다.

> "4·19 혁명이 입헌정치와 자유를 쟁취하기 위한 민주주의 혁명
> 이었다면, 5·16 혁명은 부패와 무능과 무질서와 공산주의의 책동
> 을 타파하고 국가의 진로를 바로 잡으려는 민족주의적 군사혁명이
> 다. 따라서 5·16 혁명은 우리들이 육성하고 개화시켜야 할 민주주
> 의의 이념에 비추어 볼 때는 불행한 일이요 안타까운 일이 아닐 수
> 없으나 위급한 민족적 현실을 볼 때는 불가피한 일이었다."[68]

강만길의 시선 - 농민이 감소했으므로 '새마을운동'은 실패?

박정희 전 대통령을 비판하는 명사(名士)들의 문장을 읽다 보면 소박한 논리에 웃음을 참을 수 없는 대목을 만납니다. 이런 문장이 특히 그렇습니다.

> "박정희 정권의 업적 중 농촌을 잘 살게 해줬다는 새마을운동이
> 높이 평가되어, 심지어 외국에서까지 배우려 한다지만, 역사적으로
> 보면 그것에도 잘못 평가된 점이 있다. 새마을운동이 농민을 잘 살
> 게 하는 운동이었다면, 이 운동이 시작될 무렵 전체 인구의 30%가
> 넘었던 농촌인구가 농촌을 떠나지 않고 그대로 그곳에서 잘 살게
> 되어야만 했을 것이다. … 농촌인구의 감축을 중지시키지 못한 새마

---

68) 『사상계』, 1961년 6월호, '권두언, 5.16.革命과 민족의 진로'

을운동이 과연 역사적 평가로서도 성공한 운동이었을까 생각해 봐
야 할 것이다."[69]

새마을운동과 생산성

1971년 전국 3만천 개 자치마을에 시멘트 300부대씩 나눠준 것이
새마을운동의 시작이었답니다. 이들 마을 중 반은 시멘트를 제대로
사용했고, 나머지 반은 흐지부지 낭비했다지요. 박정희 대통령은 제
대로 쓴 마을에만 시멘트와 철근을 추가 지원하라고 지시했습니다.
"선거 망칠 일 있냐?"는 여당의 반대를 무릅쓰고 밀어붙였습니다.
오히려 탈락한 여러 마을이 분발하면서 '우리도 잘 살아보세' 운동
은 본궤도에 올랐다네요. 새마을운동의 성공 비결은 '스스로 돕는
자를 돕는다'라는 의식개혁 운동이었습니다.[70]

18세기를 거치며 영국의 농업 노동력 1인당 생산량이 거의 두배
로 늘었습니다. 노동생산성의 상승 덕분에 18세기 말에는 인구의 3
분의 1인 농업인구가 나머지 인구를 부양할 수 있었습니다. 그 무렵
영국 농가의 경작지는 평균 100에이커를 넘었지만 중국은 1.25에이
커에 불과했답니다.[71] 덴마크 농가는 1990년대 10만 가구에서 2015
년 3만 가구로 70% 이상 감소하였습니다. 반면에 농가당 경작 면적
은 1970년 20㏊ 수준에서 90년대 40㏊, 2000년대에는 60㏊로 확대
되었지요. 국토 면적이 우리보다 작은 네덜란드도, 농가당 경지 면
적은 우리나라보다 10배 가까운 10㏊입니다. 미국은 1950년부터
2010년까지 60년 사이에 농업 인구가 4분의 1로 감소했지만 생산량

---

69) 강만길 자서전, 『역사가의 시간』, 창비, 2010, 224쪽.
70) 「조선일보」, 2021. 2. 11.자 A30면, [김창균 칼럼], "공짜면 양잿물도 마신다" 文
    族개조운동.
71) 박지향, 『근대로의 길』, 세창출판사, 2017, 34쪽.

은 2배 증가했답니다.

우리나라 농업의 난점은 좁은 경지 면적에서 비롯된 낮은 생산성입니다. 평균 경작지 면적이 1㏊를 조금 넘습니다. 지속적인 농가인구 감소에도 불구하고 농지가 소규모로 분할 상속되고 있어 경작면적 확대가 제대로 이루어지지 않습니다. 농업인구 감소가 규모의경제로 이어지지 않는 이유입니다.[72] 그런데, 진정한 의미의 근대적 경제성장은 그 사회의 인구가 농업인구에서 공업인구로 바뀔 때일어납니다. 농업인구 감소가 농업에서 규모의 경제로 이어지지는않았다 하더라도, 농업인구가 대폭 공업인구로 이전하였고, 그것이근대적 경제성장으로 연결된 사실은 명백합니다.

'혐오사회'의 양상

2021년 7월 2일 유엔무역개발회의(UNCTAD)는 대한민국의 지위를선진국 그룹으로 변경하였습니다. 35년간의 식민지를 거치고, 전쟁의 참화를 겪은 최빈국에서, 농촌을 떠난 국민과 농촌에 그대로 남은 국민이 함께 이룬 성과입니다.

박정희 정권에 찍혀 동아일보에서 해직되었던 김병익 선생(「문학과 지성사」 대표)은, 박정희 서거(逝去) 소식에 "박정희의 경제적 성과가 중산층을 형성해 이들이 민주주의 주체가 되면 박정희는 재평가 될 것"으로 예감했답니다. 독재자가 장기 집권을 하려면 빈민정책을 써야 하는데 반대로 경제성장을 이뤄 중산층을 형성하였으니까요. 우리사회가 남의 약점을 들추고, 단일한 기준으로 한 인물의전체 생애를 무자비하게 난도질하는 '혐오사회'로 가는 것 같다고도

---

72) 「조선일보」, 2021. 10. 25, 최준영, "농민감소는 생산성 높일 기회 … 농업도 산업화해야 경쟁력 생긴다"

걱정했습니다.[73]

　문재인 정권 5년간 '혐오사회'의 양상은 돌이킬 수 없는 지경이 되었습니다. 집권세력이 북쪽만 바라보느라, 이승만도 박정희도 무조건 부정하는 얄궂은 통치방식을 구사했습니다. SNS의 부작용까지 더해졌습니다. 그 통치방식의 추악한 변종인 '검수완박'은 수사능력의 부재, 수사책임의 부재라는 깊은 상처를 남기고 있습니다.

'혈서 지원'의 사회학

그 위원회의 어떤 아쉬움

　2005년 6월 출범한 '친일반민족행위 진상규명위원회'는 박정희를 '친일반민족행위자'로 공인(公認)하지 못한 점을 못내 아쉬워합니다. 2005년 4월부터 2007년 5월까지 '친일반민족행위자 진상규명위원회 위원장'은 강만길 선생이었습니다. 노무현 시대에 만들어진 '친일파' 낙인찍기用 국가공인 기구로서, 해방 60년 후 그들이 생존했던 그 시대의 판단에는 기어이 눈을 감겠다는 외눈박이들의 '소비에트'입니다. 이 '소비에트'를 찬양하는 이들에게는 "대한민국은 태어나서는 안 될 정부"이고, "김원봉은 국군의 뿌리"였습니다.

> "우선 '일제강점하 반민족행위 진상규명에 관한 특별법' 제2조 제10항을 만족시키려면 박정희의 '침략전쟁에 적극 협력한 행위'를 입증해야만 한다. 위원회는 중국 현지 조사를 포함해 다각적인 조사활동을 벌였으나 '만주국 보병 8단 근무' 이상의 구체적인 자료를 입수하지 못했다. '혈서' 관련 신문자료가 발굴될 당시 위원회는 이미 업무처리를 마치고 보고서를 인쇄하고 있었다. 결국 친일반민족행위 진상규명위원회는 최종 친일파 명단에서 박정희 이름을 빼야만 했다."[74]

---

73) 「조선일보」 2019. 12. 30. A30 "최보식이 만난 사람"

'일본제국주의 군대의 소위 이상의 장교로서 침략전쟁에 적극 협력한 행위'는 「일제강점하반민족행위 진상규명에 관한 특별법」에 의하면 친일반민족행위'에 해당합니다(제2조 제10호). 박정희는 1944년 7월 1일 일본제국 군대의 육군 소위로 임관, 1년 뒤 중위로 진급하였습니다. 그런데 '침략행위에 적극 협력한 행위'의 입증에 실패하여 친일반민족행위자 명단에 올리지 못하였다고 '친일반민족행위 진상규명위원회'가 서운해 하는 것입니다.

「만주신문」 1939년 3월 31일자 기사 "혈서 군관지원"

대구사범을 졸업하고 문경보통학교 교사로 근무하다가 만주군관학교에 응시한 박정희는 당시 23세, 만주군관학교의 입교 자격연령은 '16세 이상 19세까지'였습니다. 박정희는 '목숨이 다하도록 충성을 다 바칠 각오'를 밝힌 '혈서'를 응시서류에 첨부하였답니다. 1939년 3월 31일 「만주신문」은 "반도의 젊은 교사로부터 혈서 군관지원"이 있었다는 기사를 실었습니다. 「만주신문」이 만주국의 홍보지가 아니라면, 만주 군관학교를 관할하는 군정당국의 '홍보욕구'가 바탕이 되었지 싶습니다.

「만주신문」의 "혈서 군관지원" 기사는 박정희를 공격하고자 혈안이 된 쪽에는 환상의 무기가 되었나 봅니다.[75] 민족문제연구소는 2009년 11월 5일 문제의 「만주신문」 사본을 공개했습니다. 일본 국

<hr/>

74) 정운현, 『친일파는 살아있다』, 책보세, 2011, 248쪽.
75) 예를 들면, "만주국 육군 소위로 임관되기 직전의 다카키 마사오(高木正雄), 즉 박정희의 모습이다. 박정희는 만주국 군관에 지원하면서 연령제한에 걸리자 어떻게든 임관하기 위해 '죽음으로써 충성을 맹세한다'는 혈서를 썼다. 1939년 3월 31일자 「만주신문」이 「혈서군관지원」이라는 제목으로 이를 보도했다." 오익환 등, "1949년 반민특위와 오늘", 『반민특위의 역사적 의미를 다시 묻는다』, 한길사, 2019, 54쪽(김민웅 집필부분).

회도서관 마이크로 필름까지 샅샅이 뒤져 찾아낸 기사라니 열정이 놀랍습니다.[76] '친일반민족행위진상규명위원회'는 '친일반민족행위자'로 박정희를 지목하는데 실패하였으나, '민족문제연구소'는 「친일인명사전」에 '박정희'를 올렸습니다.

혈서, 혈서 ...

학도지원을 기피하고 덕유산 골짜기에 피했던 어떤 이는 "가는 곳마다 찾는 곳마다 지원이요 출정이다. 심지어 혈서지원까지 속출하였다"며 지원 열기에 혀를 찼다고 하고[77], 1939년 11월호 『モダン 日本 朝鮮版(모던 일본 조선판)』 35쪽에는 "일사보은(一死報恩)의 충성된 마음을 억누르지 못하고 혈서로 지원병을 지원한 사람도 수없이 많다"는 해설과 함께 혈서 지원서 사진을 실었습니다. 2009년 10월 경북 성주고는 교정에 <나그네 설움>, <번지 없는 주막>의 인기가수 백년설(1914~1980)의 흉상을 세웠습니다만, 지역 시민단체가 그의 노래 <아들의 혈서>를 시비하며 흉상을 훼손하였습니다. 2006년 경남 진주 진양호 호반에는 가수 남인수(1918~1962)의 동상이 섰습니다. 혈서지원과 내선일체를 주장한 <그대와 나>, <이천오백만의 감격>이 논란이 되었습니다.[78]

1999년 미츠비시 나고야항공기제작소를 상대로 한 조선정신대 소송의 원고 김혜옥은, 1944년 나주 대정국민학교를 졸업하고 정신대로 동원되었습니다. 정신대 시절 자신의 힘든 심경을 아버지께 전하고자 '日本は必ず勝つ(일본은 반드시 이긴다)'는 혈서를 집으로 보냈답니다. 놀란 아버지가 딸을 데리러 찾아갔더니 '일본에 남아

---

76) 진명행, 『조선 레지스탕스의 두 얼굴』, 양문, 2021, 202쪽.
77) 이영훈 외, 『반일종족주의와의 투쟁』, 미래사, 2020, 174쪽.
78) 정운현, 『친일파는 살아있다』, 225쪽.

공부를 하고 싶다'며 귀가하지 않고 버텼습니다.[79] 1930년대 일본 육군은 천황 친정(親政) 강화를 지지하는 황도파와 군내 문민통제를 존중하는 통제파로 갈렸습니다. '황도파'와 '통제파'의 대립과정에서 1935년 8월 황도파 장교 아이자와 사부로(相澤三郎, Saburo Aizawa)는 상관인 통제파 군무국장 나가타 테츠잔(永田鐵山, Tetsuzan Nagata)을 베었습니다. 거사 직전 신사 참배까지 하였다는 사부로는, 방청객을 향해 "천황의 절대권을 명심하라"고 부르짖고 울음을 터뜨렸답니다. 사부로를 지지하는 이들은 군사법정에 '피로 쓴 탄원서'를 제출합니다.[80] 1942년 2월 대만에서 육군특별지원병제가 공포되자 대만 사회는 이를 '충격과 환희'로 맞습니다. 대만뿐만 아니라 홍콩, 광동 등 재중(在中)대만인까지 지원 대열에 합세하면서 혈서지원도 유행하였답니다.[81] 1974년 12월 인도네시아 모로타이섬에서 30년 만에 구조되었던 대만인 육군특별지원병 리광휘(李光輝)도 혈서지원병이었습니다.[82]

그 시절 일본과 조선, 대만에서 '혈서'는 간절함을 전하는 메시지로 꽤 널리 이용되었습니다. 법정에도 제출되고, 부모에게 보내는 편지에도 담겼습니다. 「만주일보」 기사 그대로, 박정희의 혈서지원은 지원 연령을 쑤욱 초과하였던 박정희가 입학자격을 얻기 위한 방식이었습니다. 그냥 묻혀서 넘어갔을 법한 사연이, '입시홍보 담당자(?)'의 눈에 들어 신문기사가 되었고, 세월이 흘러 어느 열혈운동가에 의하여 일본에서 발굴되었지 싶습니다. 청년 시절 박정희에게 그러한 사연이 없었다면 더 좋았겠다 싶다가도, 호시탐탐 새로

79) 박광준, 『여자정신대, 그 기억과 진실』, 뿌리와 이파리, 2022, 43쪽, 220쪽.
80) Syngman Rhee, *Japan Inside Out*, Gwanggchang Media, 2017, p.23 (first published 1n 1941 by the Flemming H. Revell Company in the U.S.A.).
81) 정안기, 『충성과 반역』, 조갑제닷컴, 2020, 512쪽, 545쪽.
82) 정안기, 『충성과 반역』, 548쪽 각주 120).

운 사연을 그들 나름의 방식으로 윤색하려는 열혈운동가들이 공동체에 함께하는 한, 그런 기대조차 부질없는 일이라고 고개를 젓게 됩니다.

이병주의 박정희 비판

학병문학(學兵文學)을 구축한 이병주 선생의 박정희에 대한 비판도 신랄합니다.

> "그는 만군, 일군, 국군, 세 나라의 군인으로서 세 나라에 충성을 맹세한 셈이다. 그런데, 그것도 모자라 공산당에 충성을 하다가 여순반란사건에 휘말려 숙군의 대상이 되었다. 그러자 그는 국군 내의 좌익분자, 미국의 기록에 의하면 300명 이상을 밀고했다. 그 덕분에 처형을 모면하고 대한민국의 장군이 되었다."[83]

이병주 선생은 1961년 8월, 『새벽』과 『국제신보』에 실린 글이 문제가 되어 구속되었습니다. 「조선일보」 1961년 11월 30일자는 혁명검찰의 구형 사실을 보도합니다. "혁명검찰부 선남식 검찰관은 29일 오후 2시 혁명재판소 제2호 법정에서 열린 경남중고등학교 교원노조 반국가행위 사건 피고 이병주(40, 국제신보 주필)에게 징역 15년을, 그리고 변노섭에겐 징역 12년을 각각 구형했다." 그는 혁명재판소에서 징역 10년형을 선고받고, 2년 7개월을 복역한 후 1963년 12월 16일 특사로 부산교도소에서 출소하였습니다.[84]

이병주 선생을 옥죈 법률은 국가재건최고회의가 혁신운동가들을 처벌하기 위해 마련한 '특수범죄처벌에 관한 특별법'이었습니다.

---

83) 이병주, 『대통령들의 초상』, 서당, 1991, 175쪽.
84) 안경환, 『이병주평전』, 창비, 2022, 437쪽.

1961년 6월 22일 제정되었으나, 부칙에서 '본법은 공포한 날로부터 3년 6월까지 소급하여 적용한다'고 못 박은 소급법입니다. 경찰은 이병주 선생을 남로당 재건 공범으로 엮을 계획이었다는데, 적용된 죄명은 형량이 낮은 '특수반국가행위(제6조)'였습니다.[85]

여순반란사건은 군내 좌익을 척결한 결정적 사건이었습니다. 여순반란사건을 해결하지 못했다면 김일성의 남침으로 인한 극도의 혼란기에 군내 좌익이 준동했을 것이 뻔하고, 남한 사회는 수습 불가능하게 되었을 듯합니다. 박정희의 제보 범위는 자세히 알지 못합니다만, 그의 제보가 실천적으로 군내 좌익에 치명타를 가하고 국가 존립에 도움이 된 것은 부인할 수 없는 사실입니다. 이병주 선생은 사적 원한으로 평생 박정희에 대한 반감을 버리지 않았습니다. 그러나 한편으로는 박정희의 오른팔이었던 이후락과 깊은 교분을 나눴고, 이후락이 챙겨준 달러 다발로 외국여행에서 허세를 부릴 수 있었습니다.

근대적 사회주의자 - 마지막 분대장 김학철

그 남자가 떠나다

2004년 9월 세상을 뜬 김학철(金學鐵, 본명: 홍성걸洪性杰)은 자타가 공인하는 항일독립군 '마지막 분대장'이었습니다. 굴곡진 현대사를 온몸에 문신처럼 새기고, 목발에 의지해서 강철처럼 꼿꼿하게 살아낸 거물입니다. 스스로 "국민당 군대에도 있어 보고(그는 손문이 세우고 장개석이 교장이었던 황포군관학교 출신입니다) 신사군(新四軍)에

---

85) 안경환, 『이병주평전』, 628~637쪽.

도 있어 보고 팔로군에도 있어 보고 또 조선인민군에까지” 군 복무
의 영광을 누렸고, 징역을 살아도 “일본 감옥에서도 4년 살아보고
중국 감옥에서도 10년 살아본” 팔자라며 너스레를 떱니다.[86]

   그는 2004년 9월 25일 85세를 일기로 연변에서 생을 마감하였습
니다. 2004년 6월, 조선의용대 선배, 밀양 출신 ‘윤세주 탄생 100주
년 기념 학술행사’에 초청받았다가, 예기치 않게 건강이 악화되어
서울적십자병원에서 겨드랑이 종양 제거 수술을 받았습니다. 3개월
간 병상 신세가 이어지자 주위의 만류를 뿌리치고 연변으로 돌아갔
으나, 연변 도착 1주일 만에 중환자가 되었고, 자신에게 어울리는
임종을 준비했습니다. 장례식에는 지인 12명만 초대하였는데, 분골
(粉骨)한 유해는 승합차로 2시간을 달려 혼춘(琿春)의 두만강물에 띄
웠습니다. 유골함에는 ‘元山 앞바다行, 김학철(홍성걸)의 고향, 가족
친우 보내드림’이라 썼고, 자신이 작곡한 조선의용군 추도가와 그의
운명을 결정한 황포군관학교 교가가 울려 퍼졌습니다. 30년을 입어
구멍이 숭숭 뚫린 푸른색 중산복(中山服)이 수의(壽衣)였습니다. 모
두 그의 유언대로 행해진 의식입니다.[87] 전체주의 한 가운데서 시
민권을 행사하고자 평생 저항한 근대인의 삶이었습니다.

조선의용대와 조선의용군

   조선민족혁명당이 중심이 된 조선의용대(Korean Volunteer)는 1938
년 10월 무한에서 발대합니다. 병력은 150명 정도, 김원봉이 대장이
었습니다.[88] 1941년 7월 10일 임현(林縣)에서 신악(申岳)·윤세주(尹

86) 김학철, 『사또님 말씀이야 늘 옳습지』, 연변인민출판사, 2010, 137쪽.
87) 「주간동아」, 입력 2004. 11. 16, 307호, “마지막 분대장의 아름다운 세상 이별”,
    32~35쪽.
88) 김학철, 『최후의 분대장』, 문학과 지성사, 1995, 186,188쪽.

世冑)·박효삼(朴孝三)·김창만(金昌滿) 등을 중심으로 조선의용대 화북지대를 결성하였습니다. 1942년 5월 중경에 있던 조선의용대 본부가 임시정부의 광복군 제1지대로 편입하자 화북지대는 본부 없는 지대가 되고 말았습니다. 그리하여 1942년 7월 10일 하북성(河北省) 태항산에서 화북조선청년연합회 대회가 개최되었고 조선의용대 화북지대를 '조선의용군'으로 개편하였습니다. '조선의용군'은 중국국민혁명군 제8로군(팔로군)에 있던 무정(武亭)을 사령관으로 맞았습니다.[89]

조선의용대의 작전

조선의용대 화북지대는 적 후방 교란 작전이 주임무였습니다, '일본군 병사들에게 고함' 등 삐라를 살포하고 후퇴 직전 인근 건물에 일본군의 사기를 떨어뜨릴 구호를 페인트칠했습니다.[90] 당시 조선의용대 화북지대는 스스로 중국공산당으로부터 독립된 국제지원부대라고 자부했으나 실제로는 팔로군의 재정 지원과 작전 지도를 받았습니다.

김학철은, 조선의용대는 항일전쟁 전 기간 동안 단독으로 군사행동을 해 본 적이 거의 없다고 고백합니다. 언제나 팔로군과 긴밀한 협동작전을 전개했고, 조선의용대 30명이 출동하면 1개 대대 팔로군 부대도 동시에 출동해 엄호하였다는 것이지요. 그렇지 않다면 조선의용대는 일본군에 접근도 못해 보고 말로만 '항일'을 외치다가 종전을 맞았을지도 모른다고 했습니다.[91]

---

89) 한국민족문화대백과사전 > 조선의용군 <https://encykorea.aks.ac.kr/ Article /E0052177>
90) 김학철, 『최후의 분대장』, 205쪽.
91) 김학철, 『최후의 분대장』, 268쪽.

그러함에도 조선의용대야말로 1941년 이후 태극기를 휘날리며 무장투쟁을 한 유일한 조선 군대라는 자부심이 강합니다.[92] 영화 황제라 불리던 스타 김염(金焰)의 큰 누이동생 김위가 유일한 여성 대원이었습니다.[93] 자신이 속했던 조선의용대 제2지대에 중국 공산당 지하조직이 생긴 것은 39년 늦가을이었답니다. 이때는 2차 국공합작 시기였으나 합작은 상부에서만 이루어졌을 뿐이었고, 40년 8월 29일 영광스럽게 공산당에 입당하였다지요.[94]

1940년 가을 각 전선의 조선의용대가 낙양으로 집결합니다. 겉으로는 '화북 지역에 산재하는 조선 동포들을 쟁취하기 위한 행동'이라고 국민당 정부를 속이고, 태항산 항일근거지로 들어가 팔로군에 합류했습니다. 낙양에 머무르는 동안 서안 한국광복군 제2지대를 방문하여 통일전선 결성의 가능성을 타진합니다. 광복군 영사에 10여일간 머무르며 국기게양식에도 참여하여 가슴이 설레는 모순된 감정을 느낍니다. 통일전선 결성이 어렵다는 인상을 받고 서안을 떠나 귀로에 오릅니다만, 곡절 끝에 조선의용대도 태극기를 군의 기치로 삼고 인쇄물에는 쌍태극기를 모시게 되었습니다.

총상 후 들것채로 병원 독실에 있을 때, 장교복 차림의 젊은 조선인 통역관이 조선의용대가 살포한 쌍태극기가 찍힌 삐라를 장화목에서 꺼내 보이며 은밀하게 호의를 표시하여, 선무공작의 효과를 확인하였답니다.[95]

---

92) 김학철, 『최후의 분대장』, 158쪽.
93) 김학철, 『최후의 분대장』, 188,189쪽.
94) 김학철, 『최후의 분대장』, 229쪽.
95) 김학철, 『최후의 분대장』, 235~237쪽.

총상과 나가사키 형무소 생활 4년

조선의용대 화북지대 분대장 김학철은 1941년 12월 10일 밤, 호북성 원씨현(元氏縣) 호가장(胡家莊) 마을에서 군중집회 중 일본군 제108여단의 공격을 받습니다. 38식 6.8밀리 총탄에 왼쪽 대퇴골의 3분의 1쯤 깎여 나가는 관통상을 입고 일본군의 포로가 됩니다.[96] 일본군에 의해 호가장에서 6킬로미터 떨어진 흑수하(黑水河)까지 들것째로 들려서 후송되었고, 철수군용 트럭에 실릴 때 비로소 일본군에도 5,6명의 전사자와 약간 명의 부상자가 발생한 사정을 인지하였습니다.[97] 그는 조선의용대가 상대한 일본군 지휘관이 홍사익 장군이었고, 홍사익 장군의 부대가 자신을 들것에 실어 목숨을 살렸다고 회고했습니다.[98]

조선인은 내국인으로 취급받았으므로 일본군 헌병대를 거쳐 '치안유지법 위반'과 '여적죄 위반'으로 징역 10년형을 선고 받습니다.[99] 나가사키(長崎) 형무소에서의 엄정독거(嚴正獨居) 수감생활에서는 주야로 고름이 흐르는 뻗정다리가 치명적인 부담이었습니다. '전향을 거부하는 공산주의자에게 치료를 베풀지 않는다'는 형무소 정책으로 고름 흐르는 상처에서 구더기를 골라내며 3년간 버틴 끝에, 새로 바뀐 의무과장의 호의로(?) 마침내 부상당한 다리를 절단할 수 있었답니다.[100] 나가사키에 원자폭탄이 떨어지고 천황이 항복문을 읽었으나, 정치범이라는 이유로 풀려나지 못하다가 10월 9일 맥아더사령부의 정치범 석방 명령으로 형무소 문을 나섰습니

96) 김학철, 『최후의 분대장』, 33쪽.
97) 김학철, 『최후의 분대장』, 275쪽.
98) 이기동, 『비극의 군인들』, 일조각, 2020, 607~609쪽.
99) 김호웅·김해양, 『김학철평전』, 실천문학, 2007, 183,184쪽.
100) 김호웅·김해양, 『김학철평전』, 186,187쪽.

다.101) 일본 전국 형무소에서 일제히 석방된 비전향정치범 약 300
명 중 유일한 중국공산당원이었습니다.102)

석방 후의 시련

일본에서 서울로 돌아온 김학철은 조선독립동맹 맹적을 회복하
고 서울시위원회 위원으로 선출되었으나,103) 조선독립동맹 서울시
위원회에 붙은 '박헌영 선생은 암야(暗野)의 등대' 따위의 표어에 질
색합니다. 작가지망생이었던 그는 중학교를 다닌 서울에서 문학수
업에 열중했습니다. 조선문학가동맹 기관지 문학 창간호에 「담배국」
발표를 시작으로 지속적으로 작품을 발표하였습니다.104) 종로 YMCA
에서의 진보정당·사회단체 집회에서 박헌영이 "위대한 소련군과
미군에 의해 우리나라가 해방됐다"고 정치보고를 하자, '조선의용군
은 무장투쟁을 견지했고 (누구처럼) 굿이나 보고 떡이나 먹지 않았
다'고 뱉은 후 목발 소리 요란스럽게 집회장을 빠져나갔습니다.105)

미 군정청에는 공산당 프락치가 속속 박혀 내부사정을 꿰뚫고 있
었는데, 공산당 본부-정판사-가 폭도들(?)에 의해 습격되는 등 (공
산주의자 입장에서) 정국이 악화일로로 치닫습니다. 한쪽 다리로는
투쟁도 여의찮으니 이래저래 조직의 명으로 '북송 제1호'가 됩니
다.106) 평양에서는 '해방의 은인이신 스탈린 대원수 만세!' 따위 현
수막에 혼비백산합니다. 해방의 기쁨은 눈 깜빡할 사이였습니다. 삽
시간에 서울과 평양은 화합할 수 없는 갈등과 대립의 온상이 되어

---

101) 김호웅·김해양, 『김학철평전』, 195쪽.
102) 김학철, 『사또님 말씀이야 늘 옳습지』, 211쪽.
103) 김학철, 『최후의 분대장』, 302쪽.
104) 김학철, 『최후의 분대장』, 308쪽.
105) 김학철, 『최후의 분대장』, 306,307쪽; 김호웅·김해양, 『김학철평전』, 206~208쪽.
106) 김학철, 『최후의 분대장』, 313쪽.

있었습니다.

김일성 영웅 만들기病

평양에서 '김일성 영웅 만들기病'이 깊어지는 가운데, 이태준, 박
계주, 윤세중, 임화의 부인 지하련까지 월북 작가들이 감내하기 힘든
학대 속에 하나둘 '소멸'합니다. 김학철은 이를 '민족 문단(文壇)의 대
비극, 聖 바르톨로뮤 날의 학살'이라고 하였습니다.[107] 1572년 8월
24일 聖 바르톨로뮤 축일을 기점으로 프랑스에서 카톨릭의 개신교
에 대한 대학살이 있었습니다. 「로동신문」 기자로 평양 활동을 시작
하였으나, 황포군관학교 동기이자 오랜 전우인 중앙당 선전부장 김
창만이 '(김)일성 동무가 네가 쓴 글을 덜 좋아한다'며 논평기자를 그
만두라고 졸랐습니다. 그 무렵 김창만은 '수령님의 손발을 더럽히지
않고' 대신 황포군관학교 동창들을 직접 하나씩 제거하더니, 자신도
양강도 산판으로 추방당해 소달구지에 치여 죽었습니다.[108]

김일성대학 부총장 한빈에게는 "모택동 대학도, 이승만 대학도
없는데, 왜 김일성 대학이냐?"고 물었더니 교명을 짓는 회의에서 아
첨꾼 하나가 얼른 '김일성대학'을 제안해서 그리되었다고 쓴웃음을
짓더랍니다.[109] 작가동맹 위원장 한설야는 김일성에게 갖은 아첨을
다하며 라이벌인 부위원장 이태준을 백방으로 견제했습니다.[110] 그
한설야도 1962년 출신성분이 불량하다고 숙청되었고, 소련파였던
이태준도 평양에서 추방된 후, 강원도 탄광 노동자지구로 다시 쫓
겨났다가 행방불명되었답니다.

---

107) 김학철, 『최후의 분대장』, 309쪽; 김호웅·김해양, 『김학철평전』, 209쪽.
108) 김호웅·김해양, 『김학철평전』, 218~221쪽.
109) 김호웅·김해양, 『김학철평전』, 223쪽.
110) 김호웅·김해양, 『김학철평전』, 230쪽.

김일성 1인 체제

김일성의 외할아버지는 칠골교회 장로였고, 어머니 강반석(姜盤石)은 이름에서 드러나듯 독실한 신자입니다. 그런데 김일성과 대화 중에 '(어느) 교회당 목사가 반동사상을 퍼뜨려 골머리가 아프다'고 호소하였더니 "믿을 만한 민청원 몇을 조직해 컴컴한 골목에서 즉살하게 패주라우"라고 답했습니다. 그 방식이야말로 김일성이 훗날 동지들에게 가차 없이 써먹던 수법이었습니다.[111]

김일성이 직계 만주파를 주축으로 하는 권력구조를 구축하면서, 연안파·소련파 등은 배신감을 느낍니다. 연안파의 움직임이 '1표 반대'사건으로 표출되었고, 중국·러시아로 망명하지 못한 연안파 200명은 거의 숙청당했습니다. 이들은 김학철과 어깨를 나란히 함께 싸웠던 조선의용군의 전우, 혁명 선배, 동지들이었습니다.[112] 박헌영·이강국을 '미제고용간첩'으로 몰아서 죽이는 데 반대한다고, 김일성은 박일우도 숙청하였습니다. 박일우는 조선의용군 정치위원 및 부사령원을 지냈던 대선배로서, 무정(武亭) 사령원보다 더 인기 있었습니다.[113]

중국에서의 수난

6·25 전쟁에서 퇴각하는 인민군을 따라 압록강변에 이르자 조선의용군 동료들과 팔로군 동료들이 중국행을 주선합니다. 1950년 베이징으로 거처를 옮기고 이화원에서 대접받으며 2년간 문학공부에 몰두하였고, 1952년 연변에 조선족자치주가 설립되자 연변에 정착

111) 김호웅·김해양, 『김학철평전』, 226쪽.
112) 김호웅·김해양, 『김학철평전』, 286쪽.
113) 김학철, 『최후의 분대장』, 333쪽.

하여 창작활동을 계속합니다.114)

1957년 시작된 '반우파투쟁'은 터무니없더랍니다. 그의 단편소설은 '반당·반사회주의 독초'라고 중점 비판대상이 됩니다. "칠순이 넘으신 할아버지가 손자를 앞세우고 공원을 찾는 모습은 보기에도 흐뭇하였다"는 소설 구절이 선전부장에 의해 "칠순이 넘은 할아버지가 날마다 논밭에 나가 일하는 모습은 보기에도 흐뭇하다"로 수정지시를 받습니다.115)

반우파투쟁과 『20세기의 신화』

김학철은 반우파투쟁 과정에서 가택수색을 당합니다. 가택수색 도중, 출간하지 않은 소설 『20세기의 신화』 원고뭉치가 적발되어 10년 징역형을 선고받고, 하루도 에누리 없이 만 10년을 복역합니다. 1965년 3월 탈고한 『20세기의 신화』는 확정 판결 후에도 법원 캐비닛에서 잠자고 있다가 7년 후 1987년 8월 '발표불허'를 조건으로 반환되었습니다. 탈고한 지 31년 9개월이 지난 1996년 12월, 49세 중년에 쓴 작품이 작가 나이 81세에 '엉뚱하게도' 서울에서 빛을 보았습니다.116) 사라지지 않은 '4인방'의 망령 탓에 부득이 국외출판을 하였는데, 외국에서 출판하였다고 뒷공론이 분분했답니다. 소련 작가 솔제니친이 『수용소군도』로 1974년 2월 국외추방이 되었다가 1994년 5월 대환영을 받으며 귀국하였듯이, 『20세기의 신화』가 중국 공산당원의 필독서가 될 것이라는 그의 확신이 이루어지기를 소망합니다.117) 폭풍처럼 모택동 신화를 비판한 『20세기의 신화』에

114) 이기동, 『비극의 군인들』, 일조각, 2020, 607~609쪽.
115) 김호웅·김해양, 『김학철평전』, 264,265쪽.
116) 김학철, 『최후의 분대장』, 393, 348쪽.
117) 김학철, 『사또님 말씀이야 늘 옳습지』, 215쪽.

는 김일성의 개인숭배, 독재 체제에 대한 조롱도 묻어있습니다.

『20세기의 신화』 등장인물 김일성

항일투쟁의 동지로서 공산주의자인 소설 속 인물의 넋두리입니다.

　　"아무래도 이력을 속일 수밖에 딴 도리가 없을 것 같아. 김일성이의 직계가 아닌 사람이 항일 무장투쟁을 했다는 경력을 갖구 북조선 천지에서 살아나간다는 건 구들장을 지고 바다를 헤어 건너가겠다는 거나 마찬가지야. 뜰래야 뜰 수 없다는 말이야. 그 망할 놈의 경력이 방애(妨礙)가 돼서. 차라리 '일본 놈의 앞잡이 노릇을 했습니다' 하는 편이 나아, 그건 아무 상관없으니까."[118]

　　"... 김일성이가 위인이 워낙 심술이 사납구 욕심이 많기는 하지만 그래두 비겁쟁이는 아닙니다. 한 개 유격지대의 대장 자격은 확실히 있는 사람입니다. 사람이 좀 무식스러워 그렇지 ... 김일성이가 마땅히 비난받아야 할 건 투쟁을 끝까지 견지하잖은 그 점에 있는 것이 아니라 투쟁을 끝까지 견지한 다른 애국자들의 공적을 가로채 몽땅 다 제 치부책에 올려버린 그 점에 있습니다 ... 그리구 또 김일성이가 비난을 받아야 할 건 고향 만경대를 마치 마호메트의 메카처럼 조선 인민의 성지로 만들어 놓은 겁니다. 하찮은 보천보 장터를 조선공산주의자들의 예루살렘으로 만들어 놓은 겁니다 ... 그러나 이런 가지가지의 비행 중에서도 김일성이가 그 더러운 이름을 오래도록 남길 가장 엄중한 비행은 아니, 비행이 아니라 죄행입니다. 죄행은, 제 눈에 거슬리는 공산주의자들을 고용간첩이라는 죄명을 들씌워서 학살을 한 겁니다. 제 맘에 들지 않는 공산주의자들을 종파분자·현대수정주의분자루 몰아서 모조리 죽을 때까지 강제노동에 내몬 겁니다. 무고한 피해자의 가족들까지두 모조리 프롤레타리아 독재의 제물루 만들어 참혹하게 박해를 한 겁니다. 그러나 이 모든 죄행보

---

118) 김학철, 『20세기의 신화』, 창작과 비평사, 1996, 339,340쪽.

다두 더욱 엄중한 건-김일성이가 마땅히 죽음으로써 인민 앞에 사
죄를 해야 할 것은-자신의 개인독재를 유지하기 위해 죄악적인 반
소 깜빠니야(кампания, 캠페인, 운동을 의미)를 조직한 겁니다. 발광
적으루 반소(反蘇) 히스테리를 선동한 겁니다. 김일성이가 제 그 더
러운"119)

김학철의 반혁명현행범 재판실황

김학철은 반혁명현행범으로 받은 재판 실황을 『20세기의 신화』
부록에 붙였습니다.

7년 4개월의 예심을 거쳐 문화궁전의 1,300석 객석을 빈틈없이
채운 각계각층 인민 대표자 앞의 무대 위 피고인석에서 겪은 고초
입니다. 예고 없이 공판 당일 자치주 법원 법관이 감옥으로 데리러
와서 차에 태웠답니다.

일본의 사법당국은 열흘 전에 미리 공판날짜를 알려주었고, 무일
푼인 처지를 알고 관선변호사를 얻어주었는데, 중국의 공판은 약
10분 전에 차까지 대기시켜 놓고 통고하더랍니다.120) 32년 전에 일
본 제국주의 법정에 설 때는 총 맞은 다리에다 붕대는 감고 있었지
만 다리를 자르지 않아 협장(脇杖)은 짚지 않았는데, 재판장은 정리
(廷吏)를 시켜 걸상을 갖다가 앉게 해주었답니다. 그런데 중국 인민
궁전에서는 카우보이식 경관이 도둑놈 개 꾸짖듯, "고개 숙엿! 허
리굽혓!" 꾸짖기에, 허리를 쭉 펴고 주먹 쥔 손으로 등허리를 쾅쾅
치며 버텼답니다. (문화대혁명 이래 '계급의 적'으로 지목되면 예외없이
고개를 푹 숙이고 허리를 깊숙이 굽히는 모욕적 자세가 의식화儀式化되어

119) 김학철, 『20세기의 신화』, 268,269쪽.
120) 김학철, 『20세기의 신화』, 350쪽.

정착했습니다. 극좌분자들이 벽돌 넉 장을 가는 쇠줄로 얽어매 '계급의 적' 인 교장선생의 목덜미에 두세 시간 걸어 놓은 것쯤은 예사로운 세월이었 습니다.)

화가 치민 경관이 우악스럽게 뒤통수를 누르면서 천 삼백쌍 눈앞 에서 활극이 벌어졌는데, 난데없이 도시민병 둘이 달려들어 하나가 밧줄로 목을 옭아 왈칵 잡아당기는 바람에 협장을 놓치고 엉덩방아 를 찧었고, 법관이 '아갈잡이'를 지시하자, 양손에 쇠막대기와 걸레 쪽을 갈라쥔 또 하나가 목이 졸려 벌어진 입속에 쇠막대기로 더러 운 걸레를 깊숙이 쑤셔넣었답니다. (이러한 폭행을 '아갈잡이'라고 하나 봅니다.) 천삼백명 방청객은 우레와 같은 구호로 운을 맞추어 "반혁 명분자를 타도하라!", "김학철을 타도하라!"를 외쳐대는 가운데 징 역 10년의 판결이 선고되었다네요.

유쾌한 학철씨!

김학철은 유쾌한 인물입니다. 엄혹한 사정을 전하는 그의 문장은 시종 풍자와 해학으로 발랄합니다.

김학철은 만약 10년 '문화혁명' 기간에 우리 200만 겨레 가운데 "고개 숙엿! 허리굽혓!"에 항의하지 않은 사람이 하나도 없었다면 우리 민족의 체면이 뭐가 됐겠냐고, 그 암담하던 세월에 감히 "1표 반대"를 해냈던 정직한 맑스주의자, 민족적 긍지를 깊이 간직한 양 심적인 당원작가를 자부합니다.[121]

일본 감옥에서는, 미군 폭격기들이 날마다 폭탄세례를 퍼부어도, "한 주일에 두 번씩" 목욕을 시키더랍니다. 심지어 8월 15일 항복

---

121) 김학철, 『사또님 말씀이야 늘 옳습지』, 214,215쪽.

이후에도 마찬가지였답니다. 복역수의 수의(囚衣)는 속옷까지도 구내세탁소가 적시에 세탁을 해 주어 이가 생길 이유가 없었다네요. 그런데 중국의 추리구(秋梨泃) 감옥에서는 목욕시설이 아예 없어 1년 365일 목욕을 할 수 없었고, 수의를 제 손으로 빨아야 했는데 그게 쉽지 않고, 60명이 빽빽이 끼여서 잤으니 너나없이 "이"꾸러기로 생활했다는군요.[122]

55만 2,877명의 '우파분자'들은 '붉디붉은 태양'께서 운명하시고도 3년이 지나서야 복권되었는데, 자신은 24년 만에 65세가 되어서야 복권되었고,[123] 공산당은 '반당 반사회주의'라는 죄명에다 '반혁명 현행범'이라는 죄명을 겹으로 씌웠으며, 은혜롭게도 장장 24년에 걸친(10년 징역살이 포함) 강제노동을 안겨주었다고도 풍자합니다.[124] '문화대혁명' 시기 사회주의 유치장에서 4년 7개월 동안 (갇혀 있다는 사실을 가족에게 알려주지 않아) 비누 하나, 치약 하나도 받아보지 못했답니다.[125]

에피소드 두 가지

그의 글은 황포군관학교, 항일투쟁기, 김일성·모택동 전체주의 사회에서 겪은 온갖 에피소드로 흥미진진합니다. 인민공사라는 전대미문의 정치경제 통합체를 중국대륙 방방곡곡에 2만 3천 3백 97개 만들었는데, 돈 안 내고 밥 먹여주는 인민공사는 식충이 양성소, 게으름뱅이 집합소가 되었고, 농촌에서 똥수레를 몰고 도시의 재래식 변소로 끌고 가는 인물이 없어서 연길 시내 99% 재래식 변소가

---

122) 김학철, 『사또님 말씀이야 늘 옳습지』, 137,138쪽.
123) 김학철, 『최후의 분대장』, 348쪽.
124) 김학철, 『최후의 분대장』, 279쪽.
125) 김학철, 『최후의 분대장』, 279쪽.

넘쳐서 행인들이 길을 걸을 수가 없었답니다.[126]

그 와중에 '강철고지 점령작전'이 개시되어 넓디넓은 활주로가 크고 작은 용광로로 꽉 들어찬 제련기지가 되었고, 그 수를 헤아릴 수 없는 풍로식 용광로가 드넓은 벌판에 까마득히 깔려 있는 광경은 참으로 경이로웠답니다. 학생들이 학업을 전폐하고 전문적으로 달라붙었지만 그 풍로식 광로에서는 끝내 단 한 숟가락의 쇳물도 녹여내지 못하였다는 데서는[127] 우리사회의 태양광 소동이 떠올랐습니다. '삶은 소가 웃다가 꾸러미를 터칠 노릇이다'라는 표현이 『최후의 분대장』에 등장하기에 김여정의 독창적인 표현이 아니라고 각성했고,[128] '잘사는 놈은 기생충이고 못사는 양반은 프롤레타리아였다'는 문장에서도 시대를 앞서는 혜안을 느꼈습니다.[129]

김학철의 통일관

김학철의 통일관은 단호합니다. 『최후의 분대장』서울 출간을 맞아 1995년 7월 7일 중국 연길에서 보낸 글입니다. "조선반도의 통일은 이북 정권의 붕괴를 전제로 한다. 독재주의 체제의 붕괴를 전제로 한다는 말이다. 그 밖의 다른 길은 있을 수 없다. 김씨왕조의 붕괴 없이 통일을 바란다는 것은 어리석은 자들의 가련하고 처량한 백주몽(白晝夢)이다. … 그러게 오직 김부자를 차우세스코에게 보내는 것만이 유일정확한 방안이라고 나이 80세의 老독립군은 확신을 하고 있는 터이다"라고 힘주어 말합니다.[130]

---

126) 김학철, 『최후의 분대장』, 364쪽.
127) 김학철, 『최후의 분대장』, 365쪽.
128) 김학철, 『최후의 분대장』, 345쪽,
129) 김학철, 『최후의 분대장』, 372쪽.
130) 김학철, 『최후의 분대장』, 409,410쪽.

그렇다고, 한국의 독자를 위해 사탕발림을 했다고 의심한다면 천만의 말씀입니다. 김학철은 KBS 해외동포상을 받기 위해 43년 만에 서울을 찾았습니다. 초청측이 일부러 동작동 국립묘소앞에 차를 세우고 참배를 유도했더니, 거금의 상금을 받을 그가 "여기 묻힌 이들 중에는 제 친구가 없어요" 하고 매정하게 거절했답니다.[131] 초청측에서는 '화해'의 세리머니를 연출하고 싶었을 법한데, 그의 원칙과는 맞지 않았겠지요.

홍사익 장군 - 조선인의 '자부심'과 B·C급 '전범' 사이

조선의 인걸 홍사익

『モダン日本(모던 일본)』은 일본의 대형 출판사 문예춘추사(文藝春秋社)가 1930년 10월 창간하여 1942년 12월까지 통권 13권 12호까지 발행한 교양지입니다. 1939년 말 창간 10주년 기념으로 임시증간호 '조선판'이 나옵니다. '조선판' 발간에 맞추어 '조선명인백인(朝鮮名人百人)'을 공모하고 '조선예술상'도 신설했는데, 30만 부가 품절되어 특별 증쇄까지 해야 했습니다. 문예춘추사는 '조선명인백인'을 발표하면서 '전 직원이 전국에서 몰린 수만통의 응모를 분류하느라 열흘 밤을 세웠으니 그렇게 선정된 100인이 조선문화를 대표하는 확실한 인걸(人傑)'이라고 했습니다. 여운형, 방응모, 윤치호, 박흥식, 장덕수, 유일한, 양주동, 이광수, 이극로, 현상윤, 송진우, 한용운, 염상섭, 조만식, 문예봉, 손기정, 정인보, 최남선, 홍명희, 최승희, 김동인 등과 함께 홍사익도 이름을 올렸습니다. 홍사익의 '인물설명'은 "육군대좌, 육군대학 졸업, 전 육군사관학교 간사, 현재 흥아원(興亞

---

131) 김학철, 『사또님 말씀이야 늘 옳습지』, 496쪽.

院) 제2경제과장, 신동아건설의 제일선에서 활약, 용인출생, 52세"로 되어 있습니다. 육군대령 시절 이미 조선인의 표상으로 우뚝 서 있었던 것이지요.[132]

'조선인의 용기를 보여주겠다'고 전쟁터에서 돌진했다는 이야기는 많습니다. 특공대로 전사한 김상필 소위(창씨명 結城尙彌)는 만주에서 출발하여 잠시 고향 평양공항에 착륙했습니다. 평양 거주 정비반원 이마노(今野) 상사의 초대로 평양 시내 요정에서 형 김상렬과 셋이 만납니다. 김상렬이 동생에게 일본을 위해서 죽을 필요가 없다고 도주를 권했으나, 김상필 소위는 고개를 저었습니다. 형제간에 한국어 대화가 언쟁이 되었답니다. "나는 조선을 대표하고 있다. 내가 도망하면 많은 조선인이 더 심한 굴욕을 당해야 한다."[133]

송건호·이규태의 시선

홍사익의 일본육사 동기 리청천은 여러 번 광복군 합류를 권했습니다. 홍사익은, 자신이 떠나면 26만 명 이상 동원된 전장의 조선인들이 곤경에 처할 수 있다고 거절합니다. 한겨레신문 대표이사 송건호는 '표면적 구실'이라고 홍사익을 비난합니다. "민족의 적인 일본군의 고관으로서 그들에게 충성을 바치기보다 항일군에 투신해서 일본군과 싸우는 편이 고생은 몇 갑절 되어도 민족의 양심을 지키는 떳떳한 결단임은 많은 설명이 필요치 않은 상식에 속하는 일이다. 그런데 홍사익이 여러 가지 이유를 달아서 가령 한국인이 비겁하지 않다는 것을 보여주기 위해서라든가 수많은 한국인이 자신으

---

132) 역자 윤서영·홍선영·김희정·박미경, 『일본잡지 모던일본과 조선 1939』, 어문학사, 2007, 498쪽.
133) 飯尾憲士, 『開聞岳』, 송건호, "홍사익 중장의 평전", 국사관논총 제28집, 189쪽에서 재인용.

로 인하여 고통을 받지 않도록 하기 위해서 등등의 어색한 구실을 붙여 항일군에 가담하지 않은 것을 그로서 큰 잘못이었다."134) 「조선일보」 이규태의 시선도 마찬가지입니다. "민족보다 일신의 영달에 기울어" 있었고, "지조 없는 인생군의 한 대표적 삶"이랍니다.135)

송건호는 홍사익의 일본육사 동기 이응준까지 비난합니다. 국방경비대를 창설하고 초대육군참모총장을 거쳐 6·25 전쟁을 겪어낸 인물에 대한 평가입니다. "처음 한국군에 들어갔다가 침략자인 일본군의 고위간부가 되어 민족의 독립과 해방을 지원하는 중국군과 미군과 싸우다가 민족이 해방되자 다시 국군장성으로 복무하다 세상을 마쳤다. 민족의 지도자로서 영향력 있는 자리에 있으면서 한때는 적군의 군고위 간부가 되기도 하며 일신의 안락을 위해서 기회주의적 처신에 시종한 것은 본받을 수 없는 민족의 수치가 아닐 수 없다."136) 「한겨레신문」이 창간될 무렵 가슴이 벌렁벌렁했던 청년 독자로서, 「조선일보」에 40년간 의리를 지켜 온 묵은 독자로서, 거물급 언론인의 얄팍한 세상보기에 입맛이 씁니다. 나중에 태어났다는 그 한 가지 사실 외에는 잘난 것이 하나도 없는 이들이 앞 세대 선배에게 마구잡이로 비수를 들이댑니다.

홍사익과 지청천

지청천의 광복군 참가 권유는 홍사익의 아들 홍국선을 통해 알려졌습니다. 1943년 연말 홍국선의 친구가 탈영해 홍국선을 찾았고, 그는 세 집 건너 이웃집에 친구 탈영병을 숨겼습니다. 헌병대가 홍국선의 집으로 밀고 들어왔습니다. 마침 그 시각에 홍사익은 필리

---

134) 송건호, "홍사익중장의 평전", 국사관논총 제28집, 189,190쪽.
135) 「조선일보」 입력 1999. 12. 23. 17:29 [이규태 역사 에세이] 홍사익 이야기.
136) 송건호, "홍사익중장의 평전", 국사관논총 제28집, 190쪽.

핀 부임을 받고 휴가를 얻어 서울 집에 있었습니다. 부자간에 반주를 곁들인 저녁 식사 도중 헌병이 출동하여 소동이 일자 군복차림의 홍사익이 현관에 나타났습니다. 탈영병을 내놓으라고 기세등등하던 헌병들은 혼비백산 자리를 피했습니다.[137]

그날 홍국선은 아버지 홍사익에게 전황을 걱정했습니다. 홍사익은 아들에게 '지대형이 몇 번 광복군 참여를 권했다'는 속사정을 털어놓았습니다. 지대형은 '이청천'의 본명입니다. 1919년 중위 시절 일본군을 탈주한 지대형은 압록강 다리 한가운데서 구름 없는 푸른 하늘을 보고 '靑天'을 가명으로 삼았다고 합니다. 「매일신보」의 도쿄특파원 김을한도 당시 홍사익의 심정을 전합니다. 김을한이 '중경 임시정부로 탈출하여 광복군에 가담할 의향'을 질문하자, 홍사익은 엄숙하게 답했답니다.

> "이번에 가는 길이 죽는 길이라고 하더라도 그렇게 해서는 안됩니다. 지금 조선 사람이 수백만이나 전쟁에 동원되었는데 최고 지위에 있는 내가 反日 배신을 한다면 병사들은 물론 징용된 노무자들까지 보복을 받을 것이니, 다만 나 혼자만을 생각해서 그런 경솔한 짓을 할 수가 없습니다."[138]

홍사익은, 왕족을 제외하고는, 조선인 유일의 일본 육군대학 출신입니다. 홍사익을 중심으로 조선인 장교들은 친목단체 '전의회(全誼會)'를 구성하고 등사판 회보 '전의(全誼)'를 발행했습니다. 회보 발행인의 면면을 보면, 1917년까지 홍사익, 1918년 이응준, 1920년부

---

137) 야마모토 시치헤이 지음·이진명 옮김, 『홍사익 중장의 처형』, 페이퍼로드, 2017, 50~52쪽.
138) 김을한, 『여기 참 사람이 있다』, 신태양사, 1960. 『홍사익 중장의 처형』, 56쪽에서 재인용.

터 1922년까지 다시 홍사익, 그다음이 김석원으로 이어집니다. 1922
년 5월 20일자 회보에는, 12인이 발기인이 되어 '극도로 곤궁한 지
대형 부인을 위해 103원을 모집하였다'는 소식과 함께, "在조선 회
원은 5원 이상, 在일본 회원은 3원 이상, 在외국 회원은 5원 이상"
기부 요청이 있습니다. 지대형 가족의 어려운 사정 소식은 여러 번
회보에 보이고. 1923년 11월 29일자 회보에는 "특히 여기에 특기할
만한 일은 앞장서서 회원 상조를 위해 발기인이 되고, 그 때문에 오
래 수고해 준 홍사익 씨의 노고를 치하하는 바이다"는 문구가 남았
습니다.[139)

일본 전우의 평가

1960년 3월 5일자 「요미우리」 신문에는 홍사익의 동기 이세키(井
關)씨의 투고 "훌륭했던 조선인 친구"가 실렸습니다.

> "일본인의 그릇된 조선인관은 고치지 않으면 안 된다. 나는 육사
> 26기의 노병이지만, 친구인 홍사익君의 숭고한 인격을 널리 알리고
> 싶다. … 태평양전쟁 때 각지에서 인정 있는 부대장으로서 부하의 신
> 뢰가 두터웠다. … 그런데 終戰과 함께 전범으로 몰려서 그는 부하의
> 책임을 한 몸에 짊어지고 사형을 당해 … 태연히 (교수대까지) 13계
> 단을 올라갔다. 조선 출신 홍중장 덕분에 목숨을 건진 사람도 많다
> 고 한다. 이와 같이 훌륭한 한국인은 적지 않은 것이다. 반성을 촉구
> 한다."[140)

1889년 경기도 안성에서 출생한 홍사익은 어려서 부친을 잃고 19
살 위인 형에게서 한학을 익혔습니다. 15세 무렵 대한제국 육군유

---

139) 야마모토 시치헤이 지음·이진명 옮김, 『홍사익 중장의 처형』, 75~78쪽.
140) 야마모토 시치헤이 지음·이진명 옮김, 『홍사익 중장의 처형』, 680쪽.

년학교(陸軍幼年學校)에 입학하였으나 1907년 군대 해산으로 유년학교가 폐교되어 육군무관학교로 옮겼습니다. 원래는 육군유년학교 졸업생이 육군무관학교로 전학하는 학제였는데, 육군유년학교가 폐교되면서 전학이 가능했던 듯싶습니다. 그런데 대한제국은 1909년 육군무관학교를 폐교하면서, 무관학교 생도들을 선발하여 일본으로 유학을 보냈습니다. 그래서 홍사익은 국비유학생으로 일본 땅을 밟게 됩니다.

길을 잃은 한국 사회

1909년 9월 일본 육군중앙학교 예비학교에 편입한 홍사익은, 1910년 육군중앙학교 본과에 진학하여 1912년 5월 졸업하였고, 그 해 12월 육군사관학교에 입학하여 1914년 임관하였습니다. 1929년 소좌(소령)로 진급하고 군인으로서 승승장구하여 1944년 10월 중장 계급장을 달았습니다.[141] 전쟁이 끝나면 중학교 수학 교사로서 아이들과 어울리고 싶어 했던 소박한 심성이었다고 그의 부관이 전했습니다. 당대 조선인의 자부심이었던 인물, 필시 조선의 어머니들이 자녀를 훈육하던 표상이었을 인물이 '홍사익'일 것입니다. 독립국가를 이루고 몇 세대를 지나면서도 우리는 그를 어떻게 소비할지 방법을 찾지 못하고 있습니다.

---

141) 「자치 안성신문」, 기사입력 2013-03-23 08:53.

근대 앞에서 근대를 놓친 인물, 홍종우

김옥균 제거 프로젝트

실패한 혁명가 김옥균은 10년 방랑 생활 끝에 홍종우에 의해 주검이 되었고, 양화리에서 갈가리 찢겨졌습니다. 언더우드(Lillias Horton Underwood) 여사는 갑신정변 10년 뒤에 벌어진 잔혹극을 두고 '동양의 복수심은 지치지도 잠들지도 않는다'고 했습니다. '조선 정부의 끔찍한 행위에 치를 떨고 한탄'했으며, '복수가 정당한 징벌이 될 수 없다는 점도 알지 못하는 덜 깨인 동양의 정부'라고 조정을 비난했습니다.[142]

조정은 집요하게 김옥균을 노렸습니다. 1885년 8월경 장상궁의 오라비 장은규가 막대한 거사자금을 품고 일본으로 떠났으나(장상궁은 의화군義和君 강堈의 생모입니다), 거사자금을 료칸(旅館) 인수자금으로 바꿔 치고 게이샤를 첩으로 얻어 고베에 눌러앉았습니다.[143] 두 번째 자객으로 캐스팅된 지운영(사진을 도입한 서화가로서 종두법의 지석영이 그의 동생입니다)은 어설프게 행동하다가 일본경찰에 체포되어 추방되고 말았습니다. 세 번째로 이일직이 병조판서 민영소로부터 '도배(徒輩) 김옥균·박영효를 주벌(誅伐)하라'는 밀명을 받습니다.[144] 1893년 7월 말 조선 첫 프랑스 유학생 홍종우가 귀국길에 일본에서 이일직과 조우합니다. 이일직은 김옥균 제거 프로젝트가 '왕명'이라고 홍종우를 유혹했습니다.

홍종우는 1888년 일본으로 넘어가 「오사카아사히신문」 식자공으로 일본말을 익히고, 프랑스인 선교사 소개로 프랑스 유학길에 올

---

142) 언더우드, 『조선견문록』, 이숲, 2003, 158쪽.
143) 이종각, 『자객 고영근의 명성황후 복수기』, 동아일보사, 2009, 256~258쪽.
144) 이종각, 『자객 고영근의 명성황후 복수기』, 266쪽.

랐던 인물입니다. 나름 치밀했던 이일직은 성공한 미곡업자로 행세하며 박영효에게 접근하여 환심을 얻고, 홍종우를 박영효에게 소개하는 등 착착 거사를 준비하였습니다.

김옥균은 10년 망명생활에 지쳐있었습니다. 분방한 생활 태도로 박영효의 질타도 받았습니다. 알고 지내던 주일 청국 공사 리경방(李經方)(청국 실력자 리홍장李鴻章의 아들입니다)이 주일공사 근무를 마치고 귀국하여 김옥균을 초청하였습니다. 김옥균이 거물 리홍장을 만나 돌파구를 마련하기를 소망했기 때문입니다. 일본 외무차관 하야시 다다스(林董)가 상하이行을 만류하였으나, 김옥균은 '청국이지만 (상하이는) 중립지대이므로 안전하다'고 판단하였답니다.[145]

홍종우는 프랑스 경험을 바탕으로 개화를 역설하여 김옥균의 환심을 샀습니다. 이일직은 상하이 은행 천풍은행(天豊銀莊)에 자신의 예금이 있으니, 국제통 홍종우를 데리고 가서 돈도 찾아 쓰고 사람도 만나라고 꼬드겼습니다. 천풍은행은 존재하지 않는 가공의 은행입니다. 가슴이 부푼 김옥균은 1894년 3월 9일 주일 청국 공사관의 통역관 오보린(吳葆引), 경호역 와다 엔지로(和田延次郎), 문하생 가이 군지(甲斐軍治)로 팀을 꾸려 장도(壯途)를 떠났습니다.[146] 1894년 3월 27일 일행은 상하이에 도착하였습니다. 여장을 풀자 은행 업무를 재촉하는 김옥균에게, 홍종우는 은행 지배인이 부재중이라고 둘러댔으나 마음이 급했습니다. 3월 28일 오후 2시경 경호역 와다 엔지로가 잠시 김옥균의 곁을 비운 사이, 『자치통감(自治通鑑)』을 읽다가 잠이 든 김옥균에게 방아쇠를 당겼습니다. 세 발이 정확하게 몸을 뚫었습니다. 44세 김옥균은 그렇게 세상을 떴습니다.

---

145) 이종각, 『자객 고영근의 명성황후 복수기』, 268~271쪽.
146) 이종각, 『자객 고영근의 명성황후 복수기』, 272,273쪽.

청국은 홍종우를 체포하고도 오히려 경호병을 붙여 보호하였고, 리홍장은 얼음에 절인 시신에 홍종우를 딸려 군함 웨이징호(威靖號)로 조선으로 보냅니다. 인천에서 시신을 인수한 조선의 한양호는 4월 13일 양화진에 도착하였습니다. 김옥균의 관(棺)에는 홍종우가 쓴 대역부도옥균(大逆不道玉均)이 깃발로 붙었고, 홍종우는 승전 장수인 양 가마에 올라 한성으로 향했습니다. 조정에서는 김홍집만이 매장을 주장합니다. 팔·다리를 조각내고 몸통을 저며 전국 8도에 나누어 보내고, 양화진 형장 장대에 잘린 목을 매달았으니 부관참시(剖棺斬屍), 능지처참(凌遲處斬)에 효수(梟首)형이었습니다.[147]

1894년 6월 28일 도쿄지방재판소는, 김옥균 살인죄와 박영효 살인미수죄로 사형이 구형된 이일직과, 무기징역이 구형된 공범들에게 무죄판결을 선고했습니다. 오히려 이일직을 불법감금·폭행하였다며 박영효의 측근을 벌주었습니다.[148]

한편, 김옥균의 양아버지 형조참의 김병기는 갑신정변 후 수감되어 옥사하였고, 친아버지 김병태는 10년 옥살이 끝에 아들을 앞세우고 사형됩니다. 부인과 딸은 노비가 될까 두려워 음독자살했다는 소문, 노비가 되어 방매되었다는 소문이 돌았다지요. 실제로는 동학당을 토벌하던 일본군이 우연히 찾았습니다. 모녀는 옥천에서 극히 곤궁하게 살고 있었고, 경성에 호송되기까지 김옥균이 능지처참된 사실조차 알지 못했다는 것이 주한일본 공사관의 기록입니다.[149]

박정양의 홍종우 인물평

1882년 5월의 조미수호통상조약에 따라 고종은 1889년 8월 18일

---

147) 이종각, 『자객 고영근의 명성황후 복수기』, 286~288쪽.
148) 이종각, 『자객 고영근의 명성황후 복수기』, 297쪽.
149) 함재봉, 『한국사람 만들기』 IV, 560쪽.

박정양을 주미전권공사로 임명하였습니다. 박정양은 홍콩에서 민영
익을 만나 자금을 요청하고, 일본을 거쳐 1888년 1월 1일 미국에 도
착합니다. 이완용, 알렌(Horace N. Allen)과 함께 클리블랜드(Grover
Cleveland) 미국 대통령에게 국서를 올리고 업무를 시작하였습니다.
워싱턴에서, 종주국으로서의 외교상 의전(儀典)을 고집하는 청과 계
속 다툼이 생기자(이른바 영약삼단另約三端), 고종은 박정양을 소환하
고 서기관 이하영을 대리공사로 남겼습니다. 1888년 11월 19일 이
상재와 함께 귀국길에 오른 박정양은 11월 17일 요코하마에 도착하
여 3개월간 일본에 머물렀습니다. 이때 홍종우가 두 번 박정양을 찾
습니다.

1888년 12월 23일 도쿄의 주일공사관에서 두 사람은 처음 만났습
니다.

> "몇 년 전에 오사카·교토 등지를 돌아다니고 홍콩으로 갔다가
> (판서 민영익을 만났다) 현재 주일공사관으로 와서 오랫동안 머물렀
> 는데, 장차 프랑스로 어학을 공부하러 간다고 한다. 그 뜻이 장하지
> 만, 그 종적이 매우 모호하다. ... 고국을 이별하고 가족과 고향을 버
> 린 채 해외를 두루 돌아다니면서 그 멈춤을 알지 못하면, 이는 진실
> 로 쉽게 알 수 없는 자이다. 그 얼굴을 보니 나이는 40세 정도 되는
> 데, 떠난다기에 단지 몇 마디 이야기를 나누고 작별하였다."150)

두 번째는 귀국을 위해 배를 갈아타려고 고베港에 내렸다가 다시
만났습니다.

> "그가 갑자기 이곳에 나타나 방문하였다. ... 신문을 보고 사신의
> 행차가 이곳을 지난다는 것을 알고 방문하였다고 한다. 홍종우君의

---

150) 박정양, 『美行日記』, 푸른역사, 2014, 1888년 12월 23일자 일기.

종적이 이미 동에 번쩍 서에 번쩍하여, 또 이곳에 상봉하여 말하는 바를 보니 프랑스에 유학하는 것도 역시 믿을만하지 못하다."[151]

윤치호의 경고

윤치호는 김옥균 피살 당시 상하이 중서서원(中西書院 Anglo—China College) 교사로 근무 중이었습니다. 미국 에모리(Emory) 대학을 졸업하고도 귀국할 입장이 아니었으니, 미국 유학 전 공부했던 상하이 모교에서 자리를 잡았던 것입니다. 윤치호의 홍종우에 대한 평가는 불온합니다.

1894년 3월 27일 윤치호는 '상하이에 도착하여 미국 조계(租界)의 일본 여관 동화양행(東和洋行)에 머무르고 있다'는 전갈을 받고 김옥균을 찾았습니다. 김옥균은 '주일 청국공사 리경방의 초청으로 왔고, 후쿠자와 유키치(福澤諭吉)와 이일직이 경비를 댔다'고 설명했습니다. 동행한 홍종우는, 이일직의 중국 예금 5,000불을 찾아 '5,000불 중 2,000불을 김옥균에게 주고 3,000불은 이일직에게 송금할 예정'이라고도 했습니다.[152]

윤치호는 '홍종우가 조선 조정의 밀정으로 파견되었을지도 모른다'고 김옥균에게 경고했습니다. "설령 그렇다고 해도 굳이 감시할 것까지는 없다. 그는 모든 것을 아는 듯 행동하지만 믿지 않는다." 김옥균의 무심한 반응이었습니다. 다음 날 윤치호는 '오후에 와달라'는 김옥균의 연락을 받았으나 학교에 묶여 있었습니다. 그런데 오후 4시 반쯤 동화양행으로부터 '큰 급변이 일어났으니 속히 오시

---

151) 박정양, 『美行日記』, 1989년 3월 1일자 일기.
152) 박정신·이민원 번역, 『국역 윤치호 영문일기 2』, 국사편찬위원회, 2014, 1894년 3월 27일자 일기.

기 바란다'는 전갈이 왔습니다. 김옥균은 이미 총을 맞고 피범벅이
되어 침대의자에 눕혀져 있었습니다.[153] 도망한 홍종우는 다음 날
체포됩니다. 살해현장이 일본 여관이었으므로 일본 관리들이 검시
(檢屍)를 담당했으나, 조선 정부는 청국 정부에 '홍종우와 함께 김옥
균의 시신을 보내 달라'는 전문을 보냈답니다.[154] 윤치호는 홍종우
가 김옥균을 상하이로 유인하여 살해하였다면 다음 목표는 자신이
틀림없다고 불안에 떨었습니다.[155]

홍종우의 파리 생활

홍종우는 1890년 12월 24일 조선 최초 프랑스 유학생으로서 파리
에 도착하였습니다. 일본의 자유민권 운동가 이타가키 다이스케(板
垣退助)로부터 프랑스 실세 정치인 조르주 클레망소(Georges Benjamin
Clemenceau)에게 보내는 추천장까지 받았다니 여간한 재주꾼이 아닙
니다. 「Le Figaro」에 후원자를 구하는 칼럼을 싣는 등 파리 유지들이
그의 생존을 위해 도움을 주었습니다. 프랑스 유일의 조선 양반 신
분으로 사교계에 등장하여 한복을 고집하며 시선을 끌었는데, 중국
인 취급에는 질색하였다고 합니다.[156]

기메박물관 (Musée national des Arts asiatiques – Guimet)에서 약 2년
8개월간 연구보조원(collaborateur étranger)으로 근무도 했습니다. 꿈
꾸던 법률공부를 제대로 하였다는 자료는 없으나, 선구자로서 좌충
우돌 그가 이룬 성취는 결코 만만한 수준이 아닙니다.

---

153) 박정신·이민원 번역, 『국역 윤치호 영문일기 2』, 3월 28일자 일기.
154) 박정신·이민원 번역, 『국역 윤치호 영문일기 2』, 4월 3일자 일기.
155) 박정신·이민원 번역, 『국역 윤치호 영문일기 2』, 4월 1일자 일기.
156) 「중앙일보」, 입력 1978-01-17, "김옥균을 암살한 홍종우, 한국 문학 유럽 소
    개에 일역, 이진명 박사, 파리 국립 도서관서 「어떤 정치적 살인자」(홍의 파리
    체류기) 발견"

홍종우는 프랑스 정부가 조선에 파견한 민속학자 샤를 바라 (Charles Varat)의 수집품 분류를 도왔고, 기메박물관에 한국실을 개설하는 데도 힘을 보탭니다. 프랑스 작가 로니(J. H. Rosny)를 도와 『춘향전』을 『Printimps parfumé(향기로운 봄)』으로 출간하고, 『심청전』을 『Le Bois sec refleur(다시 꽃이 핀 마른 나무)』로 번역하였습니다. 앙리 슈발리에(Henri Chevalier)와 함께 『직성행년편람(直星行年便覽)』을 『Guide pour rendre propice l'étoile qui garde chaque homme et pour eonnaître les destinées de l'année(각 개인을 보호하는 별을 길조 吉兆로 만들며 한 해의 운수를 알 수 있는 안내서)』로도 번역 출판하였습니다.157)

사람, 사람, 사람

일본 정부 입장에서 갑신정변에 실패한 김옥균의 효용은 그리 크지 않았습니다. 그런데 그를 척살하겠다는 자객들까지 출몰하자 김옥균의 일본 체류가 부담스러웠을 것입니다. 1886년 8월 절해고도(絕海孤島) 오가사와라(小笠原)로 보냈다가, 1888년 8월에는 홋카이도로 옮겼습니다. 1890년 4월 유배생활에서 벗어나 도쿄 우에노역에 도착하니, 3년간 서신 왕래를 한 부자집 청년 스나가 하지메(須永元)가 마중을 나와 자신의 집으로 모셨습니다. 스물 한 살 스나가는 김옥균의 처소를 김옥균거실(金玉均居室)로 명명하였는데, 김옥균의 사후에도 그에 대한 존경심이 한결같았습니다.158)

김옥균에게 정성을 다한 재력가 스나가 하지메는, 나이가 들면서 박영효와도 깊이 교유하고, 개화파 출신 서화가 황철과도 짙은 인간

---

157) 송태현, "홍종우의 <춘향전>과 <심청전> 불역의 문화적 의의", 「2015년 선정 중견연구자 지원사업 결과보고서」, 3,4쪽.
158) 이종각, 『자객 고영근의 명성황후 복수기』, 266쪽.

관계를 맺습니다. 서울에 오면 박영효의 식객이었고, 병석의 황철을 자신의 집에 모셨습니다. 그런데, 황철의 임종을 지킨 스나가 하지메가, 황철의 미완성 유작을 들고 서울로 와서 지운영에게 완성하도록 하였다는 데서는 잠시 멍해집니다.[159) 김옥균도 지운영도 황철도 스나가도 멀쩡한 당대 최고 지식인들이었던 바에야, 그렇게 저렇게 얽히고설켜서 흘러가는 그것이 오히려 세상 이치인가 봅니다.

홍종우식 개혁

갑신정변 당시 개화파에 의해 목숨을 잃은 민씨 유족은 홍종우를 칙사 대접했고, 고종은 1894년 홍종우를 위한 마지막 과거를 통해 파격적으로 정5품 홍문관 교리로 특채합니다. 그는 조선을 '대한제국'으로, 연호를 '광무(光武)'로 칭하도록 건의하여 대한제국 수립의 계기를 만듭니다. 황제권 강화를 전제로, 민선의원(民選議院) 설립, 외국 공사의 내정간섭 불용, 방곡령 실시 등의 시정개혁안을 여러 번 상소하였습니다. 1898년 황국협회를 설립한 후, 고종이 독립협회의 부상에 위협을 느끼자 보부상을 동원하여 만민공동회를 타격하였습니다. 1899년 3월에는 의정부 총무국장으로서 1895년 이후 제정된 주요 법규를 모아 『법규류편속일(法規類編續一)』을 편찬하였으니 법치행정에 대한 의지도 보였습니다.[160)

공교롭게도 고종폐위 사건에 연루된 이승만의 평리원 재판장도 홍종우였습니다. 고종폐위 주장으로 수감되었다가, 무장 탈옥까지 시도했던 이승만은 사형을 각오했습니다. 만민공동회의 청년 연사로 이름을 날린 이승만은 홍종우에게는 정치적으로도 반대편 인물

---

159) 황정수, "풍운의 서화가 황철, 도쿄에서 보낸 한 철−지운영, 스나가 하지메와의 우정", 「미술세계」 72, 2018, 152,153쪽.
160) 한국민족문화대백과사전 > 홍종우

이었으니 사형 선고가 당연할 수도 있었습니다. 홍종우는, 탈옥에 이용된 이승만의 권총에서 격발 흔적이 없었다는 이유로 '종신형에 태형 100대'를 선고하였습니다. 이승만은 '홍종우가 나를 구했다'고 회고했다는데, 실제로 태형을 집행한 형리도 시늉만 냈다니 홍종우의 배려가 음으로 양으로 작용했을 듯합니다.

아쉬움

청년 혁명가 김옥균의 실패에는 아쉬움이 많습니다. 일본의 청년 혁명가들의 성공사례를 김옥균 중심의 개화파가 조선에서도 이루어 냈다면 동아시아를 둘러싼 정치적 역학관계는 크게 달라졌을 것입니다.

한편, 홍종우는 김옥균과 반대편에 서서 상하이까지 그를 유인하여 처형한 자객이지만 그렇더라도 '천하의 망나니'와는 거리가 있습니다. 저격 당시 굳이 갓과 도포로 갈아입고 의관을 정제하였다는 사실에서도 그의 신념이 보입니다. 프랑스 유학 선구자로서 상당한 실적까지 남겼고, 조선의 내정을 충실히 하는데도 자기 방식으로 힘을 보태고자 했습니다. 공화정 역사가 깊은 프랑스에 머물면서도 일관된 입헌군주정으로 힘을 키운 독일제국에 끌렸던지, 그는 끝까지 '근왕주의자'로 남았습니다.

홍종우의 방식은 그보다 십여년 앞서 1887년부터 1880년까지 프랑스 정치학교(Ecole libre des Sciences Politiques, 현재는 Institut des études Politiques로 개칭)와 파리대 법과대학에서 수학한 청국의 마건충(馬建忠)과 비교가 됩니다. 리홍장에 의해 유학생으로 선발된 마건충은 1882년 조선을 대신하여 미국, 영국과 조약안을 교섭하고, 임오군란의 책임을 물어 대원군을 천진으로 압송하였습니다.[161] 스러져

가는 제국의 공직자라는 한계를 안고서도, 세계정세를 바로 읽고 철도 부설과 상공업 발전에 목소리를 높인 근대인이었습니다. 조금 더 넓게 멀리 볼 수 없었을까, 홍종우에게 느끼는 아쉬움입니다.

---

161) 이광린, 『개화기연구』, 일조각, 1997, 96~98쪽.

II

친일파와 국가유공자 사이

친일파와 국가유공자 사이

1948년 반민족행위처벌법

소급입법인 반민족행위처벌법

1948년 7월 17일 대한민국「헌법」이 공포됩니다. 헌법은 제헌의회로 하여금 '1945년 8월 15일 이전의 악질적인 반민족행위'를 처벌할 특별법 제정 권한을 주었습니다. 제헌헌법 제101조에서 '이 헌법을 제정한 국회는 단기 4278년 8월 15일 이전의 악질적인 반민족행위를 처벌하는 특별법을 제정할 수 있다'고 규정한 것입니다. 1948년 9월 22일 제정·공포된 법률 제3호「반민족행위처벌법」(반민법)은 '소급입법'입니다. 범죄의 가벌성은 행위 당시를 기준으로 판단해야 합니다. 나중에 법을 만들어 과거 행위를 범죄로 처벌하겠다고 들면 '법적 안정성'이 깨지고 여러 가지 후유증이 생깁니다. 헌법초안의 국회 논의 과정에서 토론이 격했습니다. 처벌을 무겁게 한두 건의 수정안이 나왔고, 수정안이 모두 부결되고서야 찬성 85명, 반대 34명으로 이 조문을 헌법에 두기로 했습니다.

1948년 9월 17일 국회에서 반민법안이 통과되고 다음 날 정부로 이송되자 정부는 '국회 환부' 여부를 고민합니다. 국회에서 의결된 법률안에 이의가 있으면 대통령은 이의서를 붙여 국회로 환부하고 국회는 '재의'에 붙일 수 있었습니다. 국회 재적의원 3분의 2 이상의 출석과 출석의원 3분의 2 이상의 찬성으로 전과 동일한 의결을 하면 그 법률안은 법률로 '확정'됩니다(제헌헌법 제40조).

정부는, 반민법안이 여러모로 헌법과 맞지 않는다고 판단했습니다. 반민족행위특별조사위원회(반민특위) 특별재판부 법관을 국회가 임명하는데, 심지어 국회의원도 법관이 될 수 있도록 하였으니 '3권분립' 원칙에 반하고, '당연범' 규정도 헌법정신과 충돌합니다. 반민법안은 '습작한 자,' '중추원부의장, 고문 또는 참의되었던 자,' '칙임관 이상의 관리되었던 자'와 같이 어떤 직위에 있었다면 '묻지도 따지지도 말고' 당연히 처벌한다고 규정했습니다(제4조 제1호, 제2호, 제3호). 항일변호사로 이름을 날렸던 초대 법무장관 이인은 법안 '환부'를 주장했으나, 국회와 대립하면 당시 정부가 제출한 양곡매입법안의 통과가 자칫 어려울 수 있었습니다.[1] 1948년 9월 22일 국무회의는 반민법안을 의결하였고, 반민법은 법률 제3호로 공포되었습니다. 오늘날까지 면면히 이어지는 오랜 갈등의 조짐은 이렇게 시작되었습니다.

반민법 통과를 앞두고 중도지 「자유신문」은 1948년 8월 21일자 '사설'에서, 악질자·자발적 협력자만을 중심으로 '100인'을 징계하자고 했고, 한국독립당 감찰위원장 김승학이 1948년 4월 작성한 처단 대상 친일파도 '263명'입니다.[2] 물론 '20만 명'을 거론한 의욕 넘치는 주장도 있었습니다.

---

1) 정운현, 『친일파는 살아있다』, 책보세, 2011, 307쪽.
2) 정운현, 『친일파는 살아있다』, 27쪽.

반민특위의 투서함

반민특위는 업무를 개시하자 과거 신문·잡지를 뒤지고 지방 곳
곳에 '친일파를 신고하라'고 '투서함'을 설치했습니다. 어느 연구자
는 일제 때 발간된『친일파의 군상들』을 참고로 7천여 명의 친일부
역자 죄상을 '소상히' 알게 되었는데, 아쉽게도『친일파의 군상들』
은 훼손되어 전해지지 않는다고 썼습니다.[3] '악질적 반민족행위'를
처단하기 위해 소급입법까지 감행하며 반민법을 제정하고 반민특위
를 구성하였습니다. 그런 '악질적 반민족행위자'란, 이름만 대면 누
구나 바로 수긍할 만한 '특정인'이어야 맞습니다. '투서함'까지 설치
해 가며 7천여 명의 명단을 마련한 그 '과격한 성실성'을 어떻게 평
가해야 할까요? 그런데 그 귀중한 자료『친일파의 군상들』이 없어
졌다면, 이 코미디는 도대체 무엇일까요?

대한민국은 친일파가 세운 나라

친일파가 득세한 대한민국은 태어나서는 안 되었을 국가라고 틈
만 나면 읊조리는 인물들이 정치권에 많습니다. '친일파를 숙청하
고 새 나라를 세운' 김일성의 북조선이 (대한민국보다) 우월하다는
허황한 얘기를 하고 싶어서 안달입니다. 이승만 건국대통령이 "친
일파를 비호하고자" '반민특위'를 무력화했다는 구호는 이제 경전
(經典)이 됐고, '4·3 사건'을 일컬어 "이승만이 제주도 양민을 학살
한 데 대한 항쟁"이라고 포장하는 세상입니다. 1946년 10월의 대구
폭동도 '대구항쟁'이 되고, 여순반란까지도 '여순항쟁'이라고 바꿔치
기합니다.

---

3) 송건호 등,『해방전후사의 인식 1』, 한길사, 2004, 173쪽(오익환 집필부분).

1927년 3월 하얼빈에서 체포되어 19년간 옥중투쟁 후 1945년 일
제 패망으로 석방된 정이형은 만주의 독립운동단체 '정의부'의 맹장
이었습니다. 1946년 12월 남조선 과도정부 입법의원에 선출된 그는
'부일반역 전범 간상배에 대한 특별 법률조례 기초위원회' 위원장을
맡습니다. 1947년 3월 21일 입법의원 제35차 본회의 회의록에서는,
'사회 혼란이 염려되니 친일파 처벌법 제정을 보류하자'는 동료 의
원의 발언에 대하여 "(친일파를) 처단 않으면 그들이 정권을 잡을
것"이라는 정이형의 답변이 보입니다. 1947년 7월 미 군정은 과도정
부 입법의원이 제정한 '민족반역자, 부일협력자, 모리간상배에 관한
특별법'의 공포를 막았습니다. 경찰이 조직적으로 반발하기도 했지
만 입법의원 중에서도 반대가 적지 않았습니다. 극심한 갈등을 일
으킬 것이 불 보듯 뻔한 법안이었습니다.[4]

입법부 소속 반민특위와 행정부의 대립

1948년 9월 22일 반민법이 공포됨에 따라 1948년 10월 23일 반민
족행위특별조사위원회(반민특위)가 발족하는데, 위원장 김상덕은 백
범과 함께 환국한 임정 국무위원 출신 투사입니다.

1949년 1월 10일자, 반민특위의 활동에 대한 이승만 대통령의 담
화 중 일부입니다.

"우리가 건국 초창에 앉아서 앞으로 세울 사업에 더욱 노력하여
야 할 것이요, 지난날에 구애되어 앞날에 장해되는 것보다 과거의
결절(結節)을 청쇄함으로써 국민의 정신을 쇄신하고 국가의 기강을
밝히기에 표준을 두어야 할 것이니 입법부에서는 사법부에서 왕사
에 대한 범죄자의 수량을 극히 감축하기에 힘쓸 것이오. 또 증거가

---

4) 이덕일, 『이회영과 젊은 그들』, 역사의 아침, 2009, 332~334쪽.

불충분한 경우에는 관대한 편이 가혹한 형벌보다 동족을 애호하는
도리가 될 것이다."

반민특위 부위원장 김상돈은 기자회견을 열고 바로 대통령에게
대들었습니다. "누구든 막론하고 특별조사위원회의 처사에 간섭하
지 못할 것이며 또 간섭할 필요가 없다."[5] 이승만 대통령 측은 부위
원장 김상돈이 일제 말기 서교동에서 총대(總代, 현재 통반장)를 맡았
고, 총독부 기관지 「매일신보」의 보급에도 적극 협조했다는 정보를
이용하여 국회와 반민특위를 압박합니다. 김상돈은 신상 발언을 통
해 총대를 맡은 것은 '부락민의 투표' 결과이고 자신은 '합법적 투쟁
을 한 애국자'라고 항변했습니다.[6] 이제 반민특위와 경찰은 세(勢)
과시에 들어갑니다. 식민지 경찰이 신생국 경찰로 옷을 갈아입었으
니 경찰에게는 생존의 문제이기도 했습니다. 반민특위는 친일경찰
로 악명높던 노덕술을 검거했고, 경찰이 꾸민 반민특위 요원 암살
음모 사건도 발표합니다. 반민특위에 반대하는 관제 데모가 벌어지
자, '데모 선동'을 이유로 서울시경 사찰과장을 구속했습니다.

한편, 1949년 5월 18일 이문원, 최태규, 이귀수 의원이 남조선노
동당 프락치 혐의로 구속되면서 '국회 프락치 사건'이 막을 엽니다.
6월 6일에는 경찰의 반민특위 습격으로 사태는 클라이맥스로 치닫
습니다. 반민특위 내부의 의견 대립 소문이 새어 나오고, 반민특위
재판관 김장렬과 홍순옥이 사퇴하는 일도 벌어집니다. 반민법이 가
혹하니 개정이 필요하다는 의견도 설득력을 얻습니다.

---

5) 송건호 등, 『해방전후사의 인식 1』, 141쪽.
6) 송건호 등, 『해방전후사의 인식 1』, 152,153쪽.

이인 변호사의 반민특위

이즈음에 초대 법무장관 이인이 국회로 들어갑니다. 주미 대사로 출국한 장면 박사의 종로을구 선거구가 비면서 보궐선거로 당선되었습니다. 이인의 주도로 공소시효 완성 시기를 단축하는 반민법 개정안이 발의되어 국회를 통과합니다. 종전 반민특위 위원은 총사퇴하고, 이인을 위원장으로 새로운 특위가 가동됩니다. 이인은 반민법 제정 당시에도 법무부장관 입장에서 법안 환부를 이승만 대통령에게 건의했었습니다.

반민특위는 343일간 682건을 조사하여 그중 559건을 특검으로 송치했습니다. 반민특위 위원장 이인은 특검 활동을 마치면서, 신생독립국 처지를 고려하여 '교육자와 공무원에 대해서는 특별한 배려를 했다'는 점도 밝혔습니다. 그런데, 특검에 송치된 559건 중 38건이 기소되었습니다. 사형 1건, 무기징역 1건 외에 징역형이 10건, 공민권 정지 18건, 무죄 6건, 형 면제 2건이 재판 결과입니다. 처벌이 미약하다는 비판이 나왔습니다.

그런데 반민특위를 이끌었던 이인은 허헌, 김병로와 함께 민족변호사 3인으로 명성을 날리던 인물입니다. 항일 변론으로 변호사 업무가 정지되기도 했고, 조선어학회 사건으로 1942년 말 구속되어 말라리아로 고생하면서도 거의 2년간 수형생활을 하고 1944년 11월경 병보석 석방되었습니다. 한글학회는 1976년 이인 변호사가 내놓은 사재 3천만 원을 종잣돈으로 하여 종로구 신문로에 회관을 건립할 수 있었습니다. 이인 변호사는 1979년 세상을 뜨면서 살던 집마저 한글학회에 기증하였습니다.[7]

7) 한인섭, 『식민지 법정에서 독립을 변론하다』, 경인문화사, 2012, 573~603쪽.

정이형이나 김상덕처럼, 시민적 일상과는 거리를 두었던, 열혈 투사들이 반민특위를 책임지기에는 어색했지 싶습니다. 해방은 연합국의 승전으로 번개처럼 왔는데, 35년이라는 짧지 않은 기간 동안 우리 사회는 각양각색의 새로운 사태를 경험하였습니다. 차별과 착취가 있었고, 식민지 정책에 반발한 투쟁적 이념이 퍼졌고, 식민지 정책에 불쑥 근대화도 묻어 들어왔습니다. 근대 교육의 모습도, 산업화의 양상도 전적으로 새로운 것이었습니다. 무엇보다 그 격류 가운에 일상을 살아낸 3천만 명 가까운 시민의 생존이 있었습니다. 운동가들의 처연한 항일투쟁과는 무관하게 삽시간에 일제가 물러갔으니, 운동가들도 산업가들도 관료들도 시민들도 모두 각자의 방식으로 혼란스러웠을 것입니다. 신생 국가건설을 위한 '사회 통합'은 너무나 간절한 시대적 목표였을 테고, 울트라슈퍼(ultra-super) 반일주의자라고 평가받는 이승만 대통령도 담화에서 그 점을 호소하였습니다. 이런 상황에서 시민의 일상에 조금 더 가까운 이인 변호사 같은 분이 분출하는 갈등의 용광로를 처리하는 편이 적절했다고 이해합니다.

그래서, 반민특위가 '실패'하였다는 강호제현의 지적에 전혀 동의하지 않습니다. 기본적으로 '소급처벌'은 암흑을 길게 드리웁니다. 비상시국이다, 불가피하다고 우기지만 그 폐해는 명확합니다. 당시의 시대 상황을 고려하더라도, 그 정도로 과거를 털고 앞으로 나아가도록 하는 바로 그것이 '정치의 역할'이었겠다고 짐작합니다. 반민특위 활동에 거의 유일한 증거였다는 『친일파의 군상들』은 당시에도 작성자가 알려지지 않았고, 현재는 존재하지조차 않는 문건이랍니다. 『친일파의 군상들』 외에는 묵은 신문기사를 증거로 하였다는데, 어떠한 관점에서, 어떤 기준으로 기사를 해석했을지도 의문입니다.

당대를 살지 않았던 후배들은 당대를 살아낸 이들 앞에서, 역사 앞에서 겸손해야 한다고 믿습니다. 그렇게 친일파를 혐오한다는 문재인 정부는 검찰 수사권을 박탈하여 '친일파 시비의 핵심인 친일경찰'의 후예들에게 몰아주었습니다. 역사가 도는 것인지, 세상이 도는 것인지 알 수 없습니다.

기어코 "친일파"로 만들리라 - 김연수

반민특위

인촌 김성수의 동생 김연수는 1921년 조선인 최초로 교토제국대학 경제학부를 졸업한 지식청년이었습니다. 열여섯 살 때인 1911년 유학을 위해 시모노세키항에 도착하여 동경행 열차를 탔습니다. 기차 창을 통해 본 '오사카 공단'의 낯선 굴뚝은 신비로운 문명의 모습이었답니다. 인촌은 경성방직과 동아일보사를 설립하였고, 김연수는 경성방직·남만방적·삼양사를 묶어 한국 최초의 기업집단을 이루었습니다. 한반도에서 '재벌'이란, 1932년경 급성장하는 고창 김씨가의 사업체에 언론이 붙인 호칭이었습니다.[8]

김연수는 1949년 1월 21일 혜화동의 둘째 아들 집에서 반민특위 요원들에게 체포되어 그날 서대문형무소에 수감되었습니다. 반민법 제4조 제2호 '중추원 참의 되었던 자'에 해당하는 '당연범'이었습니다. 1949년 2월 16일 검찰로 송치되고, 3월 30일 첫 공판일에 병보석으로 풀려난 후, 1949년 8월 6일 무죄를 선고받습니다. 반민특위

---

8) 정종현, 『제국대학의 조센징』, 휴머니스트, 2019, 41~47쪽.

사건에서 가장 많은 증인이 출석했고, 가장 많은 탄원서가 제출되었습니다. 김용완 경방 사장, 최두선 동아일보 사장, 백관수·홍성하 제헌의원, 현상윤 고대 학장, 김동일 서울대 교수 등 거물들이 증인으로 나왔습니다. 이들은 한목소리로 김연수가 교육·건국사업과 산업계 발전에 공로가 큰 민족기업인이라고 변호했습니다. 특위 검찰부는 '공민권 정지 15년에 재산 4분의 3 몰수'를 구형했으나 특위 재판부는 무죄를 선고합니다. 특위 검찰부는 "당연범 규정은 그 자체가 벌써 악질적인 반민 행위를 인정하고 있으니 피고인의 죄상을 참작할 수는 있을지언정 '악질'이라는 요소를 전면 부인하고 무죄로 한다는 것은 이해하기 곤란하다"고 주장했으나, 특위 재판부는 "당연범이라 해도 사법상은 아직 혐의자에 불과하여 공판에 있어서도 당연 범행을 인정하고 들어갈 수는 없다"고 대응하였습니다.9)

특별조사위원의 의견서

특별조사위원 김상덕 명의의 특위 검찰부에 대한 '의견서'는 이렇게 말합니다.

> " … 이 기간에는 한민족이 강제친일을 한 기간이나 철퇴로 황도(皇道) 두 글자를 부수지 못한 비의(非義)는 3천만 동감이되 주동, 피동의 정도와 시간 장단의 차이를 중심으로 피의자 김연수를 고려할 때 본인의 진술과 증인 7명의 신문을 종합하여 보면 일체의 범과(犯過)가 피동적이었으며 개전의 정상이 현저하고 과거나 현재에도 피의자 김연수의 사회사업 등은 경시치 못함을 부언함."10)

특위 조사위원이 특위 검찰부에 송치를 하면서 가벌성이 없다는

---

9) 정운현, 『친일파는 살아있다』, 책보세, 2011, 321,322쪽.
10) 정운현 편역, 『풀어서 본 반민특위 재판기록Ⅰ』, 선인, 2009, 110쪽.

취지의 의견을 밝힌 것입니다. 처음부터 구속을 하고 요란을 떨 일
이 아니었음을 자인하였습니다.

피의자 신문조서

수사기관에서의 문답 내용입니다.[11]

문: 반민법 실시에 대한 소견은?
답: 역사적 과정으로 보아 필연적으로 있을 것으로 생각했습니다.
   또 민족정기로 봐서나 교육의 의미에서도 반민법 실시는 필
   요하다고 봅니다.

문: 만주국 명예 총영사로 임명된 동기는?
답: (여러 번 거절했으나) '총독부 명령' 운운하며 위협을 하기에
   부득이 수락하고 말았습니다.

문: 중추원 참의에 임명된 동기는?
답: (신문을 보고서 임명 사실을 알았고) 몇 번을 안 된다고 하였
   으나 모두 우스운 일이었습니다.

문: 만주국 명예 총영사 임명 당시의 소감은?
답: 만주국 명예 총영사 된 소화 14년(1939년) 무렵의 환경은, 해
   외로 망명을 하면 모를까 당시 실업가로 존재가 있던 사람들
   의 어려움은 이루 말할 수가 없었습니다.

문: 만주국 총영사를 부득이 수락했다고 했는데, 당시 만주에 사
   업체를 가지고 있던 사람으로서 영사직을 이용하여 사업의
   융성을 기하려는 큰 야심이 있었다고 보는데?
답: ... 1937년부터 '기업정비령'으로 인하여 도저히 국내에서 새

---

11) 정운현 편역, 『풀어서 본 반민특위 재판기록 I 』, 114~152쪽.

로 공장을 건설할 수가 없어서, 만주에 거주하는 우리 2백만 교포의 대표적인 공장을 건설하여 실업자인 교포들의 구제와 편리를 도모하기 위하여 만주로 진출할 의사를 결심하고, 1938년말 만주에 제2공장건설을 신청하였습니다.

문: 남만방적을 그러한 포부로 시작하였다면 그들의 편의를 봐준 일이 있는가?

답: 직공 1천 2백명 모두를 우리 조선인으로 채용한 것만 보더라도 알 수 있습니다. 우리 순조선인들로만 이러한 근대적인 공장을 경영함으로써 중국인들의 조선인에 대한 인식을 새롭게 한 점도 있습니다.

문: 중추원 참의를 끝까지 거절 못한 이유는?

답: 나 한 사람 투옥당할 각오를 하고 싸운다는 것은 쉬운 일이지만, 내 사업에 매여 있는 4천여 명의 생계에 큰 타격이 있을 것을 생각하면 감정의 지배를 받을 수밖에 없었습니다.

문: '一億一心'이라는 논문을 「매일신보」에 게재했다는데?

답: 원고를 써서 신문사에 제출한 일은 없습니다. … 혹시 그 사람들이 전화로 감상 등을 물을 때는 적당히 쓰라고 말한 일은 있습니다.

문: 일본 천황으로부터 견포수장(絹褒綬章)을 받았다는데?

답: 전북 고창, 전남 장성, 영광 등지에서 큰 흉년으로 기아에 빠진 주민들을 구제하기 위하여 약 2천석을 기부하여 표창을 받았던 것입니다.

문: 만주에서 개척사업을 한 취지는?

답: 황무지를 개척해서 논(水田)을 만들어 노예생활을 하고 있는 우리 교포들의 편리를 도모하자는 데서 출발한 것입니다.

문: 피의자가 실업방면으로 진출한 동기는?

답: 중학시절부터 실업방면에 투신하고 싶은 생각이 있었고, 선 진국에 비하여 생산이 빈약한 우리나라의 생산을 증상시켜 보겠다는 생각이었습니다.

문: 만주에 가서 방적사업을 확장시킨 목적과 동기는?

답: 당시 경성방직의 생산량과 규모로는 일본의 종연방직, 동양 방직 및 일본방직 등과는 경쟁할 수가 없었습니다. 그들을 압도할 신념으로 제2공장을 창립하고자 소화 10년 시흥 역전 에 10만평을 공장부지로 매수하고 지반공사도 완료하고 일 부 기계도 반입하였습니다. 중일전쟁이 발발하여 방적사업은 전부 전력증강 기관으로 고치게 됨에 따라 시흥공장 설비공 사도 중단하여야 했습니다. 회사로서는 사활이 걸린 문제가 되었고, 회사를 살리기 위해 후보지를 물색한 끝에 만주 봉 천을 선택했습니다. 경성방직 생산 물량 대부분을 만주로 수 출했던 인연도 있고, 만주에 우리 동포 수백만이 있어 인적 자원도 용이하게 확보할 수 있다고 판단했습니다.

문: 지금 심경은?

답: 역사적 과정으로 보나 민족정기의 앙양이라는 점으로 보나 반민법을 당연히 실시되어야 한다고 생각합니다. 그러나 저 는 양심으로 반민법에 해당되어 그 처단을 받아야 되겠다는 가책은 없습니다. 물론 국법으로 제정한 반민법 죄목에 해당 되어 처단받는 것에는 하등 이론이 없습니다.

1949년 3월 3일자 특위 검찰부에서의 진술입니다.

"전북 고창 회리와 전남 함평에 소학교를 신설하였고, 전북 고창 명고포 농장(3천석)을 중앙학교에 기부했고, 정북 정읍군 신태인 농 장(7천석)과 전남 장성 농장(3천석)을 보성전문학교에 기부했고, 해

방 후 전남 영광, 장성, 고창 등 중학에 각 기부를 했고, 해방 전 삼
양동지육영회를 조직하여 현재까지 중학, 전문, 대학의 각 학생들에
게 매월 학자금 전부 또는 일부를 보조해 왔고, 경성방직회사에서
태극기, 삼신산, 불로초 등의 상호로써 일본 방직회사를 상대로 경
제적으로 투쟁을 하였고, 만주에서는 조선 아동의 교육을 위하여 소
학교 5개소를 설립하였고, 봉천 동광중학교에 사재 30만원을 기부
하고, 또 사재 100만원을 기부하였습니다. 약 10년 전부터 조선사학
자로 하여금 조선사를 비밀리에 편수시켰습니다."[12]

공판청구

이런 수사과정을 거쳐 기소가 되었습니다. 그런데 '공판청구서'의
내용이 허망합니다.

'공판청구서'의 범죄사실은, "실업계에서 상당한 권위를 가진 자
가 만주국 명예총영사와 중추원 칙임참의로 피임되고, 임전보국단
간부로 피선되고, 국민총력조선연맹 후생부장으로 피임되고, 재 동
경조선인 유학생에게 학병제도 정신 함양 강연을 한 것"이 전부입
니다.[13]

사건이 특위 재판부로 넘어 온 후의 법정진술입니다. '피고인이
방적업에 착안한 이유'를 묻는 질문에 대하여 김연수는 답변합니다.

시초에는 중공업에 착안하였으나 당시 조선의 실정으로 보아 중
공업 경영은 극히 어려운 입장이라 마침 경성방직이 시작된 지 불
과 1,2년 만에 멸망상태에 빠져 있어 인수하였습니다. 조선인이 경
영하는 것으로는 경성방직이 유일했습니다.[14]

---

12) 정운현 편역, 『풀어서 본 반민특위 재판기록 Ⅰ』, 154,155쪽.
13) 정운현 편역, 『풀어서 본 반민특위 재판기록 Ⅰ』, 156쪽.
14) 정운현 편역, 『풀어서 본 반민특위 재판기록 Ⅰ』, 170쪽.

기미년 국권회복운동을 계기로 민족정기를 상징하기 위해서 태극과 무궁화를 도안한 경성방직의 주권(株券), 태극성 광목 선전포스터, 선대가 발간한 순한문 조선역사, 보성전문과 중앙학교 기부증명서 등이 법정에서 증거로 제출되고 확인되었습니다.[15]

경방 직원 김상형은 법정에서 이렇게 증언하였습니다.

"경방은 민족기업체로서 자본, 기술, 직공 등이 전부 조선사람이었으므로 민족의식이 충만하였고, 일본인 경영자와 면화배급 할당, 자금융통 등에 차별이 심했으나 신기술 개발로 극복하였으며, 경방광목 태극성 상표가 각지에서 일제 관헌에게 발각돼 사상이 불온하다는 이유로 극심한 간섭을 받았으나 피고인 김연수가 굴하지 않고 그 상표를 사수하였으며, 실제로 경기도 경찰부에서는 그 상표의 불온성을 지적하여 사용금지 명령을 하였고, 피고인은 종사원에 대한 지도방침으로 '경방은 조선인만으로 조직된 민족기업이라는 점과 동시에 일동은 여하한 어려움이 있더라도 단결하여 능히 극복하라'는 구호로써 지도하였으므로 종사원들의 강한 투쟁력으로 최후까지 상표를 사용하였습니다. 경성방직과 남만방적은 처음부터 전원이 조선인이었고, 만주에서도 마찬가지였습니다."

무죄판결

1949년 8월 6일 재판부는 무죄를 선고했습니다. 무죄 이유로는 먼저 경성방직(京城紡織)주식회사를 인수경영하고, 봉천(奉天)에 자매격인 남만방적(南滿紡績)주식회사를 설립한 공적을 들었습니다. "경방기업이 결코 민족정신을 버리지 않은 증좌"로서, '그 발전과정에서 정치적 경제적으로 여러 가지 악조건이 수반되어 있었음에도

---

15) 정운현 편역, 『풀어서 본 반민특위 재판기록 I』, 186쪽.

불구하고 만만(滿滿)한 투지로써 최후까지 분발하여 일본 자본에 매수 내지 타협이 되지 아니한 점, 경방자본의 표시인 각 주권이 무궁화의 회란(繪欄)에 태극기를 모사하여서 은근히 민족혼을 상징한 점, 경방의 생산 광목 포스터에 역시 태극기를 상표로 한 사실 등으로 능히 간취할 수 있다'고 하였습니다.[16]

당시 가장 영향력 있던 「동아일보」는 반민특위 활동 보도에 인색했습니다. 사실은 반민특위 성립 자체에 비판적이었을 것입니다. 사주와의 관계도 있었겠지만, 어쨌든 「동아일보」는 호외까지 발행하여 김연수의 무죄를 크게 보도했습니다.

김연수는 1939년 장학재단 양영회(養英會)를 설립하여 장학금을 뿌리고 교토제국대학 교수로 재직하고 있던 동문 이태규, 리승기, 박철재 등의 과학연구도 지원했습니다. 연희전문 교수 이순탁은 '그나마 학업이 가능했던 데는 김연수의 도움이 컸다'고 회상했습니다.[17] 도시샤중학교에서 유학하던 개성 부호의 아들 공진항은 "자기는 헐벗으면서도 한국인 유학생 두 명에게 학비를 조달"하던 김연수를 기억하고, 국어학자 이희승도 방학 때마다 학자금을 마련해서 서춘, 이순탁, 이희준 등 가난한 조선인 교토제대 학생들을 지원한 김연수를 회고했습니다.[18] '헐벗었다'는 표현이 의아할 수도 있으나, 고창 김씨 가문의 검약한 생활태도로 보아 사실에서 별로 벗어나지 않은 표현인 듯싶습니다.

어떤 연구자는, 김연수가 1949년 1월 21일 반민특위에 구속된 후 줄곧 자기 과오를 회오하는 등 참회의 날을 보내 조사관들로부터

---

16) 엄상익, 『친일마녀사냥 2』, 조갑제 닷컴, 2016, 1036,1037쪽.
17) 규장각한국학연구원 엮음, 『조선사람의 세계여행』, 글항아리, 2011, 367쪽.
18) 정종현, 『제국대학의 조센징』, 46~51쪽.

동정을 받았고, 석방 후에도 일체 공적인 일을 떠나 은둔생활을 했으며, 반민특위 검찰부도 김연수의 회개를 참작하여, 처벌 없이 재산 일부 몰수와 공민권 정지라는 이례적인 구형을 했다고 주장합니다.[19] 글쎄요, 과연 그랬을까요?

이 답변에서 그림이 보입니다.

  "역사적 과정으로 보나 민족정기의 앙양이라는 점으로 보나 반민법을 당연히 실시되어야 한다고 생각합니다. 그러나 저는 양심으로 반민법에 해당되어 그 처단을 받아야 되겠다는 가책은 없습니다. 물론 국법으로 제정한 반민법 죄목에 해당되어 처단 받는 것에는 하등 이론이 없습니다."[20]

재판기록에 나타난 김연수의 태도는 시종일관 당당합니다. 뉘우칠 과오가 보이지도 않고, 뉘우칠 과오가 없었으니 참회할 일도 없었을 것입니다. '그래도 완장 찬 당신들이 내 인생에 칼질을 하겠다면 그거야 내가 어떻게 하겠냐?' 그저 그 정도의 덤덤한 대응입니다.

매판자본가 박흥식의 죄상(?)

반민특위 검거 1호

반민특위 제1호 검거자는 박흥식이었습니다. 정치적 거물이 아닌 그가 1호로 구속되는 영광을 얻은 데는 박민특위와 경찰과의 갈등이 한몫했습니다. 경찰에 의한 '반민특위 해체 음모'가 세상에 드러났는데, 그 배후자금책이 박흥식이라는 소문이 돌았기 때문입니다.

19) 송건호 등, 『해방전후사의 인식 1』, 200쪽.
20) 정운현 편역, 『풀어서 본 반민특위 재판기록 I』, 151,152쪽.

그러나 수사나 재판에서 자금책 역할이 쟁점이 되지는 않았으니 그 저 소문이었지 싶습니다.

1903년생 박흥식은 진남포상고를 졸업하고 열일곱 살 때 미곡상 으로 돈벌이를 시작합니다. 형이 일본 경찰의 고문으로 목숨을 잃 었고 부친도 울화병으로 39세에 세상을 떴답니다. 형은 안창호 선 생이 세운 대성학교 졸업반이이었습니다. 차남인 박흥식이 가족을 책임져야 했습니다. 1931년에 주식회사 화신을 설립하고, 이내 동아 백화점을 인수하여 화신백화점으로 간판을 바꾸었습니다. 당시 경 성에는 미츠코시(三越), 미나카이(三中井), 조지아(丁子屋) 백화점이 있었으나 화신백화점은 이들 일본인 소유 백화점에 밀리지 않았습 니다.21)

조선비행기공업주식회사

박흥식의 주요 혐의는 조선비행기공업주식회사(조선비행기회사)를 설립하여 일제에 협력했다는 점이었습니다(반민법 제4조 제7항). 이 런저런 친일단체에서 활동했다느니, 징병제에 찬성했다느니 하는 등의 혐의는 반민특위 사건에서 양념으로 등장하였습니다. 1949년 1월 5일 업무를 개시한 반민특위는 1월 8일 오후 종로 화신백화점 4층의 화신 사장실을 덮칩니다. 당시 박흥식은 미국 여권 문제로 외 교처와 통화를 하고 있었습니다. 대표적 경제인이었던 그는 해방 이후 하지 중장, 웨드마이어 특사와 조선 경제문제로 환담하고, 한 미경제구락부에서 발표도 했습니다. 화신무역 미국 지점 설치를 위 해 1948년 7월경 여권을 받았으나, 여론이 흉흉해지면서 구속 전날 외교처는 여권을 반환하라고 통지했습니다.

---

21) 역사문제연구소 편, 『인물로 보는 친일파 역사』, 1993, 140,141쪽.

반민특위 수사관은 조선비행기회사를 운영하기 위하여 종업원 2,800명을 '강제징용'하였다고 박흥식을 다그치지만 그는 '자유모집' 한 인원이고 다만 군수회사법으로 '현원징용'이 되었다고 버팁니다. '현원징용'은 자유모집으로 근무 중인 종업원을 대상으로 총독부가 1944년 2월부터 시작한 노무동원 제도입니다. 그들에게도 후에 영장이 전달되기는 했으나, 1944년 8월에 도입된 이른바 '강제징용' 즉, 영장을 발부하여 신체검사를 거쳐 파견한 '징용'과는 구별됩니다. 조선군사령관이 권하여 1944년 10월 조선비행기회사를 세웠으나 공장인수와 생산이 계획대로 되지는 않았습니다. 종업원들에 대한 처우가 일본보다 좋았지만 '일이 없어 빈들빈들 놀고 있었다'는 것이 박흥식의 진술입니다.[22]

수사관은 이렇게 묻습니다. "그렇다면 왜 조선비행기회사 종업원이 해방이 되자마자 작당(作黨)을 하여 공장과 피의자 주택을 점령하여 원성을 말한 것은 무슨 이유인가?" 대답이 재미있습니다. "종업원들에게 공장을 제공하라고 하는 공산당의 사주에 의한 것입니다."[23]

공판청구서

'공판청구서'의 일부입니다.

"아부에 능하여 교활한 그 성격은 총독 치하 각계 악정(惡政) 인물들과 무난히 친교를 맺어 … 정신적으로 식민지 정책수행에 아부하여 … 우리 조선을 상품시장화하는 일제의 착취정책에는 위대한 공로를 세웠고 … (조선비행기회사 설치를 위하여) 막대한 토지를

---

22) 송건호 등, 『해방전후사의 인식 1』, 200쪽.
23) 정운현 편역, 『풀어서 본 반민특위재판기록 Ⅱ』, 104쪽.

강제로 군부의 위세를 이용하여 몰수하여 ... 3백여명의 조선 청장년
들을 만주비행기회사로 기술강습이란 명목으로 해외징용을 보냈는
데 ....”

별로 실속은 없고 오히려 낭만이 묻어나는 듯합니다. 안양에 조선
비행기회사 공장 부지를 확보하면서 ‘형식상’ 지주들의 동의를 받았
으나, 해방 후 지주들이 보상금에 불만을 품었다고 하니 이는 제법
민원이 되었을 것입니다. 그러나, 수사기록에 보이는 ‘현원징용된 공
원 2,3백 명을 봉천의 만주비행기회사에 파견하여 기술연수를 시켰
다’고 하는 박흥식의 진술에서 박흥식의 배포가 읽힙니다. 증인으로
소환된 화신 직원은 (박흥식을) ‘항상 존경해 왔고, 그 인격을 숭배한
다’고도 하였습니다.

박흥식에 대한 세평

1939년 『모던 일본 조선판』에는 박흥식이 여러 번 등장합니다.
‘조선명인백인’에 포함된 그에 대한 인물평은 이렇습니다. “실업가.
조선의 백화점 왕. 화신, 선일지물 등 사장을 비롯하여 10여 개 회
사의 중역을 겸함. 조선 실업계의 거물. 용강 출생. 37세.” ‘새로운
조선에 대한 좌담회’라는 꼭지에서 경성일보 주필로 7년간 조선에
서 생활한 이케다 린기(池田林儀)는 이렇게 말합니다. “장래가 촉망
되는 사람이라면 화신의 박흥식씨지요. 이 사람은 아직 마흔이 채
되지 않았어요. 대단한 사람이지요. 일에 전념하여 그만큼 키운 거
니까요. 몸가짐이 매우 근엄합니다. 이 사람은 내지에서도 가장 신
용이 있지요. 그 대신 가장 빚도 많겠지만요. 하지만 이 정도 부채
가 있으면 망하게 할 수도 없지요. (웃음소리) 삼십 대에 그만한 재
산을 이룬다는 건 대단한 일이예요.”[24]

화신백화점은 한국 최초 민족자본 백화점이라는 평가를 받았습니다. 1934년 개관한 화신백화점 갤러리는 미술품 전시공간으로도 뿌리내렸고 거의 상설이라고 할 만큼 전시도 잦았습니다. 엘리베이터·에스컬레이터에 전광 뉴스판까지 갖춘 경성 최고 명물이었는데, 지금은 그 땅에 밀레니엄 플라자가 들어섰습니다. 그 당시 조선인은 미츠코시(현 신세계백화점 본점)에 맞서 종로에 당당히 서 있는 화신백화점을 보는 것만으로도 뿌듯했다는 것이 국회의장을 역임하셨던 김재순 선생의 회고입니다. 박흥식을 애국자로 여긴 사람도 적지 않았다고 합니다.[25]

도산이 설립한 대성학교에 형이 재학한 인연 때문인지 박흥식은 안창호 선생을 끔찍이 위했습니다. 1932년 윤봉길 의거 직후 일본 경찰에 체포되어 국내로 끌려와서 치안유지법 위반으로 4년 징역형을 선고받은 도산을 위하여, 우가키(宇垣) 총독을 찾아가 담판을 짓습니다. 가석방 출옥한 도산을 자신의 집으로 모셨다가, 집 정원에 경찰이 아예 천막을 치고 상주하자 따로 숙소를 마련하고 생활비와 치료비를 댑니다. 도산은 1937년 수양동우회 사건으로 다시 투옥되었다가 1938년 3월 사망합니다. 이번에는 도산의 장례 뒷바라지를 책임졌습니다. 박흥식은 만주 대련역사(大連驛舍)와 신경역사(新京驛舍)를 설계한 수재 건축가 이천승에게 안양 공장과 격납고 설계를 맡길 만큼 멋쟁이였습니다. 건축가 김중업도 조선비행기회사에서 근무했습니다. 징용을 면제받기 위하여 조선인들이 몰려들었다고 합니다.

24) 역자 윤서영·홍선영·김희정·박미경, 『일본잡지 모던일본과 조선 1939』, 어문학사, 2007, 144,145쪽.
25) 김재순·안병훈, 『어느 노정객과의 시간여행』, 기파랑, 2016, 83쪽; 조성관, 『민관식 컬렉션 탐험기―實物로 만나는 우리들의 역사』, 웅진씽크빅, 2005, 63쪽.

무죄판결, 그러나 사업은 치명타

　박흥식은 1949년 4월 병보석으로 석방되고 1949년 9월 무죄를 선고받았으나 그 사이 벌어진 앵도환(櫻島丸, さくらじままる) 사건으로 힘을 잃었습니다. 앵도환은 1948년 4월 태극기를 휘날리며 홍콩으로 출항했던 해방 이후 첫 무역선입니다. 조선우선(朝鮮郵船) 소속 선박을 박흥식의 화신교역이 용선계약을 하여 운행하였습니다.

　1948년 12월 말 남북 간에 물자교역 논의가 있었습니다. 남쪽에서 면사와 유황을 싣고 가서 북의 비료를 실어 오기로 한 거래입니다. 상당한 위험을 무릅쓰고 남측 대표가 실행을 결심하였는데, 선주(船主)인 조선우선도 나름 평양으로부터 안전보장을 받고 미군정청의 의사도 확인했다고 합니다. 비료 부족으로 농업 생산성이 떨어지던 때라 민간의 관심도 대단했습니다. 앵도환이 면사와 유황을 원산항에 부렸으나 북측은 비료 선적 준비를 않고 꾸물댔습니다. 1949년 1월 8일 박흥식이 구속되자, 기회를 기다리던 북한이 앵도환을 압류하였습니다. '친일파 반동분자의 재산이니 인민의 것'이라고 억지를 썼지요. 이후 1949년 4월 국무회의의 의결로 남북 교역은 끊어졌습니다. 박흥식은 선주에게 손해배상을 하고 선적한 화물마저 날리면서 심각한 타격을 입었습니다.

반민특위를 피한 박춘금(朴春琴), 그의 두 얼굴

　「친일인명사전」에 등재된 박춘금은 악명이 하늘을 찌릅니다. 1949년 1월 반민특위가 결성되고 분위기가 썰렁해지자 일본으로 출국했답니다. 1949년 7월 반민특위는 박춘금을 '반민족행위 1급 피의

자'로 지목하고, 일본의 더글라스 맥아더 사령관과 GHQ 사령부에
강제송환을 요청했으나 박춘금은 일본에 머무르며 반민특위 광풍을
비껴갈 수 있었습니다. 그런데 우익 폭력배로 유명한 박춘금은 일
본에서 중의원을 연임한 독특한 인물이고, 의정활동에서는 조선인
에 대한 차별을 공격하는데 시종했습니다. 그의 파란만장한 인생도
흥미롭습니다.

박춘금의 상애회

권기봉의 『서울을 거닐며 사라져 가는 역사를 만나다』는 꽤 많이
팔린 책입니다. "초라한 서울시의회 청사가 가벼이 보이지 않는 이
유"라는 꼭지에서는, 서울시 의회 청사 앞 표지석 "부민관 폭파 의거
터-1945년 7월 24일 애국 청년 조문기, 류만수, 강윤국이 친일파 박
춘금(朴春琴) 일당의 친일 연설 도중 연단을 폭파했던 자리"를 소개
합니다. 박춘금을 "1923년 관동대지진 당시 조선인 색출에 힘쓴 공
로로 일본 중의원에까지 오른 대표적 친일부역자"라고 썼습니다.[26]
그런데, 대한매일신보 주필 김대상의 설명은 약간 다릅니다. (관동대
지진 당시의 조선인들에 대한) "이러한 가공한 만행이 진정될 무렵, 이
미 일선(日鮮) 융화단체 보스로 인정받고 있던 박춘금은 상애회 회원
약 300명으로 '노동봉사대'를 편성하여 시체 처리와 복구작업을 자청
하고 나서 열성적으로 당국에 협력했다"고 기록합니다.[27]

박춘금은 서울의 일본인 술집에서 심부름꾼으로 일하다가 일본
으로 건너가 노동판에 뛰어들었습니다. 3·1 운동 이듬해인 1920년
경 도쿄에서 조선인 노동자들을 모아 상구회(相救會)를 조직합니다.

26) 권기봉, 『서울을 거닐며 사라져 가는 역사를 만나다』, 알마, 2008, 301쪽.
27) 반민족연구소 엮음, 『친일파99인-2』, 돌베개, 2002, 61쪽(김대상 집필 부분).

소규모 노동자 합숙소를 만들고 실비 진료체계까지 갖추었습니다. 1921년 말에 사회사업단체 상애회(相愛會)로 발전시키고 요코하마, 나고야, 오사카 등에 지부도 두었습니다. 1923년 관동대지진으로 조선인이 희생되는 참극이 일어나자 상애회를 동원하여 사후처리를 도모합니다. 상애회에 대하여는, 제1차 세계대전 후 재일 조선인의 급증과 노동운동의 고양을 배경으로, 일본인 고용주 및 경찰과 결탁하여 재일조선인 단체를 공격하고 노동운동을 방해하여 악명을 날렸다는 불량한 소문이 있습니다.

참여정부 시절 '친일반민족행위진상규명위원회' 사무처장을 지냈던 정운현의 설명도 김대상의 설명과 비슷합니다. (1923년 9월 1일 도쿄 인근을 강타한 관동대지진으로 민심이 동요하자 민심을 수습하고자 조선인들이 우물에 독을 넣었다거나 방화를 일삼는다는 유언비어를 퍼뜨려 적어도 조선인 6,000명이 희생되었는데) "그때 박춘금은 상애회 회원 300명을 동원하여 '노동봉사대'를 조직해 조선인 희생자의 시체 처리와 복구 사업을 자청했다"고 썼습니다.[28]

박춘금의 요구 – 평등

박춘금은 이러한 복구사업에 대한 공로를 인정받아 상애회 본부 사무실을 넓히고, 급기야 일본 중의원 선거에서 조선인 최초로 당선되었을 뿐만 아니라 연임에도 성공했습니다. 중의원으로 정치 일선에 서자 조선인의 참정권 요구와 처우개선을 일관되게 요구했습니다.[29] '조선 출생 일본인'을 자처하면서 조선통치의 실패를 신랄하게 비판하였습니다. "조선총독부가 자랑하는 조선의 경제성장은

---

28) 정운현, 『친일파의 한국현대사』, 인문서원, 2016, 104,105쪽.
29) 반민족연구소 엮음, 『친일파99인-2』, 62~64쪽.

단지 내지자본의 침입에 불과하다. 빈곤자는 줄지 않고, 매년 아사자(餓死者)와 동사자(凍死者)가 발생한다. 조선인의 교육도 일본어를 학습하는 데 그치고 교육을 위한 교육이 아니다." 그는 조선인이 요구하는 것은 '독립'이나 '자치'가 아니라 '일본인과의 평등'이라고 강조하였습니다.[30]

조선총독부 관리들에게는 1880년대 중반 영국 의회에서 캐스팅 보트(casting vote)를 장악하고 전횡을 일삼던 아일랜드의 '자치당(Home Rule Party)' 사례가 부담이었답니다. 1875년 찰스 스튜어트 파넬(Charles Stuart Panel)이 아일랜드의 '자치당' 후보로 당선되어 영국 의회에 진출합니다. 그는 영국 하원의 중론보다는 아일랜드 민심에 민감하였습니다. 영국정부와 의회로부터 아일랜드에 대한 관심을 끌어내고자 캐스팅 보트를 마구 행사했고, 하원을 마비시키는 영향력을 발휘합니다. 1885년에는 보수당과 연대하여 자유당 정권을 무너뜨렸고, 1886년에는 거꾸로 자유당과 손잡고 보수당 정권을 무너뜨린 식입니다. 그가 활약하던 시기가 일본 의회정치가 막 시작하던 때였으므로 파넬의 종횡무진이 일본 정치가들의 머리에 깊이 각인되었답니다. 조선인 의원들이 제국의회에서 캐스팅 보트를 행사할 수 있지 않을까 하는 걱정이 일본 정계에도 있었답니다.[31]

박춘금의 의정활동

1930년대 박춘금의 의정활동은 징병제, 참정권, 의무교육에 집중되었습니다. 1920년대 국민협회가 제기한 '참정권'을 병역의무와 연계해서 공론화를 주도했고, 1937년경에는 자주 경성을 방문하여 '협

---

30) 朴春琴, 『我等の國家新日本』, 朴春琴事務所, 1930. 정안기, 『충성과 반역』, 조갑제 닷컴, 2020, 189쪽 각주 93)에서 재인용.
31) 복거일, 『죽은 자들을 위한 변호, 21세기의 친일문제』, 들린아침, 2003, 116,117쪽.

력 엘리트'들과 함께 시국좌담회를 개최하고, 미나미 총독과 조선인
지원병제 시행을 논의하였습니다. 1938년 2월 육군특별지원병령 공
포 당시 "제도 실시가 소기의 성과를 달성해서 가까운 장래에 징병
령이 실시되기를 갈망한다"고 발언했습니다.[32]

　1939년 『모던 일본 조선판』의 「조선명인백인」 명단의 앞부분에
박춘금이 등장합니다. 선정 사유는 "조선 출신 최초이자 유일한 대
의사(代議士)로 유명. 당선 2회. 맨몸으로 내지에 건너간 지 30년 만
에 오늘을 이룸. 상애회(相愛會) 이사. 밀양 출신, 49세"라고 기록되
었습니다.[33] 『모던 일본 조선판』은 사회 지도층(opinion leader) 12명
으로부터 "1. 내지인이 알기 바라는 것, 2. 내지인에게 말하고 싶은
것, 3. 모던 일본에 대한 감상 및 희망"에 대한 의견을 받았습니다.
박춘금의 답은 이렇습니다.

　　"1,2를 함께 말하지요. 새삼스럽게 반도인 동포가 내지인에게 운
　　운하는 것은 생각하고 있지도 않고 또 말할 필요도 없습니다. 내선
　　융화의 시기는 지나고 현재는 내선일체의 시기입니다. 홋카이도 사
　　람이 혼슈 사람에 대해 알길 바란다던가, 말하고 싶다던가 하는 것
　　처럼 싱거운 일은 없는 것처럼 지금의 반도사람이 이와 동일한 경
　　우입니다. 3. 계속하여 만주판, 북지(北支), 중지(中支), 남지(南支)판
　　의 간행을 희망합니다."[34]

　1932년 총선거에 출마할 때는 1920년대 사이토 마코도(斎藤 実)
총독 시절의 문화정치 추진 인물들, 특히 3·1운동 이후 조선의 치

---

32) 정안기, 『충성과 반역』, 조갑제 닷컴, 2020, 190,191쪽.
33)　역자 윤서영·홍선영·김희정·박미경, 『일본잡지 모던일본과 조선 1939』,
　　493~500쪽, 513~514쪽.
34) 역자 윤서영·홍선영·김희정·박미경, 『일본잡지 모던일본과 조선 1939』, 226쪽.

안유지 담당자였던 마루야마 츠루키치(丸山鶴吉)의 지원을 받았습니다. 마루야마는 조선인의 공산주의화와 對日사상 악화를 막기 위하여는 조선인의 활동공간을 마련해 주어야 한다고 생각했습니다. "조선 출신 박춘금을 위해서만이 아니라, 이 한 사람을 당선시켜서 내선융화의 장래에 중대한 결과를 초래하여 조선통치에 밝은 전망을 부여하고자" 박춘금을 적극 응원했지요.[35] 박춘금의 지역구에는 하층노동자가 다수였습니다. 조선인 유권자는 유권자 총수의 1.5%에 불과했습니다. 박춘금은 유효표의 10.2%를 획득하여 당선됩니다.

제1기 의원 임기는 1932년부터 1936년까지 4년이었습니다. 의회의 본회의, 위원회 심의를 합하여 박춘금은 14회 발언하였습니다. 저임금의 조선인 노동자를 만주 이민의 선봉으로 삼자고도 하고, 쇼와(昭和) 공황 시기의 쌀값 하락으로 등장한 '조선 쌀 수입제한론'에도 반대합니다. 참정권을 주장하던 국민협회와 연대하여 중의원 선거법을 조선에도 시행할 것, 지원병 제도의 조선 도입을 주장하였습니다.[36]

1936년 총선거에서 박춘금은 조선총독부의 지원을 받지 못하였고, 마루야마와 사이토 전 총독이 모두 선거 숙정운동(肅正運動)에 분주하여 전혀 힘이 되지 못하였습니다. 박춘금의 1932년 중의원 당선은 국내 신문에서 보도하였으나 의정활동은 별로 주목을 받지 못하였습니다. 특히 「동아일보」, 「조선일보」는 거의 외면하였고, 결국 득표율이 7.0%로 떨어져 당선권에 들지 못하였습니다. 1937년 3

---

35) 마츠다 도시히코(松田利彦) 저·김인덕 역, 『일제시기 참정권 문제와 조선인』, 국학자료원, 2004, 98,99쪽.

36) 마츠다 도시히코(松田利彦)저·김인덕 역, 『일제시기 참정권 문제와 조선인』, 101,102쪽.

월 의회가 갑자기 해산되어 다시 박춘금에게 기회가 왔습니다. 박
춘금은 선거구 택시 회사 사장이나 구의원 등 지역명사들의 득표능
력에 의존하며, 의원직을 이용하여 사리를 취하는 기성 의원들의
행태를 성토하고, 중국에 대한 강경책을 주문하는 과격한 발언으로
득표율 10.8%로 다시 당선되었습니다. 그는 1937년부터 1942년까지
5년 동안 의회 및 위원회에서 24회 발언하는 적극적인 의정활동을
보여주었습니다. 在朝 일본인의 참정권 요구를 전면에 내세우고,
1938년 시행된 조선인 지원병제를 높게 평가했습니다.[37]

박춘금의 두 얼굴

박춘금은 「동아일보」가 모금한 재일동포 위문금을 내놓으라며,
일본인 노동자 복장인 핫피(法被) 차림으로 폭력배를 이끌고 여러
번 동아일보사를 찾아가 행패를 부렸습니다. 자신의 '상애회'가 재
일동포 노동자 조직이므로 위문금 수령권이 있다는 주장이었지요.
1924년 「동아일보」는 총독부가 개입하여 만든 친일단체 연합조직 '각
파유지연맹(各派有志聯盟)'을 공격하는 사설을 내보냅니다. "관변단
체인 유지연맹의 강령은 세상의 이목을 기만하려는 데에 불과하다.
그 도배(徒輩)들의 과거 경력을 보라 … 이런 것들은 조선의 독립운
동의 기세를 꺾기 위한 것이다." 박춘금은 각파유지연맹의 주요 멤
버였습니다. 그날 밤 「동아일보」 사장 송진우와 김성수는 박춘금
패거리로부터 폭행을 당하였습니다. 송진우는 박춘금에게 사과문
을, 김성수는 위자료를 주겠다는 각서를 써야 했습니다. 총독부 기
관지 「매일신보」가 이를 흘렸더니, 「동아일보」 편집국장은 친일폭
력배에게 굴복한 사장 송진우의 인책을 요구합니다. 이 사건으로

---

37) 마츠다 도시히코(松田利彦) 저·김인덕 역, 『일제시기 참정권 문제와 조선인』,
　　103~106쪽.

동아일보사는 상당 기간 기능이 마비되다시피 했답니다.38)

　박춘금은 세련되지 않고 불량합니다. 독특하게도 시종일관 지역구의 일본인 표에 의존하였습니다. 식민지 2등 국민이 식민지 본국에서 보통선거를 통하여 중의원에 2회 당선되어 9년간 의정활동에 주력하고, 그 사이 식민지인에게 대한 차별을 공격하고 참정권 획득의 전제로서 병역의무를 이행하겠다고 목소리를 높였습니다. 건국 이후 80년 가까이 지난 지금, 우리사회는 그의 독특한 이력을 그 자체로서 평가하고 이를 공동체의 자산(資産)으로 품을 여유가 없는 것일까요?

다시 친일파 만들기 - 친일반민족행위진상규명위원회

덕수궁 박래현 미술전에서

　몇 년 전 교가(校歌)의 작곡가·작사가가 친일파라고 전국적으로 수선을 떨었습니다. 명문 광주일고도 교가를 바꾸었답니다. 광주일고 옛 교가의 작곡가·작사가는 아마 당대 최고의 예술가였을 것입니다. 그 시절, 명문교의 교사(敎史)에도 분칠을 하는 추태가 벌어졌습니다. 해방 전 일본인 교장·교감을 교사에서 지웠다고 TV 뉴스에서 소개하더군요. 근대화를 거부하고 식민사회에서 벗어나지 못하는 중세지향(中世志向)의 단면입니다.

　덕수궁은 산책하기에 맞춤한 공간입니다. 강북에서 약속이 있는 날은 광화문 부근을 어슬렁대다가 여유가 있으면 덕수궁에도 들어갑니다. 대한제국을 선포한 1897년, 영국인 재정고문 브라운(John

McLeavy Brown)은 덕수궁에 들어 설 새로운 건축물을 제안합니다. 그렇게 설계를 시작하여 1910년 12월 1일 완공한 최초의 서양식 건물이 석조전입니다. 1930년 일제는 덕수궁을 공원으로 꾸미면서 석조전 옆에 서관을 지어 '이왕가미술관'을 만들었습니다. 지금은 '국립현대미술관 덕수궁분관'으로 쓰이는 공간입니다.39) 전국이 친일파 교가로 몸살을 앓을 무렵, 국립현대미술관 덕수궁분관에서는 화가 박래현의 전시회가 열렸습니다. "탄생 100주년의 기념: 박래현, 삼중통역자", 박래현은 듣지 못하고, 말하지 못하는 김기창 화백의 반려였습니다. 김기창과 세상 사이의 가교였다고 해서 '삼중통역자'라고 했답니다.

전시관 입구에 1943년 '제22회 조선미술전람회' 최고상 수상작인 「화장」이 걸렸습니다. 화장대 앞에서 단장을 하고 있는 작품 「화장」의 주인공은 일본풍이 물씬한 기모노 차림입니다. 얼른 둘러보니 옆에는 한복의 어깨선이 완연한 여인을 그린 작품도 있고, 중국옷을 입은 여인을 그린 작품도 걸렸습니다. 일본풍이 희석된 듯해 가슴을 쓸어내렸습니다.

1913년생 김기창 화백은 「일제강점하 반민족행위 진상규명에 관한 특별법」 제2조 제13호에 해당하는 친일반민족행위자입니다('사회·문화 기관이나 단체를 통하여 일본제국주의의 내선융화 또는 황민화운동을 적극 주도함으로써 일본제국주의의 식민통치 및 침략전쟁에 적극 협력한 행위'). 1937년부터 1940년까지 4년 연속 조선미술전람회에서 특선을 하여 추천작가가 되었는데, 이후 일제 군국주의에 동조하고 총독부 전시체제와 문예정책에 협조했다는 혐의입니다. 2001년 세상을 뜬 후 2009년 민족문제연구소의 「친일인명사전」에 먼저 등재

---

39) 「조선일보」, 2020. 12. 24. "숨어있는 세계사 덕수궁 석조전"

되었고, 「일제강점하 반민족행위 진상규명에 관한 특별법」이 시행되면서 친일반민족행위자의 낙인이 찍혔습니다. 인터넷을 검색하면 "친일화가 선두주자인 김은호의 제자이다, 친일을 반성하고 은둔하지 않았다, 친일의 행적을 감추고 만원지폐의 세종대왕, 김정호, 을지문덕의 영정제작까지 꿰차고 미술계를 휘둘렀다, 자신의 행적이 밝혀지자 변명으로 일관했다"는 등의 비판을 무더기로 만날 수 있습니다.[40] 한편으로는 박래현이야 말로 대표적인 친일화가인데, 왜 기준이 그 모양이냐는 지적도 보입니다.

일제시대의 행적을 오늘의 시각으로 뒤지면 어느 국내 거주 엘리트가 친일시비에서 자유로울까요? 누가 친일행적이 심했고, 누가 덜했다, 누구는 빼야 하고 누구는 집어넣어야 한다는 논의는 참으로 퇴영적입니다. 도대체 기준이 무엇이고, 심사의 주체는 누구인가요? 국가기관이 나서서, 민간 연구자들이 주관적 기준으로 만든 「친일인명사전」을 준거로 '친일반민족행위'의 낙인을 찍겠다면, 그런 국가사업에는 결코 동의하지 않습니다. 국민 일부를 '소급적으로' 적대시하는 그런 사업은 공공에서는 '금기'여야 합니다. 지금의 친일이 당시에는 '다수 국민이 동의하는' 일상이었을 수 있기 때문에, 그러한 낙인찍기에는 엉뚱한 피해자가 생길 수밖에 없기 때문에, 그러한 낙인찍기는 파렴치한 국가폭력이 될 수 있기 때문에 반대하는 것입니다.

친일반민족행위진상규명위원회

제헌헌법이 전제로 한 소급입법은 나쁜 선례가 되었습니다. 4·19

---

40) 「한겨레 온」 입력 2015.08.10. 김미경 "주주통신원 서울숲에서 만난 친일화가 김기창"

학생 의거 이후 1960년 11월 29일 개정헌법의 부칙에서 부정선거 관련자와 반민주행위자의 공민권 제한과 부정축재자를 처벌하기 위한 소급법을 인정했고,[41] 5·16 혁명 이후 1963년 12월 17일 시행된 전부개정 헌법에서도 부칙 4조를 통해 그 소급법의 효력이 지속하는 것으로 규정했습니다.[42]

2005년 1월 27일 「일제강점하 반민족행위 진상규명에 관한 특별법」(반민족규명법)이 시행되었습니다. "일본제국주의의 국권침탈이 시작된 러·일전쟁 개전시부터 1945년 8월 15일까지 일본제국주의를 위하여 행한 친일반민족행위의 진상을 규명하여 역사의 진실과 민족의 정통성을 확인하고 사회정의 구현에 이바지함을 목적"으로 하는 법입니다(제1조). 2005년 5월 31일 반민족규명법에 따라 대통령 직속 '친일반민족행위진상규명위원회'가 설립되고 그 위원장을 강만길 교수가 맡았습니다. 강만길 위원장은 의병 투쟁, 항일무력항쟁에 대단한 가치를 두는 인물입니다.

41) 이 헌법 시행당시의 국회는 단기 4293년 3월 15일에 실시된 대통령, 부통령선거에 관련하여 부정행위를 한 자와 그 부정행위에 항의하는 국민에 대하여 살상 기타의 부정행위를 한 자를 처벌 또는 단기 4293년 4월 26일 이전에 특정지위에 있음을 이용하여 현저한 반민주행위를 한 자의 공민권을 제한하기 위한 특별법을 제정할 수 있으며 단기 4293년 4월 26일 이전에 지위 또는 권력을 이용하여 부정한 방법으로 재산을 축적한 자에 대한 행정상 또는 형사상의 처리를 하기 위하여 특별법을 제정할 수 있다.<신설 1960. 11. 29.>
전항의 형사사건을 처리하기 위하여 특별재판소와 특별검찰부를 둘 수 있다.<신설 1960. 11. 29.>
전2항의 규정에 의한 특별법은 이를 제정한 후 다시 개정하지 못한다.<신설 1960. 11. 29.>
42) 부칙 제4조 ① 특수범죄처벌에관한특별법·부정선거관련자처벌법·정치활동정화법 및 부정축재처리법과 이에 관련되는 법률은 그 효력을 지속하며 이에 대하여 이의를 할 수 없다.
② 정치활동정화법 및 부정축재처리법과 이에 관련되는 법률은 이를 개폐할 수 없다.

강만길, 그가 세상을 보는 방식

" … 박정희 정부가 1965년에 처음으로 한일협정을 맺고 한일간의 국교를 열었을 때 의병전쟁은 안중에 없었습니다. … 일본이 태평양전쟁에서 패배했을 때 미국 중심의 연합국들은 … 우리 땅도 일제강점 아래에서의 주민들의 노예상태 운운하면서 패전한 일본영토에서 떼어내어 일정한 절차를 거쳐 독립시키기로 결정했습니다. 그것은 곧 연합국들이 일본의 우리 땅 지배를 침략으로 인정했기 때문이라 하겠습니다. 그런데도 박정희 정부는 한일협정 과정에서 그것을 밝히지 못하고 말았으며 일본에게서 받은 몇 억 달런가 하는 돈도 침략에 대한 배상금이 아닌 청구권이라고 했던 것입니다. … 일본이 우리 땅을 합병하려 할 때 그에 저항해 일어난 의병의 규모에 대해 우리 쪽 통계가 있는지 없는지 아직 발견하지 못했는데, 일본 침략군 쪽의 통계만으로도 16만명인가 되었고 그 중 전사자가 일본쪽 통계만으로도 3,4만명이나 되었습니다. 그 무렵 일본군이 강제로 해산시킨 대한제국의 군인이 불과 8천명 정도였는데 말입니다. …"[43)]

강만길 선생은 '카이로 선언'에서 한국을 언급한 부분을 지적하였습니다.

The aforesaid three great powers, mindful of the enslavement of the people of Korea, are determined that in due course Korea shall become free and independent(미국·영국·중국은 한국인의 노예상태에 유념하여 적절한 방식을 거쳐 한국을 독립하도록 한다).

'카이로 선언'이 말하는 한국인의 노예상태(enslavement)란 '정치적

43) 강만길, 『강만길의 역사인식』, 창비, 2016, 128~131쪽.

수사'로 이해하여야 합니다. U.N.인권보고관이 종군위안부를 성노예(sex slave)라고 표현한 것과도 약간 느낌이 다릅니다. '카이로 선언'에서 미국·영국·중국이 합의한 '한국의 독립'이란, 패전국 일본의 힘을 빼기 위한 조치였을 뿐 일본의 식민지 병합(annexation)에 대한 질타가 아닙니다. 아시아를 기준으로 하더라도, 당시 미국은 필리핀을 식민지로 두고 있었고, 중국은 여전히 (대만과) 한국을 속방(屬邦)으로 관리하고자 하였고, 영국은 인도와 싱가폴을 식민지로 경영하였습니다. 식민지를 확보한 강대국이 식민지 지배를 타도할 입장이 아니었습니다.

헌병보조원이 된 의병

1907년 대한제국 시절의 군대 해산을 기점으로, 해산된 군인들이 가세하면서 의병의 저항이 강해졌습니다. 1907년 11월에는 '13도 창의군(倡義軍)'이 결성되어 1908년 1월 서울 진공작전을 시도합니다. 1909년 9월경 일본이 '남한 폭도 대토벌작전'을 전개함에 따라 의병의 피해는 처참하였습니다. 1907년 이후 의병 전사자를 1만8천명에 달하였다고도 하고, 1만 5천 명이라고도 하는 등 통계는 들쑥날쑥합니다. 한국 통감에게는 한국주차군에 대한 통솔권이 있었으나 일본 육군은 문관에 대한 거부감이 강했습니다. 의병에 대한 한국주차군의 무자비한 진압과 이에 대한 국내외 반응도 이토 히로부미에게는 부담이었습니다.

이토 히로부미는 한국 주재 일본 경찰을 중심으로 한국의 경찰을 통일하는 방안과 한국주차헌병대를 강화하는 방안을 저울질하다가, 결국 한국주차헌병대의 강화에 방점을 찍었습니다. 1907년 10월 '한국에 주차하는 헌병에 관한 건'이 공포됩니다. 의병 진압을 목적으로 헌병의 역할을 키우자는 취지입니다. 1908년 6월 11일 칙령(勅令) 제31호, 〈폭도 진압 및 안녕질서 유지를 위하여 헌병보조원을 모집, 경성 주재 일본 헌병대에 의탁하는 안건〉이 반포되고, 다음 날인 1908년 6월 12일 '헌병보조원 모집에 관한 칙령 공포건'을 공포합니다. 통감부는 의병들의 귀순을 권고하고, 해산군인이나 면직 경찰관을 헌병보조원으로 채용하면 효율적인 의병대책이 될 것으로 예상했습니다.

실제로 '헌병보조원' 모집에는 통감부가 기대한 그대로 해산군인과 의병 귀순자가 속속 지원했고, 헌병보조원 4,605명을 채용함으로써 한국주차헌병대의 병력이 일시에 3배로 늘었습니다. 경찰기구의 확대 대신 '헌병보조원'을 신설하여 의병 진압에 대처하려는 계획은 성공한 셈입니다. 헌병보조원의 신분은 '군속'으로 시작하였으나 이후 일본 육군 병졸로 포섭되었습니다.[44) 헌병보조원의 활용은 이후 식민지정책으로 굳었습니다. 1917년 1월 25일자「매일신보」는 "춘천 헌병분대에서는 오는 4월 1일에 당청에 헌병보조원 채용시험을 행한다는데 당일로 합격 가부를 발표한다 하며 금번 시험은 대단 간이한 모양이오, 학술보다 품행을 중히한다더라"는 기사를 실었습니다.

국가공인 '친일반민족행위자'가 된 대한민국 엘리트

대한민국의 건설에는―세월이 흘러 '친일반민족행위자'로 공인된―'협력 엘리트'의 역량이 결정적이었습니다. 식민지 시대의 무장항쟁을 과장하는 이들은 '북한은 친일파를 척결했다'는 막연한 희망을 품고 있습니다. 그러나 35년 식민지 경험이 북한을 비껴갔을 리가 없습니다. 김일성 일파는 철수하는 일본인 기술 엘리트들에게 좋은

---

44) 윤해동, 『식민국가와 대칭국가』, 소명출판, 2022, 202~204쪽.

대우를 보장하고 그들의 바지춤을 잡았습니다. 그래서 흥남질소비료공장이 그대로 돌아갔고, 함흥공과대학이 개교할 수 있었습니다. 북한의 국가 심볼(國章) 중심에 버티고 있는 압록강 수풍댐은 어떤 의미일까요? 압록강 수풍댐은 온전히 일본의 기술과 일본의 자본으로 건조된 대표적 식민지 유산입니다. 압록강 수풍댐을 국장의 중심으로 한 분위기에서 북한이 친일파를 청산했을 수가 없습니다. 어느 탈북자는 집안에 지주의 사위가 된 경성제대 출신 아저씨가 있었는데, 당에서 이혼을 시키고 모스크바 유학을 보냈다고 했습니다. 그들 식의 국가건설을 위해서는 그랬을 법합니다.

북한은 조선총독부의 각종 통제 혹은 인·허가정책, 특히 그 핵심 친일잔재라고 할 수 있는 공출·배급제도 인적 물적·동원정책을 그대로 답습했습니다.[45] 북한에서 청산 대상은, 친일잔재가 아니라, 김일성 신화 조작에 방해되는 혁명동지들이었습니다. 박헌영, 김원봉 등 그 수는 셀 수 없이 많습니다.

북한의 국장(國章)

---

45) 이대근, 『귀속재산연구─식민지 유산과 한국경제의 진로』, 이숲, 2015, 463쪽.

중국에서도 수많은 일본인 엘리트들을 전후 부흥계획을 위해 주저앉혔습니다(중국에 남아 활용되었다고 하여 '유용留用'이라 합니다). 국민당은, 관동군과 함께 만주국 건설의 기획·입안을 총괄한 만철(滿鐵, 남만주철도주식회사) 엘리트의 협력이 간절했습니다. 그래서 만철 엘리트들이 전후 동북지방에 진주한 국민당군 아래서 전후 부흥에 협력하게 되었습니다. 국민당 경제 담당 장공권(將公權)은 만철의 싱크탱크인 '조사부' 요원을 대폭 활용했습니다. 국공내전의 격화로 국민당군이 동북지방에서 철수하면서 자료가 흩어졌으나, 일부는 '장궁쿠안 문서'로서 스탠포드 대학 후버연구소에 남아 있답니다. 만철 중앙시험소 과학자들도 마찬가지였습니다. 소련군의 접수와 국공내전 와중에서도 중앙시험소를 유지했던 일본인 과학자들은 대개 귀환선으로 귀국했지만, 1949년 이후에도 모택동 정권의 요청에 응해 사회주의 건설에 협력한 과학자가 적지 않았습니다. 1937년 이후 동북지역에서 일제 홍보에 앞장섰던 만영(滿影, 주식회사 남만주영화협회)도 비슷했습니다. 만영의 관계자 중에 꽤 많은 수가 전후 중국 영화계에서 일했고, 일부는 팔로군(八路軍) 쪽에서 영화 제작에 협력했습니다.[46]

흥남질소비료공장의 기술진, 만철의 과학자, 만영의 예술가들은 세상의 변화에 따라 과거의 적국에 협력했습니다. 대한민국의 협력 엘리트들은 '새로운 국가건설'에 힘을 보탰을 뿐입니다. 그리고 국가공인 '친일반민족행위자'가 되었습니다.

46) 고바야시 히데오, 『만철』, 산처럼, 2002, 226~228쪽.

인촌 김성수, 그 남자의 일생

1955년 2월 24일 인촌의 장례는 '국민장'으로 거행되었습니다. 1962년 언론·교육 분야 공로로 건국공로훈장 복장(複章, 현재의 대통령장)이 추서되었습니다. 그리고 세월이 흘렀습니다. 2009년 '친일반민족행위진상규명위원회'는 인촌을 「일제강점하 반민족행위 진상규명에 관한 특별법」 제2조 제11호·제13호·제17호에 해당되는 '친일반민족행위자'라 했습니다. 후손과 인촌기념회가 '친일반민족행위 결정처분 취소 청구소송'을 냈으나 2017년 4월 13일 대법원이 청구를 기각합니다.[47] 2018년 2월 13일 국무회의는 서훈 이후 56년 만에 인촌의 서훈 취소를 결정했습니다. 그와 몸을 부딪치며, 그와 숨을 섞으며, 그와 함께 부대끼던 당대의 판단을, 두 세대가 지나 과거를 재단(裁斷)하는 법을 만들어 뒤집었습니다. 입법부는 물론이지만, 법원도 국무회의도 반동이고 파렴치했습니다.

일제 말 총동원체제에서 학도지원병·징병제 참여를 독려하는 글을 쓰고 연설을 했고, 친일단체에 이름을 올렸으니 그것이 反민족행위랍니다. 일제시대 조선의 지도층은 총독부 정책당국과 혹은 연대하고 혹은 협조하고 혹은 반목하면서 실력을 양성하고자 했습니다. 패전이 다가오면서 그들의 행동반경이나 운신의 폭은 대단히 제한적이었겠지요. 국방은 납세와 함께 시민권의 전제였고, 그들은 국방의무에 부합하는 정치적 자유를 요구하고 있었습니다.

인촌의 일생은 한국 근대화의 역사 그 자체입니다.[48] 그 스스로 "조선의 후쿠자와 유키치(福澤諭吉)가 되고자 노력한다"고 했습니다.

---

47) 대법원 2017. 4. 13. 선고 16두346 판결.
48) 이하 내용은 대체로, 金文学, 『祖國の英雄を「賣國奴」と斷罪する哀れな韓國人』, ビジネス社, 2021, 152~168쪽을 요약한 것입니다.

전북 고창, 자신이 태어난 마을 '仁村'을 아호로 했답니다. 1906년 16세에 동향 친구 송진우와 함께 밀항선을 탔고, 5살 터울의 동생 김연수도 유학하도록 했습니다. 인촌은 와세다대학에서 정치경제학을 전공하고, 동생 김연수는 교토제국대학에서 경제학을 전공했지요. 1914년 와세다대학을 졸업할 때까지 6년간의 일본 유학을 통해 일본의 근대화에서 크게 영향을 받았습니다.

교육자 김성수

인촌은 조선으로 돌아와 '중앙학교'로부터 학교 재건 의뢰를 받고 1915년 중앙학교를 인수했습니다. 그는 대학교육이 근대화에 필수적이라는 사실을 체험으로 알고 있었고, 1920년대 초 '민립대학설립운동'도 지지하였습니다. 1932년 보성전문학교를 인수함으로써 숙원이었던 고등교육기관 설립의 꿈을 이루었는데, 보성전문학교는 1946년 8월 15일 美군정 학무국의 인가를 얻어 고려대학으로 승격합니다. 동경 유학시절부터 친교를 맺은 교육가 현상윤에게 초대 학장을 맡겼습니다.

사업가 김성수

인촌은 일본 유학 시절의 친구 이강현의 제안으로 1919년 경성방직주식회사를 설립합니다. 김성수·김연수 형제에 의한 '경방재벌' 탄생의 서막이었습니다. 만주에도 대규모 방직공장을 설립하고, 오사카·북경·중국내륙에까지 영업소를 두었습니다. 1945년 무렵 경방은 면직물공장, 평양·황해도의 조면(繰綿)공장, 영등포 방직공장, 시흥의 표백·염색공장, 쌍림동 의류공장을 포괄하는 종합 섬유메카로 발전했습니다. 양평동 고무제품공장(京城織紐)과 의정부 견사

(絹絲)·견포(絹布)공장도 인수하였습니다. 인촌은 김연수가 학업을
마치고 돌아오자 사업을 동생에게 일임하고 문화사업에 전념합니
다. 김연수는 부동산개발, 운송, 조선, 항공기 제작, 중화학공업, 철
도 등으로 신명나게 사업을 확장했습니다.

「동아일보」의 창간

　무엇보다 중요한 인촌의 업적은 문화 내셔널리즘운동이고, 그 중
심에 「동아일보」의 창간이 있습니다. 인촌은 '東亞', 즉 '東아시아'라
는 제호의 의미를 이렇게 말했습니다. "민족의 시야를 세계로 확대
해서, 일본과 조선이 대등하게 東亞의 일원이라고 하는 의미를 강
조하여야 했다. 아시아를 대표하는 신문이 되고자." 1920년 발기인
총회를 열고, 전국에서 모인 78인의 발기인이 인촌을 대표로 선출
하여, 주식회사 「동아일보」 인가를 신청하였습니다. 3·1 운동 1주
년에 맞추어 창간하고자 했으나 한 달 늦은 4월 1일 창간하게 됩니
다. 인촌이 이사장을, 박영효가 사장을 맡았습니다. 1923년 5월에는
이광수가 편집국장으로 왔고, 일본 식민지 지배체제 아래에서의 '개
량주의', '온건한 내셔널리즘'을 표방하였습니다.

　인촌은 「동아일보」를 토대로 하여 '민립대학설립운동'과 '한글추
진운동'을 주도하고, 조선민족의 문화운동을 전개하였습니다. 이후
1931년에 월간 『신동아』, 1933년에 월간 『신가정』을 창간하고 이들
다양한 매체를 활용하여 문화운동을 강화하였습니다. 1936년 8월 9
일 『동아일보』 스포츠 기자 이길용의 주도로, 화가 이상범·서영범
이 함께한 손기정 선수 일장기 말소 사건은 경영진을 혼비백산하게
했습니다. 인촌은 '지각없는 행동'이라고 개탄하고, 송진우는 '성냥
개비로 고루거각(高樓巨閣)을 태워 날렸다'며 낙담했습니다. 인촌과

송진우에게 「동아일보」는 민족문화운동을 통해 조선독립의 '실력' 을 배양하는 데 엄청난 무기였습니다. 그런데 국체(國體)를 대표한 다는 국가의 상징을 건드렸으니 폐간으로까지 사태가 악화될까 긴 장했겠지요. 이길용 기자가 독자 행동을 주장하며, 일장기가 너무 선명해서 조금 흐리게 하려 했을 뿐이라고 우겼습니다. 다행히 「동 아일보」는 폐간을 피할 수 있었으나, 네 번째 무기정간 처분을 받아 279일간 문을 닫았습니다. 회사는 사장 등 13명을 해고·정직하여야 했는데, 이길용 기자는 40일간 구속되었고, 사회부장 현진건은 1년 실형 선고를 받고 복역하였다고 합니다.[49]

인촌은 무장 독립운동가가 아니었습니다. 문화 내셔널리스트로서 오히려 무장항쟁운동의 반대쪽에 있던 인물입니다. 그러함에도 한 때 강성 사회주의자였던 팔봉 김기진(八峰 金基鎭)이 털어놓은 회고 는 흥미롭습니다. 1926년 늦은 가을밤 사회주의 동지와 함께 인촌 을 찾아 블라디보스톡行 도피 자금을 청하였더니, 금고를 열고 자 리를 피해 주더랍니다.

> "공산당원이거나 민족사상 운동 혹은 직접 행동을 음모하다가 붙 들려 갔든지 서대문감옥소에 들어가게 된 사람, 혹은 감옥에 들어가 병보석으로 나와 있는 사람으로서, 만주나 노령으로 망명하고 싶을 때 인촌선생한테서 돈을 얻어 가지 않은 사람은 한 사람도 없을 것 이라고 나는 추상하고 있다. 대관절 민족주의 사상가였던 인촌선생 으로서 공산당이나 무정부주의 운동가에게 아무 차별없이 삼백원, 오백원씩 손만 벌리면 선뜻 내 준다는 일이 용이한 일이냐? … 주의 와 사상은 자기와 다르지만은 일제의 쇠사슬을 끊어 버리려는 목표 에는 일치하는 까닭에 인촌선생은 그들을 도와 주었을 뿐이라고, 그 때나 지금이나 나는 이렇게 생각하고 있다.

---

49) 고려대학교 민족문제연구소, 『고려대학의 사람들 ③ 김성수』, 1986, 122쪽.

　　인촌선생은 자기의 재물을 아끼지 않고 일신의 영예와 안일을 탐
하지 않고 오직 민족의 장래를 위하여 봉사하였는데, 그 봉사하는
방법이 가장 민주적, 철학적 방법이었다."[50]

야당을 건설하다

　　인촌은 대한민국 건국에 크게 공헌했습니다. 1945년 8월 15일 해
방 후 정계는 우파와 좌파로 대립이 격화되고 혼란하였습니다. 인
촌은 송진우와 함께 한국민주당(한민당)을 결성합니다. 한민당 결성
은 송진우가 공산주의자에게 암살되는 계기가 되었습니다. 직접 나
서기를 꺼리던 인촌이 송진우 대신 당을 맡으면서 1946년부터 본격
적으로 건국운동에 몸을 던졌습니다. 인촌은 김구, 이승만과 함께
大정당을 창당하려고 했으나 결국 이들과 결별하였습니다. 1948년
5월 10일 초대 국회의원 선거에서 한민당은, 이승만계 대한독립촉
성국민회의 의석수에도 무소속 의석수에도 미치지 못했습니다. 대
통령제와 의원내각제를 두고도 이승만과 한민당은 대립하였습니다.

　　대한민국 정부 수립 후 인촌은 이승만의 고집에 맞섰고, 1951년
국회는 초대 부통령 이시영의 사임으로 공석이 된 부통령에 인촌을
선출하였으나 인촌은 수락하지 않았습니다. 그는 '후쿠자와 유키치'
와 같은 교육계몽가로서의 사명감에 더 무게를 두었으나, 주위의
강권을 뿌리치지 못하고 부통령에 취임하였습니다. 이제 부통령으
로서 정치를 개량하고자 더욱 노력하게 되었습니다.

　　1952년 5월 건강 악화로 부통령을 사임하고, 정치 일선에서 물러
났습니다. 그러나 자유민주주의 체제 확립을 향한 강한 신념을 가진

50) 「사상계」 1961. 2, 고려대학교 민족문제연구소, 『고려대학의 사람들 ③ 김성수』,
　　1986, 178쪽에서 재인용.

인촌은, 反이승만 세력을 규합하여 新정당을 창건하고자 노력하던 중 1955년 2월 18일 뜻을 이루지 못하고 눈을 감았습니다. 인촌이 세상을 뜬 후 1955년 9월 그의 뜻을 이은 민주당이 탄생했습니다.

미술계의 친일파 만들기 - 月田 장우성(張遇聖)

월전(月田)과 이천시립월전미술관

이천에 월전미술관이 있습니다. 공식명칭은 '이천시립월전미술관', 월전문화재단이 위탁운영 중입니다. 이천시립월전미술관 홈페이지에서는, 경복궁 옆 팔판동에 있던 월전의 미술관을 2007년 확대한 미술관이라고 설명합니다. 조선시대 판서 8명이 살던 동네라는 팔판동(八判洞) 미술관터는 현재 삼청동에 편입되었습니다. 월전 장우성 선생의 모든 작품과 소장품은 '이천시립월전미술관'에 있습니다. 정성이 잔뜩 묻어나는 미술관 건물까지 함께 이천시에 넘겼습니다. 월전의 유족은 서울 삼청동의 알토란같은 월전미술관 대지 500평, 전시 공간, 부속 6층 건물까지도 오래전 이천시에 '기부채납(寄附採納)'하였답니다. 금액으로는 산정할 수도 없는 문화재이자 예술가의 영혼이고 보금자리였을 텐데요.

월전은 1971년 '예술원상', 1972년 '5·16 민족상'을 수상하고, 1976년 '은관문화훈장', 2000년 김대중 대통령 시절 '금관문화훈장'을 받았습니다. 충무공 이순신, 유관순, 윤봉길, 강감찬 등 일곱 분의 국가표준영정을 그렸고, 국회의사당에 걸린 「백두산천지도」의 작가이기도 합니다. 충무공 이순신 영정은 1973년 '표준 영정' 제1호로 지정되었습니다. 100원 주화의 이순신도 표준영정이 바탕이 되었습니다.

2021년 11월 27일자 「조선일보」 기사입니다.

"대한민국 표준영정 1호 '충무공 이순신 영정' 교체를 위해 문화
재청이 사전 작업에 착수한 것으로 26일 확인됐다. 그림을 그린 동
양화가 월전 장우성(1912~2005)의 친일(親日) 행적 시비 등으로 교
체 요구가 잇따라 제기되자 최근 후속 표준영정 제작을 위한 대국
민 선호도 조사에 나선 것이다. 그러나 친일의 근거가 빈약하고, 표
준영정 지정·해제를 담당하는 문화체육관광부 산하 영정동상심의
위원회 결론조차 나지 않은 상황에서 정권 말기에 서둘러 절차를
진행한 것이기에 논란이 예상된다."

집념의 표준영정 지정 철회 시도

대한민국 '문화재청'의 표준영정 철회 노력은 집요했습니다. 문화
재청은 2010년 문화체육관광부 소속 영정심의위원회에 충무공 표
준영정 지정 철회를 신청했으나 반려되었고, 2017년에도 신청하였
으나 반려되었습니다. 2019년 문체부 국정감사에서 민주당 김영주
의원이 지정철회와 영정심의위원회 규정 개선을 요구하자 2019년
12월 문화체육관광부는 규정에 '복식과 용모, 사회통념'을 추가하여
교체할 빌미를 마련합니다. 2020년 6월에는 생뚱맞게 현충사 관리
소가 '복식 고증 오류와 친일행적'을 이유로 문화체육관광부에 충무
공 표준영정 지정 철회를 신청했습니다.[51]

새삼 몇백 년 전의 복식을 시비하는 심사는 무엇인지, 도대체 현
충사 관리소까지 왜 나섰는지, 김옥균을 척살하겠다고 성공할 때까
지 바다 건너 자객을 보낸 고종의 멘탈리티(mentality)가 떠오릅니다.

---

51) 「KBS News」, 2020. 6. 24. 「앵커의 눈」 "대한민국 표준영정 1호 '이순신 영정'
    철거한다."

2021년 3월 1일 「KBS 뉴스」는 월전이 그린 표준영정 16호 '윤봉길 의사' 영정도 "친일화가가 그렸으므로 교체해야 한다는 주장이 나온다"며 바람을 잡았습니다. 이번에는 충남도의회 '친일잔재청산을 위한 특별위원회'가 나섰습니다. 특별위원회 면면을 보니 압도적으로 더불어민주당입니다(더불어민주당 8명, 정의당 1명, 국민의 힘 1명). 정권교체의 효과인지 아직 영정교체에 대해서 문체부는 '검토하고 있다'는 입장입니다. 그 사이 화가 많이 난 월전의 유족이 한국은행을 상대로 저작권 침해 소송을 제기했나 봅니다. 1973년부터 1993년까지 사용된 500원권 지폐와 현재 통용 중인 100원 동전에 사용된 이순신 장군의 표준영정이 저작권을 침해했다는 주장입니다. 2021년 10월 한국은행을 상대로 제소하여 1심이 진행 중이라는 소식이 2023년 2월 언론에 보도되었습니다.[52]

대단한 「친일인명사전」

친일시비의 근거는 2009년 '민족문제연구소'가 발간한 「친일인명사전」입니다. 월전이 조선총독부 주최 '조선미술전람회'(鮮展)에 4회 연속 특선을 해서 추천화가가 됐고, 1943년 '선전' 최고상을 받은 뒤 관례를 깨고 조선인으로서는 처음 수상자 대표 답사를 했으며, 1944년 군국주의 강조를 위한 '반도총후미술전'에 출품했다고 트집을 잡습니다.

2020년 7월 18일자 경향신문은 「친일인명사전」의 입장을 이렇게 전합니다.

---

52) 「한국경제」 2023.02.22. [단독] '친일논란' 작가 후손 "100원속 이순신 저작권료 달라" 소송

"장우성은 1944년 3월 결전(決戰)미술전 일본화부에 〈항마(降魔)〉라는 작품을 응모해 입선했다. 「친일인명사전」은 장우성의 1942년作 〈부동명왕(不動明王 · 일본 군국주의의 호국불)〉을 근거로, '항마'라는 작품에서 악마는 '귀축미영(鬼畜美英)', 즉 연합군을 가리키고 있다고 해석했다. 1943년 6월 16일 「매일신보」에는 조선미술전람회 시상식 기사가 실렸다. 여기에는 '동양화의 장우성 화백은 감격에 떨리는 목소리로 총후 국민예술 건설에 심혼을 경주하여 매진할 것을 굳게 다짐하는 답사를 했다'고 나와 있다."

오래전 월전은 자서전 『화맥인맥(畫脈人脈)』에서 경위를 밝혔습니다. 『화맥인맥』은 1981년 12월부터 5개월간 중앙일보에 101회 연재한 칼럼을 1983년경 중앙일보사가 단행본으로 묶은 자서전입니다.

『화맥인맥』에서 설명하는 선전(鮮展) 답사의 경위입니다.

"… 나는 41년 20회 鮮展부터 23회 鮮展까지 연 4회 특선으로 44년에 추천작가가 되었다. … 연 4회 특선자는 추천작가가 된다는 규정에 따라 44년 鮮展 개전(開展) 직후에 추천작가가 되었다는 통지를 받았다. … 44년 22회 鮮展때는 수상자 대표로 답사를 했다. 이때까지 한국인이 답사한 일이 없었는데, 그해에는 이상하게도 내게 그 책임이 떨어졌다. 전람회가 종반에 가까울 무렵 鮮展을 주관하던 조선총독부 사회교육과에서 내게 총독부에 나와 줄 것을 요청하는 통지서가 왔다. 무슨 일인가 싶어 지정한 시간에 들어가 봤더니 수상자 대표로 답사를 하라는 것이었다. 천만 뜻밖의 일이었다. 지금까지 鮮展에서 한국인이 수상자 대표 답사를 한 일이 없었는데 갑자기 내게 그 일이 맡겨지다니 …… 나는 일본말이 유창하지 못할 뿐 아니라 일본인 수상자도 많은데, 왜 하필 나에게 답사를 하라고 그러느냐고 사양했다. 그리고 일본말에 능숙한 鄭末朝를 대신 천거했지만 허사였다. 그런데 당장 내일 할 일을 놓고 오늘에야 통고를 하니 당황하지 않을 수 없는 노릇이었다. 하지만 연설을 하는 것도 아니고 서서 읽으면 되는 일이어서 '하겠다'고 하고 화실에 돌아와 원고를 쓰느라 진땀을 뺐다. 나는 장황하지 않게 '상을 주어서 고맙다, 앞으로 더욱 정진하겠다'는 내용으로 짤막한 답사를 만들었다 ..."(61,62쪽)

반도총후(銃後)미술전에 <不動明王>을 출품한 경위입니다.

"... 나도 여주에 소개(疏開)해 있으면서 銃後미술전에 작품을 내야했다. 여주까지 출품을 지시하는 통지가 왔기 때문이다. 이 전시회는 유난히 時局色을 강조하는 작품을 요구, 화가들이 어떤 그림을 그릴까 하고 부심하지 않을 수 없었다. 산수화를 그려도 군인들이 배낭을 짊어지고 걸어가는 모습을 넣어야 했고 農家의 사립문에도 日章旗를 꽂아야 하는 우스꽝스러운 일이 벌어졌다. 나는 그러한 연극이 싫어서 佛畫 <不動明王>을 그렸다. 不動明王은 大日如來가 일체의 악마·번뇌를 항복시키기 위해 변화하여 분노한 모습을 나타낸 그림인데, 오른손에는 降魔의 劍을 가지고 왼손에는 오라를 쥔 채 큰 불꽃 속에서 大日如來가 버티고 앉아있는 佛畫다. 한 60호쯤 되는 작품이었는데 여주에서 서울까지 운반이 문제였다. 그렇다고 버스에 실을 수도 없는 노릇이어서 서울로 짐을 싣고 오는 트럭 운전사에게 부탁해서 간신히 싣고 왔다. 그런데 운반 중에 뜻밖에 비가 많이 내려 그림이 엉망이 되었다. 서울에 도착, 종로 4가 제일극장 앞에 내려 玄艸(李惟台) 집으로 가지고 들어갔다. 펴보니까 비에 젖고 다른 짐에 눌려 도저히 그 작품을 그대로 출품할 수가 없었다. 나는 이 같은 사정을 글로 써서 출품 못하게 된 이유로 제시했다. ..."(81쪽)

월전의 한국화풍 개척

월전은 한국화에서 일본화풍을 배격하였다는 평가를 받습니다.

해방 5년 만에 처음 열린 「국전」의 출품작에 대하여 평론가 김용준은 신랄하게 작품의 왜색을 비판합니다. 그런데 월전은 긍정적인 평가를 받았습니다.

"... 이번 동양화의 장우성씨, 공예부의 김재석씨의 작품들은 일본색 배격의 좋은 역할을 담당하였다. 이 분들의 공로는 국어정화문제에서 소위 '우동'을 '가락국수'로 고치자는 이론과는 다르다. 진실로 보편성 있는 기법, 새로운 시야에서 요구되는 수법을 선택한 데서 비로소 일본색은 물러나갈 수 있다. 출품 중에는 아직 일본적 취미에서 헤매는 작가가 적지 않은데, 이 두 분의 노력은 全 회장의 공기를 점진적으로 민족미술의 길로 밝게 하고 있다. 장우성씨의 전통적인 골법용필(骨法用筆)과 현대적인 사실성은 이번 작품의 호, 불호를 불문하고 앞으로 조선화의 한 개 지표가 될 것이요, ..."53)

여주군사편찬위원회 간행 『여주군사(驪州郡史)』는 월전의 조부 만락헌(晩樂軒) 장석인이 '의암 문하에서 의병활동을 하다가 피신해 온 같은 연원(淵源)의 사우(士友)들을 많이 돌보아 주었다'고 기록합니다. '의암 유인석 막하(幕下)에서 중군장으로 활약하고 원주 전투에서 많은 공을 세'운 구한말의 의병 이병덕은 '지명수배자가 되어 여주군 흥천면 외사리의 만락헌 장석인 집에서 피신생활을 하였다고 전'하고, 이규헌도 '의병이 해체되자 변성명(變姓名)을 하고 만락헌 장석인을 찾아가 은거'하였다고 설명합니다.

친일파, 친일파, 친일파

생뚱맞은 친일시비가 있으면 흔히 '공과를 함께 보아야 한다'고

---

53) 『새한민보』, 1949. 12. 31. 간행, 3-23호(통권 61호)의 8,9쪽. 김용준, "國展의 현상과 희망", 『근대서지』 제9호, 소명출판, 2014, 705쪽에서 재인용.

변호합니다. 월전 사례는 공격 자체가 수준 이하라고 할까요, 법률가들이 '주장 자체로 말이 되지 않는다'고 반론하는 경우이지 싶습니다. 鮮展은 조선의 예술가가 기량을 뽐낼 수 있는 대표적 공공 전시회였을 테고, 탁월한 기량을 발휘하였으니 수상을 하고 추천작가가 되었을 것입니다. 조선인으로서 처음으로 수상소감을 하게 되었다면, 반가워할 일일지언정 탓할 사정이 아닙니다. 총독부기관지 「매일신보」의 기자가 '수상자가 감격하였다'고 하지 않고 달리 어떻게 기사를 쓸 수 있었을까요? 태평양전쟁으로 국민총동원령이 내려진 가운데, 조선의 유명 미술가가 총독부의 출품 요청을 받고 반도 총후미술전에 출품한 사정을 비난하는 태도 또한 가볍기 이를 데 없습니다(심지어 월전은 출품에 실패하였다고 했습니다). 왕조가 평화롭게 팔아넘긴 조선은 35년간 일본의 식민지로 살았습니다. 연합국이 일본의 교전상대국이었으니 '공적으로는' 조선의 교전상대국이기도 합니다.

해방 직후 미술계에서 친일시비가 적지 않았으나, 월전에 대한 비난을 알지 못합니다. '친일파 생산업계'의 대부 임종국이 1983년 『계간미술』에 발표한 <황국신민화 시절의 미술계>에도 월전은 포함되지 않았답니다. 그런데 2009년 과도하게 자유분방한 영혼들이 모인 '민족문제연구소'가 친일인사 4,389명의 명단과 행적을 발표합니다. 식민지 시절의 지식인을 망라하여 욕보이고는, 돌아서서 자기들끼리 악마의 미소를 날리지 싶습니다. 그 찬연한 명단이 준거가 되어 시민단체며 관변언론이 칼춤을 춥니다. 정부까지 '더불어' 죽창질을 해댔습니다.

백악관의 초상화

백악관 대통령 집무실(Oval Office)에는 4선 대통령 프랭클린 루스벨트의 초상화가 걸려 있습니다. 화가는 영국화가 프랭크 솔즈베리(Frank O. Salisbury · 1874~1962), 미국 대통령 초상을 영국 화가가 그렸다고 비판하면 루스벨트는 '예술에는 국경이 없다'고 했다지요. 그런데 솔즈베리는 이탈리아 독재자 무솔리니의 초상을 그린 그 솔즈베리입니다.54)

런던에 망명정부를 구성하고 스타일을 구겼던 드골은 2차 대전 종전 후 파리로 돌아와 가혹하게 '부역자' 색출에 나섭니다. 프랑스의 영혼에 상처를 냈다며 언론인·예술인들에게 더욱 가혹했습니다. 자신의 자존심에서 비롯된 감정적인 분풀이 성격도 무시할 수 없습니다. 그 드골式 분풀이를 맥락에 맞지 않게 우리사회가 흉내 냅니다. '반지성의 야만'이 넘쳐납니다.

그렇다면 손기정은 친일파?

서체(폰트)를 두고 저작권 분쟁이 빈발하면서 한국저작권위원회는 유명인의 서체를 제작하여 무료로 보급하는 사업을 하고 있습니다. 그동안 박경리, 임권택, 김훈 등 예술가들의 서체를 개발하였는데, 2022년 사업에서는 체육인 '손기정체'를 공표하였습니다. 실제로 손기정 선생은 한글·영문 글씨가 다 좋아서 서체 개발업체도 반가워했습니다. 손기정 선생은 양정학교를 나와 보성전문학교를 중퇴하고 메이지대학 법학과를 졸업하였습니다. 1936년 베를린올림픽에

---

54) 「조선일보」 2021. 9. 28. "우정아의 아트 스토리 [396]"

서 금메달을 땄으나 동경고등사범학교 입시에 낙방하였습니다. 진로 상담차 '인촌'을 찾았더니 보성전문학교 입학을 알선하였다고 합니다. 올림픽 금메달 수상자가 대학입시에서 아무런 혜택을 누리지 못하였던 호랑이 담배 피던 시절이었습니다.

손기정의 올림픽 마라톤 우승은 지구촌의 충격이었습니다. 히틀러의 선전장이었던 베를린올림픽에서는 하켄크로이츠(Hakenkreuz)가 스타디움을 뒤덮었고, 선수들도 관객들도 나치식 경례를 즐겼습니다. 히틀러가 아리안족의 우수성을 알리고자 맘먹고 공들인 올림픽이었지요. 그런데 식민지 조선사람 손기정이 우승하였으니, 윤치호는 "황인종의 자랑", "(백인종이 주장하는) 종(種)의 우월성을 타파했다"고 흥분했습니다.

지금도 베를린에는 손기정 선수의 올림픽 우승 기념비가 있습니다. 기념비의 영문표기는 "KITEI SON JAPAN", 1936년 당시 일본 국적이었던 '孫基禎'의 일본식 영어표기입니다. 1970년 8월 15일 대한민국 국회의원이 한밤중에 경기장에 잠입하여 도끼로 그 영문표기를 쪼아낸 사건이 있었습니다. 독일 정부는 한국 국회의원을 상대로 체포영장을 발부했으나 그는 이미 귀국行 비행기에 오른 이후였지요. 망가진 영문표기는 즉시 복원되었고, 그의 돌출행동은 한동안 언론을 도배했습니다. 당시 대한민국 언론의 논조는 대체로 그 국회의원의 애국심에 박수를 보냈던 듯합니다.

여기서 의문이 생깁니다. JAPAN 국적의 KITEI SON 선수는 '일장기'를 달고, 나치의 선전장인 베를린올림픽 경기장에서 뛰었습니다. 히틀러로부터 우승 기념 월계수도 직접 받았습니다. 심지어 히틀러는 마라톤 금메달리스트 KITEI SON 선수를 따로 불러 독대도 했답니다. 이쯤 되면 대단한 親日행적에 엄청난 親나치행적까지 더해졌습니다. 애국가를 작곡한 안익태에 대해서는 親日·親나치 행적을 시비하는 이들이 왜 손기정 선생에게는 대들지 않는가요?

이승만 초대 대통령이 설립한 인하대학교에는 우남로(雩南路)가 있었습니다. 교문에서 이승만 동상까지 연결되는 길에 이승만의 호를 붙였던 것이지요. 인천지역 운동꾼, 인하대 일부 교수와 학생들이 하와이 동포들의 성금으로 만든 이승만 동상에 밧줄을 걸고 쓰러뜨렸습니다. 길 이름이 '우남로'에서 '하이데거길'로 바뀌었습니다. 누군가가 철학자 하이데거의 나치 비호 사실을 지적하자 길이 이름을 잃었습니다. 길을 잃고 있는 대한민국에서, 그들이 손기정 선생께는 시비를 걸지 못하고 있으니 그나마 다행이라고 해야겠습니다.

너무나 합헌적인(?) 재산권 박탈

대한민국 임시정부는, 독립운동에 헌금하라고 누차 권유하여도 듣지 않는 '친일부호'는 죽여도 된다고 했습니다(「독립신문」 제43호, 1920년 2월 5일). 김원봉의 의열단도 '반민족적 토호열신(土豪劣紳)'을 죽여도 무방하다고 했습니다(七可殺). '임정순혈주의'를 추구하는 한국독립당의 정책은 "매국적(賣國賊)과 독립운동을 방해한 자를 징치하고 그 재산을 몰수하여 국영사업에 충용"하는 것이었습니다(당책 제26조). 조선공산당도 "일본제국주의자와 민족반역자의 토지를 몰수하고 인민위원회가 이것을 관리하여 농민에게 분배하는 것은 부르조아 민주주의 혁명을 완수하는 중심과제"라고 주장했습니다 (1945년 9월 20일字 '現정세와 우리의 임무')[55]

---

55) 이일영, 『건국사재인식』, 동문선, 2022, 228,229쪽.

2005년 12월 29일 발효한 「친일반민족행위자 재산의 국가귀속에 관한 특별법」(친일재산귀속법) 제3조는 "친일반민족행위자의 재산은 그 취득·증여 등 원인행위시에 이를 국가의 소유로 한다"고 규정합니다(이른바 '귀속조항'). 그런데, 우리 헌법은 소급입법에 의한 재산권 박탈을 금지하고 있습니다(헌법 제13조 제2항). 소급입법에 의한 재산권 박탈 금지는 근대헌법의 기본원리입니다.

해방 이후 60년이 흐른 후 당대의 판단을 알고 싶지 않은 외눈박이들이 모여 불량한 위원회를 구성하더니, 일제시대를 살아온 실력양성론자를 망라하여 친일반민족행위자로 낙인찍었습니다. 그 낙인을 금과옥조(金科玉條)로 삼아 그들 후손의 재산까지 박탈하겠다고 나섰습니다. '소급입법'에 의한 재산권 박탈입니다.

친일재산귀속법 제3조, 즉 '귀속조항'에 대하여 위헌시비가 벌어집니다(헌법재판소 2011. 3. 31. 자 2008헌바141 결정). 법정의견(다수의견)은 예외적인 경우에는 소급입법에 의한 기본권 제한도 허용되고, 헌법전문에서 (대한민국은) "3·1 운동으로 건립된 임시정부의 법통을 계승"한다고 선언하였으므로 친일재산을 국가에 귀속시켜 잘못된 과거사를 청산하고 민족정기를 바로 세우는 것은 헌법적으로 부여된 임무라면서 위헌이 아니라고 하였습니다(이공현, 김희옥, 김종대, 민형기, 이동흡, 목영준, 송두환 재판관).

헌법재판관 이강국, 조대현만이 위헌이라는 의견이었습니다. 소수의견의 논지는 이렇습니다.

　　"우리 헌법은 전문에서 3·1운동으로 건립된 대한민국 임시정부의 법통을 계승하였음을 선언하고 있다. 대한민국의 건국이념에 비추어 친일반민족행위자를 단죄하고 친일재산을 국가에 귀속시킴으로써 잘못된 일제과거사를 청산하고 민족정기를 바로 세우는 것은 우리사회의 통합을 위하여 반드시 필요하다고 볼 수도 있다. 그러나 그러한 작업은 마땅히 헌법에 합치되는 방향으로 이루어져야 한다.

제헌헌법 부칙 제101조는 '이 헌법을 제정한 국회는 1945년 8월 15일 이전의 악질적인 반민족 행위를 처벌하는 특별법을 제정할 수 있다'는 규정을 두고 있었다. 즉, 반민족행위처벌법은 소급입법이지만 적어도 헌법상 근거는 있었다. 1962년 12월 26일 제5차 개정헌법 제11조 제1항은 '형벌불소급의 원칙'을 규정하고, 제2항에서는 헌법 역사상 처음으로 '소급입법에 의한 참정권의 제한이나 재산권 박탈'을 금지하였다(모든 국민은 소급입법에 의하여 참정권의 제한 또는 재산권의 박탈을 받지 아니한다). 소급입법에 의한 재산권·참정권 박탈금지 규정의 신설 취지는, 4·19와 5·16을 거치면서 그때마다 반민주행위자공민권제한법, 정치활동정화법, 부정축재자처리법 등 각종 소급입법에 의하여 국민의 기본권이 수시로 제한되고 정치적·사회적 보복이 반복된 헌정사를 바로 잡자는 것이다. 앞으로는 소급입법에 의한 참정권 제한이나 재산권 박탈을 절대적으로 금지하겠다는 국민의 정치적 결단인 것이다.

현행헌법 제13조 제2항(5차 개정헌법 제11조 제2항과 동일)은, 헌법 자체에서 소급입법에 의하여 참정권을 제한하거나 재산권을 박탈하는 것은 어떠한 경우에도 허용하지 않겠다는 금지명령을 직접 규정한 것이다. 따라서 비록 친일반민족행위자들의 친일재산이라고 하더라도 소급입법에 의하여 박탈하는 것은 헌법 제13조 제2항에 정면으로 반한다."

소수의견에 공감합니다. 소급입법에 의한 형사처벌, 소급입법에 의한 재산권 박탈은 헌법상 금지됩니다. 우리 제헌헌법 제101조처럼 헌법상의 근거를 두어 '형식적 적법성'을 갖추었다고 하더라도, 실질적으로 정당하다고 할 수는 없습니다. 당시 그렇게 헌법을 만든 다수 국민의 '소수 국민에 대한 폭력'일 수 있기 때문입니다. 따라서 헌법상의 근거조차 없는 친일재산귀속법은 자유주의의 바탕을 해치는 위험한 입법입니다. 참으로 反헌법적인 헌법재판소의 법정의견(다수의견)에 대해서는, 헌법재판관들조차 '항일무장투쟁론'의 환상에서 벗어나지 못하고 있다고 밖에 달리 할 말이 없습니다.

해방정국, 만들어진 독립운동가

도발적인 어떤 책 - 『조선레지스탕스의 두 얼굴』

"식민지 시기 일본 외무성 자료를 뒤지면 독립유공자 공적(功績) 반쯤은 허위 과장 광고로 드러나지 않을까?" 독립유공자 유족인 대학 동기와 나눈 대화입니다. 독립운동가 후손에 빙자하여 패악질을 해대는 몇몇 인물에 대한 조롱과, 그나마 당신 같은 양질의 후손에게 세금이 쓰이니 다행이라는 안도감이 교차하는 질문이었습니다. 대답이 깔끔했습니다. "당연하지, 우리 할아버지는 5년 징역형을 살고 30대 전반에 세상을 뜨셨거든. 다행히 인생이 꼬일 틈이 없었어."

35년이란 세대가 바뀌는 긴 기간입니다. 망국의 한(恨)도 생계 앞에, 시간 앞에 무디어져야 정상입니다. 한 가정의 가장으로, 생활인으로 현실을 살아간 양상은 살짝만 비난하면 족합니다. 꼿꼿하게 버틴 분들은 우러르고 모실 일입니다. 과격한 비난을 할라치면 먼저 스스로를 돌아보고, 그렇게까지 존숭(尊崇)할 사정이 아니었다면 바로잡을 일입니다. 역사란 그렇게 굴곡지게 가는 것이겠지요.

기록의 부재에 편승하여 인우보증(隣友保證)으로 독립유공자가 되

고, 영향력 있는 실세가 동원되어 힘을 써주고, 그런 사례가 적지
않았으리라는 불량한 추측을 하고 있습니다. 『조선레지스탕스의 두
얼굴』은 그런 불량한 추측에 일정 부분 답하는 책입니다.[56] 동종의
후속 교양서가 줄줄이 더 이어져야 대한민국 사회가 '상식'을 확보
한다고 믿습니다. 연구비 받아서 주문형 글을 쓰는 전업연구자보다
단단하고 도발적입니다. 35년간 충량한 식민지 국민으로 살다가, 돌
연 전승국 흉내를 내며 '돌격 앞으로'를 부르짖는 얼치기들이 넘쳐
나는 사회에서는 더욱 그렇습니다.

장준하 선생의 경험담 – 자서전 『돌베개』에서

"일본이 항복하기 직전까지 통역이 아니면 일선지구를 돌아다니
는 아편장사나 일군위안소의 포주들까지도 하루아침에 광복군 모자
하나씩을 얻어 쓰고 독립운동가, 망명가 혁명가를 자처하는 목불인
견의 꼴이었다. 뿐만 아니라 같은 타국에서의 동포재산은 이런 자일
수록 앞장서 몰수하기가 일쑤였고, 광복군도 제1, 2, 3지대로 나뉘어
대립을 보이고 있었다.

사실 임시정부나 광복군은 그 이름에 비해 기구나 인원이 너무
약했던 것은 부인할 수 없는 사실이다. 영도급 인물들은 그런대로
있었지만, 청년층의 인재는 정말 과부족상태였다. 이런 상태에서 과
거를 불문하고 독립운동자의 이름을 마구 나눠 주었던 것이다. 아무
나 들어오면 귀히 맞아들여(?) 광복군 모자를 하나씩 씌워주었다.

그때 광복군엔 3개 지대가 있었다. 제1지대는 중경에 본부를 두
었었고 임시정부 군무부장이던 김원봉이 맡았으며, 병력 10여 명에
불과했다. 그러나 서안을 근거로 한 제2지대는 300여 명의 병력을
가진 이범석 장군 지휘의 부대였다. 제3지대는 김학규씨가 임천을

---

56) 진명행, 『조선 레지스탕스의 두 얼굴』, 양문, 2021.

본거로 하고 학병 탈출자 10여 명을 핵심간부로 한 최전방지역의
부대였다. 최전방지역이라는 조건 때문에 인원은 쉽게 확보가 될 수
있었으며 그래서 병력은 150여 명에 달했다. 그러나 대부분이 광복
군에 입대한 지 불과 1,2개월 정도의 대원들이었다.

그런데 이들 세 지대가 서로 겨루는 상태에서 패권이라도 겨루는
듯이 광복군의 정신을 스스로 배반하고 있었다. 더우기나 상해, 남
경을 무대로 활동하던 제○지대의 소위 학도병 출신 간부들의 방자
무도한 횡행은 말이 아니었다. 해방으로 日軍에서 해산된 한국인 출
신 장병들이 무리로 쏟아져 나와 이들을 광복군으로 포섭해야 할
것인데도 불구하고 그 책임을 감당해야 했을 그 지대는 이른바 「판
사처(辦事處)」라는 분실 비슷한 것을 상해·남경 위주로 인근 도시
에다 두고, 광복군은 자기들 뿐이라는 듯이 날뛰면서 일군출신 한인
장병에게 오만불손한 행패까지 부려대었다. 이로써 그들에 대한 포
섭은 고사하고 오히려 대립상태로 떨어뜨리고 말았다.

이른바 日軍출신 장교들은 한국인 사병을 인수 받아 상해 호강대
학과 항주(抗州) 대사찰에 수용했는데, 그 수가 엄청나게 많아, 호강
대학에만 5천 명, 항주에는 2천 명이나 되었다. 이들 일군 출신 장
교단은 만세관(萬歲館)이란 여관에 합숙을 해가면서 광복군 제○지
대에는 결코 가담시키지 않겠다고 벼르고 있었다. 이른바 이들 호강
대학부대는 광복군도 아니고 어느 군에도 속하지 않은 하나의 독립
부대와 같은 묘한 성격이 되어 버렸다. 그러나 일군에서 나올 때에
1개월분의 식량과 왕정권의 화폐 얼마를 아울러 받은 것뿐이었으니,
이들의 식량문제가 다급한 문제가 되지 않을 수 없었다. 식량도 떨
어지고 쌀 한가마 값이 지폐 한가마와 맞먹는 화폐가치 속에 이 많
은 인원이 식량난으로 허덕이게 된 것은 당연한 일이었다.

그래 이들은 자연히 인근 한인교포들에게 신세를 지게 되고 마침
내는 괴롭히는 민폐를 끼치게 되었다. 그러나 우리 교포들 가운데
좀 부유한 자들은 해방과 더불어 '日人 스파이'라는 뜻의 한간(漢奸)

으로 몰려 대부분 중국 관헌에 의해 투옥되거나 재산을 몰수당하고 있던 상태였다. 심지어는 우리 혁명가라는 제○지대 대원까지도 한 인동포에게 사형(私刑)을 가하고 노략질을 하여 교포의 감정을 상하게까지 했다. 이렇게 암담하게 된 것은 한마디로 제○지대의 독선과 교만 때문이었다 해도 과언이 아닌 것이다. 그들은 마치 일군에서의 탈출이 이런 독선과 교만을 위해서였던 것처럼 행동했었다. 그것은 탈출의 동기를 허영과 공명심에 둔 것과 다름이 없는 행동이었다.

그런데 이런 상황을 재빨리 이용하는 자가 있었다. 그것은 일군출신 부대로 하여금 「임정」이나 광복군에 대한 불신을 부채질하면서 그 어부지리를 노리는 김원봉의 계산이었다. 일군출신 부대의 책임자 격으로 있던 황모는 일군 육군소위 출신인데 이자가 묘하게도 김원봉과 친척관계가 되어, 김원봉이 황씨에게 직접 김소민이라는 자를 파견, 광복군 제1지대로 끌어들일 공작을 펴며, 손을 잡았던 것이었다. 결과적으로 이것은 광복군과 「임정」에 대해서 백해무익한 처사였다. 안타까운 일이었다. 김원봉은 열심히 「임정」과 광복군에 대한 불신작용을 일군출신부대에 가했다. 그 효과가 아주 큰 것이었다.

10월 7일, 중경으로부터 광복군 사령관 이청천 장군이 상해로 왔는데, 이 일군출신 부대는 사령관 이장군에 대한 사열을 거부까지 했던 것이다. 우리로서는 차마 그대로 보고 있을 수가 없었다. 우리들은 목숨을 걸고 활동을 시작하지 않을 수 없었다. 신일(김준엽의 이명)동지와 나는 우선 그들 가운데 모, 모 장교들을 찾아 다니면서, 이 문제에 대한 의논을 시작했다. 의논이지만 실은 회유작전이었다.

우선 김원봉의 간계를 깨우쳐주고 그 하수인 노릇을 결과적으로 했던, 책임자 황모와 이소민에 대한 정확한 자료를 주어 그들을 불신임시켰던 것이다. 설득은 주효했다. 이청천 장군이 사열을 받게 된 것이다. 이 장군을 모시고 우리들 일행이 그 좌우에 서게 됐다. 사열에 참가한 병력 6천."57)

황용주라는 인물

장준하는 김원봉에 대해 단호합니다. 천신만고 끝에 임정을 찾은 장준하 일행을 김원봉이 가로채려고 했던 공작이 화근이었습니다. 첫눈에 김원봉을 제대로 본 것인지, 사실 이상으로 불량하게 파악하였는지는 알 수 없습니다. 당시의 상황을 장준하는 이렇게 말합니다.

> "우리를 맞이해 준 광복군은 예상대로 더 할 수 없는 친절과 접대를 해 주었으나, 그 규모는 단 세 명 뿐이었다. 그들은 총사령부의 전방파견대가 아니고 제1지대의 분견대였다. … 이들은 그때 중경의 임시정부 군무부장으로 있던 약산(若山) 김원봉(金元鳳)의 세력 아래 있던 자들이었다. 김원봉은 그때 이미 공산당 노선을 취하고 있었으며, 지금은 이북에 있다. 김약산이 군무부장 겸 제1지대장으로 있으면서 우리의 도착을 미리 알고 이들을 파견하여 자기 산하에 조종해서, 우리들 50여명의 청년동지들을 자기 세력 확장을 위해 흡수하고 노하구에 그냥 머물러 있도록 하려는 공작의 서곡이었다."[58]

장준하는 김원봉의 주변 인물에 대해서도 가혹하게 평가합니다. 김원봉의 하수인 '책임자 황모'는 황용주를 말합니다. 황용주는 대구사범학교 2학년 때 독서회 사건으로 퇴학당하고, 와세다대학에서 불문학을 공부하다가 학병을 지원했습니다. 당시 학병지원을 피하면 징용을 각오해야 했으므로 학병지원을 '강제지원'이라고도 했답니다. '대일항쟁기 강제동원 피해조사 및 국외 강제동원 희생자 등 지원위원회'(위원장 박인환)는, 1944년 일본 제국의회가 학도병 지원

---

57) 장준하, 『돌베개』, 청한문화사, 1971, 395~398쪽.
58) 장준하, 『돌베개』, 239,240쪽.

을 거부하여 징용된 학생을 125명으로 공식기록했으나, 실제 동원된 응징학도(応徵學徒)는 400명 이상일 것으로 추산했습니다.[59]

황용주는 일본군 장교가 되었으므로 '지원'을 하였을 것이고, 일본 패전 후 일본군 고위층과 협상하며 한적(韓籍) 사병의 신변 안전과 조기귀국을 위해 애쓰고, 상해에서도 김구 주석을 비롯한 임정 요인들과도 접촉했습니다.[60] 1945년 6월, 중국 남경 일본군사령부 참모장 안도(安藤) 소장의 정신교육 도중에 손을 들고 "아시아 각 민족이 독립을 얻고 그 바탕에서 통합하여 서구와 대항하는 방식이 바람직하다"고 발언하여 대소동이 일어났으나, 안도 소장이 "반도 출신 지식인 학도로서의 소신이므로 충분히 수용할 수 있다"고 현장을 수습한 후 따로 불러 격려했습니다. 황용주는 그때 안도에게서 받은 인격적 감화를 평생 잊지 못했습니다.[61]

황용주는 대구사범 동기인 박정희에게 5·16을 부추기고, 박정희와 함께하는 '조국 근대화'를 꿈꾸었으나, 1964년 「세대」 필화사건으로 박정희로부터 격리당하고 46세에 공적인 인생이 끝났습니다. 황용주가 「세대」에 발표한 '남북 동시 군비축소, UN 동시 가입 등' 주장에 대하여 국회 국방위원회 야당 의원이 '국시' 위반이라며 문제 삼고, 검찰이 「반공법」 위반으로 구속하여 결국 유죄 확정판결을 받게 하였습니다(징역 1년, 집행유예 3년, 자격정지 1년. 황용주의 항소, 상고를 고등법원·대법원이 모두 기각하였으니, 사법부 흑역사의 단면입니다). 실제로는 박정희와 황용주의 친밀한 관계에 부담을 느낀 박정희 측근 이후락·김형욱·김종필, 그리고 검찰총장 신직수가 합세하여 벌인 분리 작전이라고도 합니다. 안경환 교수는 "어떤 나라

---

59) 안경환, 『황용주, 그와 박정희의 시대』, 까치, 2013, 160,161쪽.
60) 안경환, 『황용주, 그와 박정희의 시대』, 167쪽.
61) 안경환, 『황용주, 그와 박정희의 시대』, 171,172쪽.

를 만들 것인가 고뇌하고, 만들어가면서 분노하고 좌절하던 황용주 세대, 그 세대 지식인들이 입었던 상처에 따뜻한 위로와 깊은 경의를 표한다"고 썼습니다. 후속 세대의 경박한 오만에는 절망하곤 했답니다.[62]

그 황용주는 김원봉을 변호합니다.

> "약산은 결코 마르크스주의자가 아니었다. 또 그는 김일성의 항일 투쟁을 전혀 인정하지 않는다는 말을 하곤 했다. 그러나 이 같은 성향의 약산이 北行한 것은 민전(민주주의민족전선, 미 군정 시기에 서울에서 결성된 좌파 계열의 연합 단체)이 흐지부지되고 좌우합작이 실패한 데 대한 실망이다. 자기를 따르던 단원들이 거의 북쪽으로 돌아서 버린 점에 따른 동요 등이 복합적으로 작용했던 것으로 보인다. 여러 가지 어려운 국내 정황 속에서 취할 수 있었던 불가피한 선택이었던 것 같다."[63]

5·16에 박수를 보냈던 장준하는 박정희가 민정 이양 약속을 뒤집자, 혁명공약 6장의 신속한 이행을 촉구하면서 군사정부에 대한 전면전을 선포했습니다. 장준하는, 박정희도 황용주도 맹비난했습니다. 그 무렵 황용주는 장준하를 만나 1945년 가을의 상해 시절을 회상하며 화해를 제의합니다.

> "항일 레지스탕스 활동으로 치자면 철기(이범석)가 위냐, 약산(김원봉)이 위냐? 자네들은 우연히 찾은 곳이 이범석 부대이고 나는 김원봉일 뿐이지 않나. 자네들도 김원봉의 의열단에 갔더라면 그쪽 부대의 지시를 받았을 것이 아닌가? 우리가 민족을 생각했지 언제 이

---

62) 안경환, 『황용주, 그와 박정희의 시대』, 6,7쪽.
63) 김종구, 『발굴 한국현대사 인물 3』, 한겨레신문사, 1992, 168쪽. 김상웅, 『약산 김원봉 평전』, 시대의 창, 577, 578쪽에서 재인용.

념을 앞세웠던가? 자네나 나나 대학 시절 우리 민족을 위해 고민하
지 않았나. … 모든 희생을 무릅쓰고 다음 세대에 물려 줄 사회적 터
전을 마련해야 할 판에, 박정희는 반민주다, 독재다, 그렇게만 매도
하면 어떡하오? 누군 독재를 하고 싶어서만 하겠소? 난들 독재를
좋아할 리가 있소? 야당 정치인이 서구적 민주주의니 뭐니 하고 떠
벌리면서 근대화, 산업화를 방해하고 나서면서 독재로 몰아가기만
하니 도리가 있겠소? 의견에 차이가 있으면 조정해야 할 것이 아니
오?"

　황용주의 진의를 들은 장준하는 눈물을 글썽이며 "황 동지, 고맙
소. 내가 그런 줄은 몰랐소. 그래 어떻게 하면 좋겠소?"라고 화답했
답니다.[64]

소설가 정을병(鄭乙炳)의 고백 – 변호사 엄상익과의 대화에서

　"내가 재미있는 얘기 하나 하죠, 며칠 전 신문을 보다가 한 구석
에서 항일운동가 아무개 선생이 죽었다는 조그만 기사를 봤죠. 죽은
사람의 조그만 흑백사진을 보면서 나 혼자 씩 웃었어요. 왜 그랬는
지 알아요? 내가 소설가협회 회장으로 그래도 이름 석 자 대면 누구
라도 만날 때의 일이었어요. 하루는 그 사람이 찾아와서 '정말 먹고
살아가기가 힘든데 한 가지 방법이 있다'는 거예요. 항일운동을 했
다고 보훈처에서 인정해 주면 밥은 굶지 않는다는 거죠. 그 친구는
일제 강점기인 중학교 2학년 때 동네 뒷동산에 가서 나무껍질에다
'조선독립만세'라고 쓴 적이 있대요. 그것 때문에 경찰에 끌려갔다가
석방됐다는 거예요. 유명한 글쟁이인 내가 신청서에 그 사유를 잘
써주면 될 것 같다는 거죠. 그래서 그 사연을 구구절절 써 줬어요.
단편소설을 하나 써 준 거지. 안 될 줄 알았는데 어떻게 그게 항일
애국자로 판정이 났죠. 나도 놀랐으니까. 그 친구는 죽을 때까지 정

64) 박정희 기념사업회 녹취록, 2001. 안경환, 『황용주, 그와 박정희의 시대』, 382,383
쪽에서 재인용.

부에서 연금을 받았죠. 그리고 죽고 나니까 항일애국자가 되어 신문에 나오네."

"그러면 엉터리 항일독립운동가도 많겠네요?"

"많다마다요. 실제로는 매국(賣國)을 하고 애국자가 된 경우도 있고, 또 애국자면서도 친일파로 된 경우도 많을걸요. 친일문제를 다루려면 잘 연구하세요. 우리 국민들은 감정적이고 한 번 우기면 시정하려고 하질 않죠. 이완용(李完用)하면 무조건 매국노인데 그의 항변을 들으려 한 적이 어디 한 번이라도 있습니까? 우리에 비해 일본 사람들이 훨씬 정확한 면이 많아요. 우리는 '조작이다, 뭐다' 하고 부인하지만 따지고 보면 당시의 현실을 구체적으로 진실하게 묘사하고 있을 거예요. 일본 자료들도 찾아서 그들의 시각에서 본 팩트는 어땠는지 한번 알아볼 필요가 있을 거예요."[65]

국가유공자에 대한 예우

문재인 정부는 자신의 권력기반을 다지기 위해 반일 무장항쟁 정신을 지속적으로 현실정치로 소환합니다. 김은희 박사는 그러한 방식이 북한정권이 통치권력 세습화를 위해 만주 항일빨치산운동을 신성시하는 것과 놀랍게도 유사하다고 지적합니다.[66] 문재인 전 대통령은 "독립운동을 하면 3대가 망한다는 말이 사라져야 한다"면서 "독립운동가의 3대까지 예우하고 자녀와 손자녀 전원의 생활안정을 지원해서 국가에 헌신하면 3대까지 대접받는다는 인식을 확산하겠

---

65) 엄상익, 『親日마녀사냥 2』, 조갑제닷컴, 2016, 723,724쪽.
66) 김은희 지음, 『신양반사회』, 생각의 힘, 2022, 60,61쪽

다"고 약속했습니다.[67] 이후 독립유공자의 손자녀까지 각종 교육, 취업 지원과 매월 생활비 보조 등을 받을 수 있도록 「독립유공자예우에 관한 법률」(독립유공자법)이 개정되었습니다(제5조).[68] 중앙정부와는 별도로 박원순 前 서울시장은 '독립유공자장학금'을 만들었고, 현재 서울시는 독립유공자의 4대손에서 6대손에게 '독립유공자장학금'을 지원하고 있습니다.[69]

---

67) 김은희 지음, 『신양반사회』, 54쪽.
68) 제5조(유족 또는 가족의 범위) ① 이 법에 따라 보상을 받는 독립유공자의 유족 또는 가족의 범위는 다음과 같다. <개정 2009. 2. 6., 2012. 2. 17., 2015. 12. 22.>
   1. 배우자
   2. 자녀
   3. 손자녀(孫子女). 다만, 독립유공자의 유족으로 최초로 등록할 당시 이미 자녀 및 손자녀까지 사망한 경우에는 독립유공자의 가장 가까운 직계비속 중 1명을 손자녀로 본다.
   4. 며느리로서 1945년 8월 14일 이전에 구호적에 기재된 자
   ② 제1항제1호의 배우자의 경우, 사실혼 관계에 있는 사람을 포함한다. 다만, 배우자 및 사실혼 관계에 있는 사람이 독립유공자와 혼인 또는 사실혼 후 그 독립유공자가 아닌 다른 사람과 사실혼 관계에 있거나 있었던 경우는 제외한다. <신설 2015. 12. 22.>
   ③ 제1항제2호의 자녀의 경우, 양자(養子)는 독립유공자가 직계비속(直系卑屬)이 없어 입양한 자 1명만을 자녀로 본다. 다만, 1945년 8월 15일 이후에 입양된 양자의 경우에는 독립유공자, 그의 배우자 또는 직계존비속(直系尊卑屬)을 부양한 사실이 있는 자로 한정한다. <개정 2015. 12. 22.>
   ④ 제1항제3호의 손자녀의 경우, 독립유공자 직계비속의 양자는 그가 직계비속이 없어 입양한 자 1명만을 손자녀로 본다. 다만, 1945년 8월 15일 이후에 입양된 자의 경우에는 독립유공자, 그의 배우자 또는 직계존비속을 부양한 사실이 있는 자로 한정한다. <개정 2015. 12. 22.>
   ⑤ 제1항제4호의 며느리의 경우, 제12조에 따른 보상금(報償金)을 받는 제1항제1호부터 제3호까지의 유족이 없어야 하되, 해당자가 2명 이상이면 그 남편의 보상금 지급 순위에 따른 선순위자(先順位者) 1명으로 한정한다. <개정 2015. 12. 22.>
69) 서울특별시 서울장학재단 홈페이지 <https://www.hissf.or.kr/Programs/user/scholarship/university/patriots.asp>

과연 '독립운동을 하면 3대가 망한다'는 명제를 일반화할 수 있을 까요? 후손들이 가난한 이유가 오로지 조상들이 독립운동을 하였기 때문이고, 그래서 정부가 대대손손 세금으로 보살펴야 할 관계일까 요? 독립운동가 가문으로 누구에게도 지지 않는 이종찬 광복회장 가족은 사회적으로 큰 성취를 이루었습니다. 대한민국은 누구에게 나 기회가 부여된 자유경쟁 사회입니다. 주변의 도움 없이 홀로서 기에 성공한 예술가·체육인·사업가·법조인·행정관료가 수도 없 이 많습니다. 우리 헌법은 사회적 특수계급을 인정하지 않고, 어떠 한 형태로도 창설할 수 없다고 합니다(헌법 제12조 제2항). 독립유공 자법에 의한 과도한 예우와 서울시의 더욱 과도한 예우는 혼란스럽 습니다. 정부와 서울시가, 북조선식 항일빨치산 정신을 흉내내며 '세습'을 정당화하는 것이 아닌가 걱정됩니다.

독립유공자 유족에 대한 과도한 예우는 참전 군인에 대한 예우와 도 균형이 맞지 않습니다. 미국, 프랑스, 독일, 호주, 캐나다, 대만 등 국가의 보훈 정책 대상은 기본적으로 '제대군인과 유가족'이고, 그들에 대한 의료복지에 보훈재정의 40% 내외가 투입됩니다.[70] 미 국과 호주 등은 예산활용의 효율성을 높이고자 자산, 상이율(傷痍 率) 등 기준에 따라 자기부담금 정책을 운영하고, 가족에 대한 보훈 수혜의 승계가 없어 제대군인 본인 및 유가족에게 충실하고 특화된 서비스를 제공합니다.[71] 호주의 예를 보면, 국가유공자는 제대군인 본인과 50세 이상의 미망인 및 미성년 자녀(16세 미만을 원칙으로 하 되 전업학생fulltime student인 경우는 25세까지)에 한정됩니다. 단, 전사 자의 경우에는 50세 미만 미망인도 수혜자가 되는데, 미망인이 사

---

70) 이영자, "주요국가의 국가유공자를 위한 보훈복지정책에 관한 비교연구", 「한국 보훈논총」 2014년 제13권 제1호(통권 30집), 103쪽.
71) 이영자, "주요국가의 국가유공자를 위한 보훈복지정책에 관한 비교연구", 107쪽.

망하고 유자녀가 성인이 되면서 혜택은 종료됩니다.[72] 국립묘지를
체계적으로 제도화한 미국은 참전 실종자 및 포로 귀환 노력에도
각별합니다. 6·25 전쟁 당시의 미군 유해 송환을 위해, 1994년 6월
카터 전 미국 대통령이 평양을 방문하여 김일성의 확답을 얻고 미
군 유해 46구를 송환받으면서 1구에 1만 9,500달러를 지불하기도
하였습니다.[73]

반면에 우리나라의 보훈복지정책의 대상은 특수임무수행자, 참전
유공자, 고엽제후유의증유공자, 제대군인 외에도 독립유공자, 국가
유공자, 5·18 민주유공자가 포함됩니다. 이 중 '독립유공자'의 유족
범위는 배우자, 자녀, 손자녀, 며느리이고, '국가유공자, 5·18민주유
공자, 특수임무수행자'의 유족범위는 배우자, 자녀, 부모, 조부모, 미
성년제매입니다. 참전유공자, 고엽제후유의증환자, 제대군인의 유
족에 대한 예우는 별도로 존재하지 않습니다.[74]

7급 공무원 시험에서 국가유공자 가산점을 받은 합격자 수는
2004년에 이미 전체 합격자의 30%를 넘었습니다. 2004년부터는 교
원 임용시험에 국가유공자 가산점이 신설됐습니다. 그 해 중등교원
시험에서 응시자 평균 합격률은 7%에 불과한 반면 유공자 자녀들
의 합격률이 19%에 달했습니다. 5·18민주화운동 유공자가 많은 전
라도의 교원임용시험에서는 합격자의 절반 이상이 가산점 대상자였
습니다.[75] 국가유공자 유족, 독립유공자 유족은 모든 로스쿨 입학

---

72) 이영자, "주요국가의 국가유공자를 위한 보훈복지정책에 관한 비교연구", 95,96쪽.
73) 박상혁, 왕승우, 이재건, "우리나라와 세계 각국의 보훈제도 비교 연구", 「The Journal of the Convergence on Culture Technology(JCCT)」, 9:1, 2023, pp.396,397.
74) 이영자, "주요국가의 국가유공자를 위한 보훈복지정책에 관한 비교연구", 91쪽.
75) 「월간중앙」 1422호 (2018.02.19.) [16] [함승민 기자의 위험한 경제(7) 가족 채용 가산점] 국가유공자라도 과도한 가산점 부여는 곤란.

에서도 특별한 배려를 받고 있고 상당수 로스쿨은 5·18 민주유공
자 유족에게도 마찬가지 배려를 하고 있습니다.

2006년 2월 3일 헌법재판소 전원재판부는 7급과 9급 공무원 채용
시험, 교사 임용고시 등에서 만점의 10%를 가산점으로 주는 「국가
유공자 등 예우 및 지원에 관한 법률」(국가유공자법)' 제31조는 일반
국민들의 공무담임권을 제약하므로 헌법과 불합치한다고 결정하였
습니다.[76] 이후 국가유공자법 제31조는 사망 유공자의 유족에게만
10%, 그 외 유공자의 가족에게는 5% 가산점을 주는 것으로 개정하
였으나, 여전히 지나치다는 비판을 면하기는 어렵겠습니다.

76) 2004헌마675 결정, 국가유공자등예우및지원에 관한법률 제31조 제1항 등 위헌확
인 (제29조 제1항 각호1, 각호3).

Ⅲ

포로감시원,
전범에서 독립유공자까지

포로감시원, 전범에서 독립유공자까지

전범이 된 포로감시원, 영웅이 된 포로감시원

B·C급 전범으로 처형된 조선인

일본의 패전 후 연합국이 주도한 전범재판에서 조선인 148명이 B·C급 전범(class B·C war criminal)으로 처벌받았습니다. 그중 28명에게는 사형이 집행되었습니다. 도조 히데키(東條英機) 내각 총리대신을 비롯한 고위 각료와 전쟁을 기획한 군 지휘관은 A급 전범(class A war criminal)으로, 일반 군인과 군속은 B·C급 전범으로 기소되었습니다. A급 전범은 평화에 대한 죄(crimes against peace), B급 전범은 통상의 전쟁범죄(conventional war crimes), C급 전범은 비인도적 범죄(crimes against humanity) 해당자입니다. 범죄유형에 따른 분류일 뿐 가벌성의 경중에 따른 분류는 아닙니다. 패전 당시 필리핀 포로수용소장 홍사익 중장은, 군 고위 지휘관이었으나 태평양전쟁의 기획자는 아니므로 B급 전범으로 기소되어 사형이 집행되었습니다. 전범재판을 받은 조선인은 대부분 포로감시원으로 투입된 군속(군무원)이었습니다.

조선인 B·C급 전범은 일본에서도 한국에서도 버려지고 잊혀졌습니다. 한국에서는 '친일파' 프레임에 갇혔고, 일본의 원호제도에서도 배제되었지요. 이들의 사연은 2022년 6월 10일 윤석열 대통령에게 탄원서를 보내면서 다시 눈길을 끌었습니다.

> "포로감시원으로 동원돼 전후에는 연합국의 군사재판에서 사형이나 장기형에 처하면서 저희는 일본정부로부터 아무런 보상도 받지 못하고 한일 양쪽 사회에서 차별과 편견에 노출돼 힘들고 고단하게 살았습니다."[1]

포로감시원의 동원

일본의 기습전으로 시작된 태평양전쟁에서 황군(皇軍)은 예상치 못한 규모의 연합군 포로와 맞닥뜨렸습니다. 「아사히신문(朝日新聞)」 1942년 5월 17일 기사는 바탄(Bataan)−코레히도르(Korregidor) 작전에서 5만 2천 명 이상, 말레이 작전에서 9만 7천명 이상, 자바 작전에서 9만 3천 명 이상, 홍콩과 그 밖의 지역에서 1만 9천명 이상, 합계 26만 1천 명 이상 연합군을 포로로 잡았다고 보도했습니다. "살아서 포로의 치욕을 당하지 말라"는 전진훈(戰陣訓, 陸訓 第1號)을 신조로 하는 황군은 항복을 몰랐습니다. 패색이 짙었다 하면 항복하여 포로가 되는 연합군의 행태가 경악스럽고 한심했답니다. 연합군 전사자와 포로 비율이 1:4인데 비해 일본군 전사자와 포로 비율은 120:1이었습니다.[2]

1941년 12월 일본 육군성은 '포로정보국'을 설치하고 1942년 5월부터 조선과 대만에서 포로감시원을 모집했습니다. 2년 계약에 관사를 제공하고 비전투지역에서 근무하는 경우 월 30엔, 전투지역의

---

1) 「조선일보」 2022. 6. 14. 자 "'한국인 BC급 전범' 명예회복을"
2) Laura Hillenbrad, *Unbroken*, Random House, 2014, p.201.

경우 월 50엔의 후한 조건이었지요. 월 50엔의 급여는 현재 4급 공무원 급여 수준이라고도 하고, 당시 일본 병사 급여의 7배 정도라고도 합니다. 1942년 6월경 조선에서 포로감시원 3,016명을 어렵잖게 모집할 수 있었습니다.[3] 월급은 조금씩 올라 패전 직전에는 100엔을 넘기도 했습니다. 하급직 용인(傭人)으로 2년 계약이 끝나면 근무성적에 따라 드물게는 고원(雇員)으로도 승진했습니다.[4] 이쯤 되면 어설픈 군속 유니폼을 벗어던지고 장교행세를 하며 일본 여인을 즐기고자 장교클럽에도 드나들었답니다.

제네바포로협약

일본은 1929년 제네바포로협약(Convention relative to the Treatment of Prisoners of War, Geneva July 27, 1929)에 조인했으나 비준을 미뤘습니다. 제네바포로협약은 엄격한 조건 아래 포로를 노역에 동원할 수 있도록 했습니다. 건강한 포로에 한해서, 위험하지 않고 전쟁 준비와 무관한 작업에 동원하되 상응하는 급여를 지급해야 합니다. 장교에게는 노역이 강제되지 않았습니다. 연합국과 적십자국제위원회가 조회하자 일본은 제네바포로협약을 준용(準用)하겠다고 답변했습니다('준용'은 법률 혹은 그 특정조문을 적절히 변경하여 적용하는 것을 말합니다).

장교 노역금지, 강제노역금지 등 조약상 원칙은 제대로 작동하지 않았습니다. 1942년 중반부터 연합군의 반격으로 일본은 제공권과 제해권을 잃었습니다. 일본군의 배식도 형편없었으니 강제노역에 내몰린 포로들의 처우는 묻고 말고 할 일이 아니었지요. 식품도 약

---

3) 정혜경, 『조선청년이여 황국신민이 되어라』, 서해문집, 2010, 122,123쪽.
4) 우쓰미 아이코, 무라이 요시노리 지음·김종익 옮김, 『적도에 묻히다』, 역사비평사, 2012, 164,165쪽.

품도 부족하고 염분조차 공급되지 않자 포로들은 영양실조, 각기병, 이질, 당뇨 등으로 픽픽 쓰러져갔습니다. 그나마 노역을 하지 않으면 배식이 줄었으니 어떻게든 작업장에 나가야 했습니다. 연합군 포로들도 전진훈(戰陣訓)의 존재를 알고 있었습니다. 그들은 전진훈에 익숙한 일본군이나, 하층계급 출신 포로감시원들이 백인을 상대로 가혹행위를 즐겼다고 회고합니다.

연합군 포로의 고난, 포로감시원의 수난

타이 포로수용소 이타노(板野) 분소에서는 포로 7천 명 중 3,087명이 죽었습니다. 깊은 산중에서 이동하며 공사를 하여 특히 보급이 열악하였다지만, 한 달 가까이 하루 쌀 100그램이 주식이었고 육류 배급도 턱없이 부족했습니다.5) 영화 「콰이강의 다리(The Bridge on the River Kwai)」(1957)의 배경이 되었던 타이-미얀마(泰緬) 철도 공사 현장에서는 포로 4명 중 1명, 노무자 2명 중 1명이 목숨을 잃었을 정도입니다. 그래서 전범재판에서 공사관계자만도 32명이 사형선고를 받았습니다. 조선인 포로감시원 13명이 사형을 선고받고 9명에게 사형이 집행되었습니다.6) 포로로서 가혹한 학대를 겪었다는 「콰이강의 다리」 원작자 피에르 불르(Pierre Boulle)는 포로감시원을 '고릴라처럼 생긴 잔인한 조선인(le Coréen à face de singe)'이라고 표현했습니다.7)

연합군 포로 일부는 일본 본토와 조선, 타이완에 분산 수용되기도 했습니다. 총력전의 일환으로서 일본 국민에게 전황을 과장되게 홍보하는 수단이었습니다. 일본 나오에츠시(直江津市) 포로수용소로

5) 우쓰미 아이코, 무라이 요시노리 지음·김종익 옮김, 『적도에 묻히다』, 138쪽.
6) 우쓰미 아이코, 무라이 요시노리 지음·김종익 옮김, 『적도에 묻히다』, 120,121쪽.
7) 안경환, 『황용주 그와 박정희의 시대』, 까치, 2013, 203쪽.

이감된 미국인 포로는 작업장을 오가며 관찰한 일본 시민의 궁핍이 충격적이었다고 증언합니다. 어른들의 다리는 각기병으로 흉하게 부풀었고, 아이들도 영양상태가 엉망이더랍니다. 포로들은, 일본인들의 참담한 생활을 직접 보고는 작업장 창고에서 식품을 슬쩍 챙기던 좀도둑질마저 포기했고, 목검과 목총으로 열을 지어 전쟁 연습을 하는 여성들과 꼬맹이들 모습에서 '항복'에 대한 일본사회의 거부감도 실감했다고 썼습니다.[8]

종전 후 인도네시아 자바 지역 포로감시원은 '在자바 조선인민회'에 참여했으나, 1946년 4월 경 부산行 귀국선에 함께 오르지 못하고, 포로감시원만 별도로 싱가포르로 이동하여 분산 수용되었습니다. 영국군, 호주군, 네덜란드군 포로들로부터 '가혹행위자'로 지목되면 삽시간에 운명이 바뀌었습니다. 영국 포로들은, 심하게 굴었던 감시원을 보아도 얼굴에 침을 뱉고 욕설을 하는 정도로 끝내고 골라내지는 않는 경향이었습니다. 네덜란드군 포로는 담배를 주지 않았다거나, 작업장에서 작업을 재촉했다거나, 이런 사소한 이유로도 지목하기가 다반사였습니다.[9] 연합국 중 어느 나라가 관리하는 법정에 서느냐에 따라서 운명이 달라지기도 했습니다. 네덜란드가 관할하던 인도네시아 12개 지역 전범법정이 영국이 관할한 싱가포르 법정보다 가혹했다는 소문입니다. 1942년 3월 네덜란드의 항복 이후 인도네시아에서는 일본과 교전이 없었으나, 네덜란드 관할 법정에서 236명이 사형을 선고받았습니다. 악명 높은 타이－미얀마 철도를 관할한 영국의 싱가포르 법정 사형판결 223건보다 더 많은 건수였습니다.[10]

---

8) Laura Hillenbrad, *Unbroken*, pp.296,297.
9) 이병주, 『관부연락선 2』, 신구문화사, 1972, 138쪽.
10) 우쓰미 아이코, 무라이 요시노리 지음·김종익 옮김, 『적도에 묻히다』, 302,303쪽.

조선인 포로감시원 - 『Behind Bamboo』에서 훔쳐보기

옥스포드대 출신 로한 리벳(Rohan Rivett, 1917~1977)은 호주 종군기자입니다. 1942년 싱가포르가 함락되면서 전쟁포로가 되었고, 일본이 항복할 때까지 3년간 포로수용소 생활을 했습니다. 감시의 눈을 피해 일상을 기록했으나 상당 분량은 수용소에서 망실되었답니다. 어쨌든 그 기록을 바탕으로 1946년 포로체험 수기 『Behind Bamboo』를 출판했습니다.[11] "나는 버마와 태국의 잔혹한 포로감시원의 처벌 여부가 중요하다고 생각하지 않는다. 전쟁포로 행정을 담당하고 포로수용소를 통제한 장교들과, 전쟁을 기획한 도쿄의 거물들이 책임을 져야 한다."[12] 그가 맺은 결론입니다. 『Behind Bamboo』의 서문을 쓴 던롭(Weary Dunlop, 호주군 군의관, 예비역 중령)은 포로감시원 이학래와 악연이 있습니다. 환자 포로의 강제노역을 막으며 이학래와 대립했던 그는, 종전 직후 이학래를 고소하였다가 세월이 흘러 그와 화해하였습니다.

로한은 전황의 전개에 따라 조선인 포로감시원(Korean guard)의 태도가 어떻게 변화하였던지 그 변화를 기록하였습니다.

> 1942년 9월 중순 포로감시원 전원이, 일본이 점령한 중국령 출신 조선인 불량배(Koreans, the bullies of Japanese-occupied China)로 교체되었다.[13] 즉각 수용소 곳곳에서 신종 폭력이 자행되었다. 장교도 사병도 부동자세가 흐트러졌다는 이유로 가혹하게 맞았다. 항의는 전혀 먹혀들지 않았고, 장교 수용소에서도 끔찍한 매질이 있었다.[14]

---

11) Rohan Rivett, *Behind Bamboo*, Penguin Books, 2015.
12) Rohan Rivett, *Behind Bamboo*, p.211.
13) 조선을 '일본이 점령한 중국령'이라고 하였다.

수용소 내 비밀 라디오의 존재는 그나마 희망이었다. … 흉폭한
포로감시원의 종잡을 수 없는 변덕이며 가혹행위에 무방비로 노출
된 포로들에게 라디오는 희망과 위안을 주었다.15)

이 포로수용소(Kun Knit camp)에는 별명이 George인 조선인 포
로감시원이 있다. 유머 감각이 탁월한 그를 다른 포로감시원들은 외
모가 특이하다고 미워했다. 포로감시원들에게 따돌림을 당하면 그는
우리 포로들에게 와서 저녁 시간을 같이 보내곤 했다. 그는 모든 포
로와 친하게 지냈고, 우리를 실망시키지 않았다. George가 남긴 어
떤 문장은 포로수용소의 설화(folk-lore)가 되었다.16)

작업팀에 속한 O'Donnell은 숲에서 작업을 끝내고 포로감시원과 함
께 수용소로 돌아왔다. 조선인 포로감시원(별명: 땅콩)이 O'Donnell
뒤에서 따라온 것이 분명했다. 총성이 들렸으나, 조선인들이 워낙
총기를 엉망으로 다루기에, 포로수용소 본부 누구도 신경을 쓰지 않
았다. 그날 저녁 점호에 O'Donnell이 보이지 않았다. 수색팀이 출동
하자마자 O'Donnell의 시신을 찾았는데, 머리와 가슴, 어깨에 총상
을 입었다. 정면에서 총을 맞았으니 '탈출하려고 했다'는 변명도 통
하지 않았다. (포로들은 강하게 항의했고, '땅콩'은 엄한 징계를 당한
듯 몇 달 뒤에도 얼굴에 상처가 있었다.)17)

어젯밤, 우리 부관 Ron Winning이 조선인 불량배(Korean bully)
Takamoto에게 열병 인원이 정확하지 않으면 할복하겠다고 약속했
다.18)

다수 일본인과 조선인들은, 이미 포로의 급식보다는 훨씬 양질의
급식을 누리면서도, 급식이 부족하다는 핑계로 포로들 급식을 착복
하여, 철도공사를 위해 집도 농토도 뒤로 하고 동원된 현지인 수천

14) Rohan Rivett, *Behind Bamboo*, p.126.
15) Rohan Rivett, *Behind Bamboo*, p.193.
16) Rohan Rivett, *Behind Bamboo*, p.194.
17) Rohan Rivett, *Behind Bamboo*, p.211.
18) Rohan Rivett, *Behind Bamboo*, p.224.

명에게 팔아먹고 있었다.19)

수용소에 울려 퍼진 매질 소리가 400대를 넘겼다. 동료 둘은 그 날 밤 죽었고, 시체는 포로감시원 화장실에 버려졌다. 한 조선인 포로감시원이 그 사실을 알려주었다. 2년 후 일본이 항복한 후 그의 제보가 사실로 확인되었다.20)

철도공사 구간에서 악명 높았던 일부 감시원을 포함하여, 다수 조선인 포로감시원은 일본 패전시 자신들의 운명에 대하여 불안감을 드러냈다.21) (전세가 기울면서 일본이 포로의 최전방 이동을 계획하자) 조선인들은 (포로의) 이동이 그 자체로 유쾌하지 않고, 게다가 이동이 끝나면 일본군 최전방 방어선 중앙에 포로 3만 명을 두는 꼴이 될 것이라고 설명했다.22)

조선인은 물었다. "전쟁이 끝나고 영국군이 진주하면 조선인은 어떻게 될까?" ... 친근해진 조선인들은 포로들에게 수용소장 Neguchi가 포로 전원을 학살할 수 있다고 알려주었다. 우리는 설마했지만 종전 후 발견된 증거에 의하면, 포로수용소 소장들에게 '연합군 상륙이나 낙하부대 진입 단계가 되면 포로를 살해하라'는 명령이 떨어져 있었다.23)

(일본이 항복할 무렵) 48시간 만에 수용소장은, 가장 비겁한 조선인 포로감시원보다도 훨씬 한심한 인물이라는 사실을 몸으로 보여주었다.24) 대부분의 조선인들은 이제 완전히 우리 편이 되었고, 포로들에게 호의를 베풀었다. 항복 후 닷새가 지나자 일본은 태국 내의 조선인 포로감시원 전원에게 200 tical씩을 주고, 이제 복무가 끝났으니 알아서 갈 길을 가라고 하였다.25)

19) Rohan Rivett, *Behind Bamboo*, p.235.
20) Rohan Rivett, *Behind Bamboo*, p.274.
21) Rohan Rivett, *Behind Bamboo*, p.357.
22) Rohan Rivett, *Behind Bamboo*, p.362.
23) Rohan Rivett, *Behind Bamboo*, p.375.
24) Rohan Rivett, *Behind Bamboo*, p.376.

포로감시원 조문상의 운명

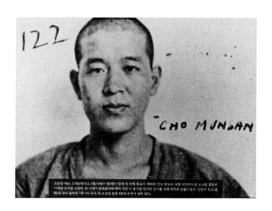

처형된 조선인 청년 각자에게는 한 많은 사연이 있을 것입니다. 1947년 2월 25일 싱가포르 창이교도소에서 26세 조선 청년이 교수형을 당했습니다. 죄명은 포로 학대, 그는 범죄사실을 부인했으나 법정은 받아들이지 않았습니다. 교수대로 끌고 갈 경비병의 발걸음 소리가 들릴 때까지 누런 화장지에 연필로 쓴 유서도 발견되었습니다. 경성제대를 중퇴한 엘리트 청년 조문상(창씨명, 히라라 모리쓰네)은 어떤 사연으로 포로감시원에 지원하였을까요? 그의 사연은 1991년 8월 15일 NHK 뉴스특집 <조문상의 유서>에서 소개된 후 국내에서도 보도되었습니다.[26]

  "인생 최대의 고통과 슬픔이다. 내 인생은 이 방을 나갈 때까지만
  이다. 그것도 벌써 8분이 지났다. 이제 2분 남았다. 나, 조문상이여
  힘내라. 9시 종이 울린다. 평온하고 천천히 종이 울린다. 어머님 아

---

25) Rohan Rivett, *Behind Bamboo*, p.377.
26) 1991년 8월 16일 (21:00) KBS 뉴스 "조선인 전범혐의 교수형 당한 조문상씨 옥중유서 공개"

버님 고맙습니다. 누나야 동생아, 잘 있거라. 왔다. 드디어 온 모양이
다. 이것으로 이 글을 마친다. 이 세상도 안녕."[27]

전범 이학래 - 그의 투쟁

이학래의 인간미 - 유동조의 회고

17세 포로감시원 이학래도 타이―미얀마(泰緬) 철도공사 현장에
투입되었습니다. 싱가포르 법정에서 사형을 선고받아 11년 복역했
고, 전범 당사자들과 유족 모임 동진회(同進會) 활동에 진력하다가
2021년 3월 28일 도쿄에서 숨을 거두었습니다.

폐결핵은 많은 전범을 괴롭혔습니다. 1954년 석방된 전범 유동조
도 폐결핵으로 고전했습니다. 신체검사에서 폐결핵이 드러나면 직장
을 얻을 수 없었고, 건강보험을 적용받으려면 '6개월 이상 근무'가
요건이었습니다. '대리 신체검사'라는 꾀를 내어 겨우 GHQ 소속 민
간첩보국 CIC에 들어갔으나 1주일 만에 쓰러집니다. 아무도 없는 도
쿄에서 폐에 물이 고이는 하루하루를 버텨 6개월을 채웠고, 다음 날
바로 도쿄대학병원에 입원했답니다. 스가모 프리즌(Sugamo prison) 관
리권이 일본 정부로 넘어오면서 재소자의 외출이 가능해졌습니다.
이학래는 재감 중에 도쿄 미나토구(港區)의 노동자학교에 1년 통학
하였습니다. 유동조는 회고합니다.

"이학래 그 놈 참 거지꼴이었지. 차비도 없었을 텐데... 주간지며
시시한 과일이며 선물을 들고 말이지. 일부러 병원까지 와 줬지. 지
금으로 치면 그다지 먼 거리가 아니지만 당시만 해도 완전 두메산

---

27) 정혜경, 『조선청년이여 황국신민이 되어라』, 132,133쪽.

골이었어. 그런 곳에 혼자 입원한 나를 일부러 찾아와 주었던 사람
이 이학래였지. 정말 기뻤어.... 그러니까 부모형제가 없는 내게는 친
동생같은 존재야."[28]

석방과 재구금

이학래는 방콕에서 종전을 맞습니다. 자신이 전쟁범죄로 처벌되리
라는 생각은 꿈에도 하지 않았겠지요. 절에서 시간을 보내다가, 9월
28일까지 집합하라는 연합군의 명령에 따라 집합장소에 갔습니다.
분위기가 살벌하더랍니다. 포로수용소를 접수한 연합군은 포로감시
원을 일렬로 세워놓고 포로들로 하여금 자기들을 학대한 자를 적발
하라고 지시했습니다. 이학래의 운명은 여기서 엇나갔습니다. 오스
트레일리아군에 의해 체포되어 방콕 교외 반얀교도소에 임시 수용되
었고, 1946년 4월 싱가포르 창이교도소로 이감되었습니다. 단 한 차
례 조사를 받고 기소되었는데, 공소장에는 자신이 난데없이 '힌똑
(hintok) 수용소 소장이자 캠프관리 장교'로 승진해 있었습니다.

1946년 10월 24일 '공소 취하' 통지를 받고 독방에서 잡거방(雜居
房)으로 옮겼습니다. 1946년 12월 24일 석방되어 1947년 1월 7일 홍
콩 경유 부산행 귀국선에 올랐습니다.[29] 1947년 1월 19일 홍콩港에
서 영국 장교가 헐레벌떡 이학래를 찾았습니다. 연락담당자는 이학
래를 보호하고자 하였으나 역부족이었습니다. 일행 2명과 함께 홍
콩의 스탠리교도소로 끌려가 독방 신세로 불안에 떨다가, 1947년 2
월 18일 영국 군함에 실려 싱가포르 창이교도소로 돌아갔습니다.[30]

---

28) 우쓰미 아이코 지음·이호경 옮김, 『조선인 BC급 전범, 해방되지 못한 영혼』, 동
   아시아, 2007, 285~287쪽.
29) 이학래 지음·김종익 옮김, 『전범이 된 조선청년』, 민족문제연구소, 2017, 62~73쪽.
30) 이학래 지음·김종익 옮김, 『전범이 된 조선청년』, 74~77쪽.

학병 경력의 이병주는, 전범으로 싱가폴에 끌려간 조선인 포로감
시원은 약 500명이라고 증언합니다. 감시원이 포로를 학대한 사실
이 있기는 했지만 그것은 대부분 감시원이 무식한 탓이었고, 따지고
보면 그들은 상부의 지시를 그대로 지켰을 뿐이니 만일 책임을 묻
는다면 상층의 책임자에게 물을 일이지 말단에 있는 감시원을 처벌
할 문제가 아니었다고 주장합니다.[31]

사형선고와 감형

추가 조사도 없이 1947년 3월 10일 다시 공소장을 받았습니다.
"환자에게 무리한 노동을 시켜 다수 포로를 사망하게 하였다"는 범
죄사실이 더해졌고, 고소인이 4명에서 9명으로 늘었습니다. 고소인
중에 던롭(Dunlop) 중령이 추가되어 긴장하였습니다. 유리한 증언을
해주겠다고 먼저 연락해 왔던 우스키 기시호(臼杵喜司穗) 중위는 이
미 사형이 집행되어 저세상으로 떠난 뒤였습니다.[32]

일본에서 온 국선변호사 스기마쓰 후지오(杉松富士雄)는 '일본어가
형편없다'고 언짢은 표정을 지었고, 증인신청은 기각됩니다. 만난
적도 없는 이시이 다미에(石井民惠) 대좌(대령)가 "포로감시원이 수
용소 책임자일 수 없다"고 증언해 주었습니다. 이미 사형판결을 선
고받은 사형수의 증언이었으나 효력이 없었습니다. 호주군 검찰이
포로의 진술—"He occupied the position of the Camp Commandant
(그가 수용소 소장이었다)"—을 객관적 검토 없이 '증거요약(Precis of
Evidence)'에 올렸던 점이 문제였습니다. 1947년 3월 18일과 20일 두
번 재판을 받았는데, 1947년 3월 20일 재판장의 목소리가 울렸습니

---

31) 이병주, 『관부연락선 2』, 신구문화사, 1972, 137쪽.
32) 이학래 지음·김종익 옮김, 『전범이 된 조선청년』, 81,82쪽.

다. 기소부터 판결까지 열흘 남짓, 초스피드였습니다. "HIROMURA KAKURAI, Stand up, The Court sentences to death by hanging(히로시마 카쿠라이, 교수형을 선고한다)." 히로무라 가쿠라이는 이학래의 창씨명입니다. 1947년 11월 7일 이학래는 호출을 받았습니다. 사형집행을 예감했으나, 연락 장교가 '20년 징역형으로 감형'을 통고했습니다. 지옥에서 천국으로 솟았습니다.[33]

창이교도소 재소자 전원은 1948년 10월 오트럼교도소로, 1951년 8월 27일 일본 스가모 프리즌으로 이감됩니다. 창이교도소와 오트람교도소에서 조선인과 일본인은 반목했습니다. 조선인 군속의 불리한 증언으로 일본군이 사형을 선고받기도 했으니, "조선인을 군속으로 뽑은 게 가장 큰 실수였다"고 일본군끼리 쑥덕댔고, 그런 분위기에서 일본인 대위가 조선인 10여명에게 몰매를 맞기도 했습니다.[34]

왜 감형인가?

1991년 일본정부를 피고로 국가배상 청구 소송을 제기하고 오스트리아로부터 전범 재판기록을 송부받고 나서야 감형사유를 알았습니다. 알고 보니 던롭 중령은 끝까지 선서진술서(affidavit)에 서명하지 않았습니다. 무성의하게 변론한다고 불만을 잔뜩 품었던 스기마쓰 후지오 변호사도 판결 선고 직후 '탄원서'를 내주었습니다. 조선인 포로감시원이 실세일 수가 없고, 절차가 졸속으로 진행되었고,

33) 「한겨레 21」 2007.03.07.(수) 제650호 "B·C급 전범 히로무라 가쿠라이 '나는 억울하다.'"; 재일코리안변호사협회 편저·박인동 옮김, 『일본재판에 나타난 재일코리안』, 한국학술정보, 2010, 84,85쪽; 이학래, 『전범이 된 조선청년』, 87~98쪽.
34) 우쓰미 아이코 지음·이호경 옮김, 『조선인 BC급 전범, 해방되지 못한 영혼』, 218~220쪽.

기소된 범죄사실 중 명백한 오류도 보이며('던롭을 폭행하였다'는 공소
사실의 폭행자는 이학래가 아닌 제3의 인물이 명백했습니다), '이미 석방
되었던 피고인을 재차 기소하여 사형선고하였으니 가혹하다'는 내
용이었습니다.[35] 오스트리아 관할 법무감은 스기마쓰 변호사의 탄
원 중 '이미 석방되었다가 재차 기소되었다'는 점이 걸렸습니다. 재
조사를 요청하고, 죄질이 특히 불량하지 않다는 판단이 서자 감형
을 요청했습니다.[36]

수많은 법정, 적법절차의 한계

동시다발로 7개국이 관할하는 49개 전범법정이 마련되었으니, 언
어도 불명했고, 적법절차의 한계도 뚜렷했습니다. 일본은 인도네시
아를 점령한 후 식민자인 네덜란드 식민자인까지 몽땅 억류했습니
다. 승전국이 된 네덜란드는, 네덜란드인 수용소 근무 일본군과 포
로감시원까지 전원 구금했습니다. 포로감시원은 수용소 질서유지를
이유로 네덜란드 여성의 뺨을 때리기도 했고 대나무 봉을 휘두르기
도 했답니다. 사소하다고 여긴 자신의 행위가 어떤 결과로 나타날지
는 전혀 예상하지 못했겠지요.

포로감시원 이상문도 구속되었으나 다행히 무죄 방면되어 1947
년 3월 귀국하였습니다. 이상문은 귀향길에 전범 변호인단을 방문
하여 민간인 수감자 폭행으로 기소된 조선인 전범 공소장 5건을 손
으로 일일이 베꼈습니다. 각 공소장에는, 억류된 민간인 5천명 중
'누구를' '어디서' '언제' 폭행하였는지 특정되어 있지 않았습니다. 민
간인 수용소 근무자로서 전범이 된 44명 중 26명(1명 총살형)이 조선

35) 이학래 지음·김종익 옮김, 『전범이 된 조선청년』, 97,98쪽.
36) 김민철, "호주군의 재판자료로 본 조선인 BC급 전범", 「동북역사논총」 제69호,
    (2020. 9), 223쪽.

인 군속이었습니다. 억울하다는 전범의 호소는 이런 사연을 배경으로 합니다.[37]

스가모 프리즌의 분위기

이학래는 1951년 B·C급 전범 231명(조선인 31명, 대만인 7명 포함)과 함께 스가모 프리즌 이감(移監)을 위하여 요코하마港에 도착하였습니다. 애국지사의 귀환인 양 가족들이 몰려 축제 분위기를 연출했습니다.[38] 기시 노부스케(岸 信介) 등 A급 전범은 이미 1948년 12월 석방되었습니다. 1950년 6월 한국전쟁 이후 사형수에 대한 대대적인 감형이 이루어졌고, 미군 교도관이 한국전선으로 출동하면서 일본인 교도관으로 교체되었습니다.

1951년 9월 8일 샌프란시스코 평화조약이 체결되어 1952년 4월 28일 발효합니다. 평화조약 발효 후 스가모 프리즌은 '스가모(巢鴨)형무소'로 개칭되었습니다. 유명 가수, 스모 챔피언, 만담가, 정치인 등 위문단이 쇄도하였다지요. 전범재판을 노골적으로 '보복재판'이라고도 깎아내리기도 하고, 전범을 영웅시하기도 했습니다. "스가모에 위문 가지 않으면 일본인이 아니다"는 말도 돌았습니다.[39] 복역 중이던 일본인 A급 전범이 대부분 석방되자, 샌프란시스코 평화조약의 발효에 맞춰 일본 국적을 상실한 한국인·대만인 B·C급 전범들은 "일본 국적을 상실한 한국인·대만인에 대한 일본 정부의 구금은 위법하다"며 인신보호청구를 하였습니다. 1952년 최고재판소는 "일본인으로 처벌 받은 이상 이후 국적 상실은 영향이 없다"는 이유로 청

---

37) 우쓰미 아이코 지음·이호경 옮김, 『조선인 BC급 전범, 해방되지 못한 영혼』, 221~226쪽.
38) 우쓰미 아이코 지음·이호경 옮김, 『조선인 BC급 전범, 해방되지 못한 영혼』, 246쪽.
39) 이학래 지음·김종익 옮김, 『전범이 된 조선청년』, 112쪽.

구를 기각했습니다.[40] 이학래는 11년 복역 후, 일본이 연합군 군정
을 벗어난 지 4년 뒤인 1956년 스가모형무소에서 출소했습니다.

어떤 화해 – 전범이 된 포로감시원과 포로가 된 호주군 군의관

어색한 재회

연합군 포로들에게 도마뱀(lizard)으로 불렸던 전범 이학래는 1991
년 8월 19일과 20일 호주 캠벨(Campbell)에서 열린 「타이·미얀마 철
도 심포지움」에 참가하였습니다. 포로로 고초를 겪은 호주 제대군
인 6명, 일본과 호주의 연구자들이 주도한 모임입니다. 호주 제대군
인 참석자 중에는 이학래를 고소한 던롭(Edward Dunlop) 예비역 중
령도 포함되어 있었습니다.

이학래는 '조선인 전범 전문가' 우쓰미 아이코(內海愛子)로부터 참
석을 권유받았으나 막상 용기가 나지 않았습니다. 1991년 8·15 기
념으로 NHK TV에서 방송한 <조문상의 유서> 취재팀이 미리 던
롭을 인터뷰했습니다. 던롭은 "(이학래에게) 사형까지 선고된 줄은
몰랐다. 미안하다. 내가 할 수 있는 일이 있으면 돕고 싶다"고 말했
습니다. 그 반응을 전해 듣고서야 이학래도 직접 만나서 사죄할 결
심을 굳혔습니다. 심포지엄 첫날 이학래가 마이크를 잡았습니다. 제
대군인들의 분위기는 섬뜩할 정도로 냉정했습니다. 둘째 날 나타난
던롭은 시드니의 집으로 이학래를 초대했습니다. 이학래는 "No
more Hintok, No more war"를 새긴 회중시계를 주었고, 던롭은 자

---

40) 재일코리안변호사협회 편저·박인동 옮김, 『일본재판에 나타난 재일코리안』, 한
   국학술정보(주), 2010, 85쪽.

신의 책 『The War Diaries of Weary Dunlop』를 선물하며, '이미 용서했다'고 했습니다. 이학래가 고향으로 돌아가지 못하고 일본에 주저앉았다는 사연에 '도와 줄 일이 없냐'고도 물었습니다.

이후 몇 번 편지가 오갔습니다. 그때마다 던롭은 '시계를 소중히 간직하고 있다'고 썼습니다. 2년 후 던롭은 사망합니다. 이학래는 그렇게 만나고 화해를 했다는 생각에 가슴을 짓누르던 부담을 던 느낌이었습니다.[41]

힌똑(hintok)

포로 5만 5천 명과 타이 · 미얀마 · 인도네시아 · 말레이 노동자 7만 명이 밀림을 곡괭이로 뚫고 돌산을 다이너마이트로 깨며 타이-미얀마 철도 415km를 깔았습니다. 일본은 인도 동북부 임팔(Imphal)의 연합군을 공격하여 중국과의 연계를 끊고자 했습니다. '임팔 작전'을 앞두고 대본영은 1943년 10월까지로 철도 개통일을 못 박더니, 2개월 공기를 더 단축하라고 요청했습니다. 그 험한 땅 위로 1년 4개월간 하루 890m 철도를 부설하는 신기록이 생산되었으나, 포로들도 동원된 현지인들도 무진장 죽어 나갔습니다. 침목 하나에 사람 목숨 하나꼴이었다는 소문도 돌았습니다.

이학래가 시계에 새긴 문구의 힌똑(Hintok)은 415km 중 지옥의 불고개(hellfire pass)로 불린 가장 험난한 지역을 말합니다. 1943년 2월, 이학래를 포함한 조선인 포로감시원 7명이 연합군 포로 500명을 인솔하여 힌똑으로 향했습니다. 정글의 대나무를 베어 포로 숙소 6동, 일본군 숙소, 취사장을 얼기설기 만들었으나, 우기(雨期)가 닥치자 사정이 달라졌습니다. 콰이강의 물이 불어 선박도 접근이

---

41) 이학래 지음 · 김종익 옮김, 『전범이 된 조선청년』, 192~195쪽.

되지 않고, 진흙탕에 묻혀 차량이 들어올 수가 없었습니다. 일본군은 하루 분 식량 보급량, 지급할 의류 일람표까지 꼼꼼히 작성해 두었다지만 보급망을 확보하는 데 실패했습니다. 포로 7천 명 중 3,087명이 사망한 비극도 힌똑 인근에서 벌어졌습니다. 일본군이 계획한 식량 보급량의 5분의 1 정도로 한 달을 버티다가 빚어진 보급 실패형 참사였습니다.[42]

힌똑에서의 던롭과 이학래

이학래는 철도대(鐵道隊)의 요구에 맞추어 작업 인원을 공급하여야 했고, 호주군 군의관 던롭은 포로 중 환자를 보호하고자 했습니다. 『The War Diaries of Weary Dunlop』의 1943년 3월 17일 일기에는 이학래를 "진짜 꼴도 보기 싫은 놈"으로 기록했습니다. 소송기록에는 '이학래는 늘 던롭과 언쟁했다'고 박혀있습니다. 던롭은 열대성 질병이 만연한 가혹한 환경과 무리한 노동 조건에서 호주군 포로를 지키고자 헌신했고, 덕분에 호주군 포로의 생존율이 가장 높았다고 합니다. 호주군 포로들은 던롭을 '광기와 고통의 세계에 존재하는 이성의 등대'라고 존경했습니다.[43]

이학래는, 일본군이 포로를 인격적으로 대접하지 않았다는 점을 인정하고, 포로의 인도적 대우를 규정하는 제네바포로협약에 대하여는 교육받지 못했다고 항변합니다. 그는 포로들에게 뺨을 때린 사실을 시인하면서, 뺨을 맞는 것이 연합군 포로들에게 얼마나 치욕인지는 나중에야 이해했다고 목소리를 낮춥니다. 연합군 포로의 수기에는 '포로감시원'의 잔학행위가 빠지지 않습니다. 스케치를 남

---

42) 우쓰미 아이코·이효경 옮김, 『조선인 BC급 전범, 해방되지 못한 영혼』, 31~37쪽.
43) 이학래 지음·김종익 옮김, 『전범이 된 조선청년』, 24,25쪽.

긴 포로도 여럿 있습니다. 레오 롤링즈(Leo Rawlings)는 머리카락을 붓으로, 흙과 풀을 염료로 잔혹극을 그렸습니다. 영국인 포로 잭 초커(Jack Chalker)의 스케치는 『歷史和解と泰緬鐵道』라는 제목으로 「아사히신문」이 출판하였는데, 세종대 박유하 교수가 참여한 좌담이 함께 수록되었습니다.

힌똑의 가장 험한 구간을 담당했던 철도대의 히로타 에이지(弘田 榮治) 소위, 포로수용소의 우스키 기시호(臼杵喜司穗) 중위, 포로감시원 이학래—3명 모두에게 '포로학대'를 이유로 사형이 선고되었습니다. 히로타와 우스키는 싱가포르 창이교도소에서 교수형에 처해졌습니다.[44] 이학래의 기소 사실을 알고, 우스키 중위는 '희망을 잃지 말라'고 안부를 전하며, 자신이 책임질 일이라며 증인으로 나서겠다고 했습니다.[45]

던롭은 가해자를 용서하고 전쟁 상처를 치유하는 데 힘을 쏟았습니다. 포로와 그 가족의 복지, 호주와 아시아의 관계 개선을 위해 노력했고, 1988년 'Great Australian 200명'에 선정되었습니다. 이학래와 사이 화해의 사연이 중요한 선정 사유였다고 합니다.[46]

조선인 전범의 애환 - 출소거부 투쟁과 성과

포츠담 선언 제10조 - 포로학대에 대한 처벌

1945년 7월 미국 대통령 트루먼, 영국 수상 처칠, 중화민국 주석 장개석은 독일 포츠담에서 만났습니다(포츠담 회담). 1945년 7월 26일

44) 우쓰미 아이코 지음·이효경 옮김, 『조선인 BC급 전범, 해방되지 못한 영혼』, 47쪽.
45) 이학래 지음·김종익 옮김, 『전범이 된 조선청년』, 71쪽.
46) 이학래 지음·김종익 옮김, 『전범이 된 조선청년』, 24쪽.

의 독일 항복 이후에도 버티는 일본에 대하여 무조건 항복을 촉구하며 항복 조건을 공개하였습니다(포츠담 선언). 포츠담 선언 제10조는 연합국 포로 학대에 대한 강경한 대응을 규정합니다(We do not intend that the Japanese shall be enslaved as a race or destroyed as a nation, but stern justice shall be meted out to all war criminals, including those who have visited cruelties upon our prisoners. ...). 1945년 8월 15일 정오 천황은 포츠담 선언 수용을 발표했습니다.

태평양전쟁 중 연합국의 경고

1941년 12월 미국은 일본 정부에 '1929년 제네바포로협약(Con‒vention relative to the Treatment of Prisoners of War, Geneva July 27, 1929)'의 준수를 요청하였습니다. 이후 3년 반 동안 연합국은 일본의 포로 대우에 여러 번 항의하였고, 라디오로 일본군의 잔학행위와 전쟁책임을 경고하였지요. 중립국인 스위스 공사를 통해 포로수용소 방문을 요청한 것도 134회에 이릅니다. 업무에 철저한 일본 외무성은 그때마다 그 항의를 모두 기록해서 관련 부서에 알렸습니다.[47]

일본군 포로가 된 미군, 영국군, 캐나다군, 뉴질랜드군, 네덜란드군, 호주군의 수는 13만 2,134명이었습니다. 이들 중 3만 5,756명이 포로수용소에서 사망했으니 사망률은 약 27%입니다. 미군만 따지면 상황은 더 나빴습니다. 미군 포로 34,648명 중 12,935명이 세상을 떴습니다. 사망률이 37%가 넘습니다. 반면 나치와 이탈리아의 포로가 된 미군 사망자는 1% 미만, 영국군과 미국군을 합해서 통계를 내더라도 3.6%에 그쳤습니다.[48] 1945년 2월 필리핀 포로수용소

---

47) 우쓰미 아이코 지음·이효경 옮김, 『조선인 BC급 전범, 해방되지 못한 영혼』, 177쪽.

의 참상을 목격한 맥아더는 격노했습니다. 그의 격노에 포로수용소
장 홍사익 중장이 목숨을 잃었습니다.

샌프란시스코 평화조약과 국적, 원호법

샌프란시스코 평화조약 제11조는 일본이 일본 내 전범 재소자에
대하여 연합국 전범재판소의 판결을 수용하고 그 집행을 책임지도
록 했습니다(Japan accepts the judgments of the International Military
Tribunal for the Far East and of other Allied War Crimes Courts both within
and outside Japan, and will carry out the sentences imposed thereby upon
Japanese nationals imprisoned in Japan. ...).

1951년 11월 중의원 법무위원회에서 국무대신과 조약국장은 '형집
행의 계속'은 일본인에 한한다고 발언했습니다. 그런데, 조약 발효
직전인 1952년 4월 12일 정부의 답변이 변하였습니다. "조선인, 대만
인도 제11조에서 말하는 '일본인'으로 해석된다"고 했고(중의원 법무
위원회 회의록 제31호, 1952년 4월 12일), 외무성도 같은 입장이었습니
다.49) 조약 발효 이틀 후인 1952년 4월 30일 일본은 군인연금을 부
활하고, 패전 직후 연합군에 의해 적용이 중단되었던 「戰傷病者戰歿
者遺族等援護法(전상병자전몰자유족등원호법)」을 개정하여 1952년 4월
1일부터 소급 적용하였습니다. 단, '호적법'의 적용을 받지 않는 자에
대해서는 당분간 원호법 적용을 배제하는 것으로 했습니다.

일본정부는 '法務府 民事局長 通達'에 의해 샌프란시스코 평화조
약 발효일인 1952년 4월 28일을 기준으로, 舊 식민지 출신자, 즉 조

---

48) Laura Hillenbrand, *Unbroken*, Random House, 2014, pp. 321,322.
49) 우쓰미 아이코 지음·이효경 옮김, 『조선인 BC급 전범, 해방되지 못한 영혼』,
257,258쪽.

선인과 대만인이 '일본에 거주하더라도' 일본 국적을 상실하는 것으로 정리했습니다. 그때까지 내지(內地, 일본 본토) 거주 조선인에게는 선거권·피선거권이 모두 인정되어 박춘금은 중의원을 연임하기도 했습니다. 1945년 종전 후에도 7년간 조선인은 일본 국적을 보유했습니다. 일본 헌법 제10조는 "일본 국민의 요건은 법률로 정한다"고 규정합니다. 행정통지만으로 재일한국인의 일본 국적을 상실하게 한 것은 위헌이 아닌가 하는 의문이 있습니다. 세계인권선언 제15조 제2항은 '자의적으로 국적을 박탈당하지 않을 권리'를 인정합니다.[50]

영국은 미얀마의 독립을 승인할 즈음 미얀마인에게 입법을 통해 영국 국적을 선택할 기회를 주었고, 프랑스도 프랑스 거주 알제리인에게 국적 선택권을 주었습니다. 제2차 세계대전 패전국 독일 또한 在독일 오스트리아인에게 국적문제규정법을 입법하여 마찬가지 조치를 취했습니다. 카이로 선언으로 한국의 독립이 인정되었고, 일본의 패전으로 영토가 변경되었으니 국적 변경은 피할 수 없다는 입장도 있겠으나, 일본에 거주하게 된 배경을 묻지도 따지지도 않고, 입법도 아닌 행정통지로서, 망라적으로 국적을 상실하게 한 조치는 지나치게 거칠었습니다.[51]

1952년 4월 1일로 원호법을 소급 적용하면 한국인과 대만인은 아직 일본국적자입니다. 원호법의 적용을 피하고자 별도로 '호적법'을 기준으로 하였습니다. 식민지 통치하에서 일본인은 '內地 호적', 조

---

50) Art. 3.15.
   1. Everyone has the right to nationality.
   2. No one shall be arbitrarily deprived of his nationality nor denied the right to change his nationality.
51) 재일코리안변호사협회 편저·박인동 옮김, 『일본재판에 나타난 재일코리안』, 한국학술정보(주), 2010, 106,107쪽.

선인은 '朝鮮 호적'으로 구별 적용하였고, 양자(養子)나 혼인 등 신분행위가 없는 한 호적의 이동은 불가했습니다. '호적법'에 의하면, 일본 내 식민지 출신자에게는 '內地 호적법'이 아니라 '外地 호적법'이 적용됩니다. 원호법 적용에서 호적법을 끌어들임으로써 원호법의 혜택을 식민지 출신 대상자로부터 배제할 수 있었습니다.[52] 결국 조선인 전범은 '일본인'으로 형기를 마치되 원호와 보상을 누릴 수 없다는 취지였습니다.

1955년 4월 1일 이학래와 70명의 동료들은 '한국출신 전범자 동진회'를 만들었습니다. 동진회는 계보가 있었습니다. 재소자 모임으로 먼저 '향수회(鄕愁會)'가 결성되고 스가모 프리즌 이감 이후 '한인회'로 확대하였는데. '한인회'가 '동진회'로 발전하였습니다. '동진회'는 원호에서 배제된 점에 분노하고, 국가 보상과 유족 보상 청구에 집중하였습니다.[53]

박창호의 투쟁

박창호(朴昌浩)는 1954년 12월 29일 가석방 대상이 되었으나, 12월 29일부터 출소 거부 단식투쟁을 시작하였습니다. 조선인 전범들은 조선에서 동원되어 동남아시아에서 근무한 청년들입니다. 현지 포로수용소에서 스가모 프리즌으로 이감되어 일본에서 출소하게 되었으니, 일본에 연고가 있을리 없었습니다. 이에 대한 배려 없이 일본 재소자 기준으로 출소를 시키면, 당장의 거처는 물론 수중에는 한국으로 돌아갈 뱃삯조차 없기 마련이었습니다.

---

52) 쿠누기 에니(功刀惠那)·이영학, "일본의 한국인 BC급 전범관련 자료 현황에 관한 연구", 「기록학연구」 54, 2017, 130,131쪽.
53) 이학래 지음·김종익 옮김, 『전범이 된 조선청년』, 125쪽.

"법무대신과 형무소장에게, '주택을 알선하고, 피복과 침구를 지급하며, 일시 생활자금으로 7만 엔을 달라'며 교섭했지만 '선처한다'는 답변만 있을 뿐이므로 이 상태로는 출소할 수 없다"는 것이 박창호의 주장이었습니다. 실제로 이는 조선인·대만인 재소자 전원의 문제였습니다. 스가모형무소 동료들이 기자단에게 성명서로 호소했으나 언론도 무관심했습니다. 사실은 1952년 12월 12일에 이미 재소자 29명이 정부에 제출했던 청원이었습니다. 청원으로 반응이 없자 조선인 전범들은 시위, 진정, 출소거부로 수위를 높였습니다. 조직의 필요성도 자각하였습니다.[54]

투쟁의 조직화

'동진회'는 1955년 4월 23일 내각총리대신과 각 대신 앞으로 '청원서'를 제출했습니다. 일본인 전범과의 차별대우 철폐, 출소 후 일정 기간 생활보장(공영주택, 무상임대주택 등 주택 제공, 취업 알선, 일시 생활자금 지급, 피복·침구 지급, 일시 귀국허가 등)의 내용이었습니다.[55]

1955년 5월 31일 조선인 전범 2명이 출소를 연기하였습니다. '출소해도 갈 데가 없다'는 호소가 동료 재소자들에게 미친 파문이 컸습니다. 재소자 자치조직 '스가모 운영위원회' 대표는 6월 3일 몇몇 중의원에게 지원을 요청했고, 그들은 사회노동위원회와 내각위원회에서 문제를 제기하고, 법무성에 전화 항의했으나 '더욱 노력하겠다'는 판에 박힌 답변뿐이었습니다. 재야단체까지 '전면적 협력'을 약속하는 가운데, 2명의 석방 연기는 스가모형무소 전체의 문제로

---

54) 우쓰미 아이코 지음·이효경 옮김, 『조선인 BC급 전범, 해방되지 못한 영혼』, 296쪽.
55) 우쓰미 아이코 지음·이효경 옮김, 『조선인 BC급 전범, 해방되지 못한 영혼』, 297,298쪽.

주목 받습니다. 이미 출소한 조선인 전범이 생활고로 자살한 사건
도 알려졌습니다. 수차례 음독자살을 시도하였다가 목을 맨 사연입
니다. 1956년에는 투병생활에 지쳐 철로에 뛰어들어 목숨을 끊은
전범도 있었습니다.

이런 과정을 거쳐 1955년 7월 28일 「스가모형무소 출소 제3국인
지원 대책」이 합의되었습니다.

1. 일시 거주 시설: 조선인과 대만인을 위한 일시 거주 시설 구
    축, 300만 엔 보조하고 별도 300만 엔 대출
2. 생업자금 대출: 법인을 설립하여 필요 자금 300만 엔 대출

다음 해에 일시거주 시설 보조금 400만 엔이 추가되어 합계 1천
만 엔으로 거주시설 세 곳을 확보하고, 생업자금은 1955년과 1956
년 각 300만 엔, 1957년 45만엔 합계 645만 엔이 제공되어 한 사람
에게 각 5만 엔을 한도로 대출할 수 있었습니다.[56] 이것이 동진회
투쟁의 서막이었습니다.

일본에서의 소송과 실패

조선인 전범 148명을 대표하여 주로 '동진회' 임원으로 원고단을
구성하였습니다. 일본 변호사 7명의 지원으로, 1991년 11월 12일 도
쿄지방법원에 일본 정부를 피고로 손실보상 청구를 제기하였습니
다. '일본의 전쟁 책임을 대신 짊어진 한국 · 조선인 BC급 전범을 지
지하는 모임'도 결성되었습니다.[57]

1996년 9월 9일 법원은 "원고의 피해는 일본 국민이 다 같이 수
인(受忍)해야 할 전쟁 희생 내지 전쟁 피해와 같이 보아야 할 것이

---

56) 우쓰미 아이코 지음 · 이효경 옮김, 『조선인 BC급 전범, 해방되지 못한 영혼』, 300쪽.
57) 이학래 지음 · 김종익 옮김, 『전범이 된 조선청년』, 177쪽.

며 '특별한 희생'이라고 할 수 없다"고 판결했습니다. 그러나 판결문 말미에 입법조치에 대한 희망을 달았습니다. "우리나라의 前 군인·군무원 및 유족에 대한 원호조치에 상당하는 조치를 강구하는 것이 바람직하다는 사실은 말할 필요도 없다." "구식민지 주민을 포함한 외국인에 대한 전후보상 문제에 좀 더 진지하게 대응하지 않으면, 국제사회에서 일본인의 양심이 의심받는다"는 논조의 '사설'도 등장했습니다.58)

1998년 7월 13일 항소가 기각되었으나 법원은 "조기 입법조치가 기대된다"고 부언하였습니다, 각 신문도 "입법부의 태만을 재차 경고"라고 보도했습니다. 1999년 12월 20일 최고재판소도 상고를 기각했습니다. 그러나 판결문이 그리 냉혹하지는 않았습니다. "입법조치가 강구되지 않은데 대한 상고인들의 심정은 이해할 수 있지만, 이러한 희생 내지 손해에 대해서 입법을 기다리지 않고 전쟁 수행 주체였던 국가를 상대로 국가 보상을 청구할 수 있다는 조리(條理, 법의 일반원리)는 현재까지 존재하지 않는다. 입법부의 재량적 판단에 위임되었다고 해석하는 것이 마땅하다."59)

2000년 6월 「평화조약 국적이탈자 등인 전몰자 유족 등에 대한 조위금(弔慰金) 등의 지급에 관한 법률」이 제정되어, 일본 거주 전사자의 유족과 중증 전상병자가 위로금 200만 엔을 받을 수 있게 되었습니다. 일본정부는 1987년 9월 「대만 주민인 전몰자의 유족 등에 대한 조위금 등에 관한 법률」을 제정하여, 대만 출신 전 일본군 및 군무원, 그 유족 등 3만여명에 대해 일률적으로 200만 엔을 지급한 바 있습니다.60) 일본인 군인·군무원이 받는 은급(연금)에 비해

---

58) 이학래 지음·김종익 옮김, 『전범이 된 조선청년』, 186쪽.
59) 이학래 지음·김종익 옮김, 『전범이 된 조선청년』, 187~189쪽.

서는 많이 부족한 액수입니다.

대한민국 외교부 탄원

1966년 5월 20일 '동진회'는 한국정부에 탄원서를 제출하였습니다. 외무부장관은 답합니다.

> "귀하가 탄원한 '동진회 회원의 일본정부에 의한 전후보상의 진전을 요구하는 요청'에 대하여, 인도적 견지에서 적절한 조치를 마련하도록 일본 정부에 요청할 것을 주일대사에게 지시했음을 알립니다."[61]

2005년 한국정부가 한일협정 한국 측 의사록을 공개했습니다. 1952년 2월 4일 제29회 예비회담 중 "한국 측이 현재 스가모형무소에서 복역 중인 한국인 전범자에 대한" 일본 정부의 방침을 질문하였습니다. 일본 측은 "그것은 별개 문제이니 별도로 논의하고 싶다"고 답변했습니다.[62] 이학래는 청구권협정에 따라 '완전히, 최종적으로 해결 완료' 되었다는 것이 그간 일본정부의 입장이었다며 일본정부를 비난합니다. 2010년 12월 23일 '일제강점시 강제동원 피해진상규명 위원회 최종보고서'에도 "조선의 청년들은 전장에 몰아서 법정에 서게 하면서도, 전후 조선인 청년에게 지원을 거부해 온 일본정부를 비판하며, 역사적 책임을 질 것을 촉구한다"는 성명서가 포함되었습니다.[63]

---

60) 「중부일보」, 입력 1999.08.24. 10:12, "日, 재일한인 군인·군무원 보상특별법제정 추진"
61) 쿠누기 에니(功刀惠那)·이영학, "일본의 한국인 BC급 전범관련 자료 현황에 관한 연구", 「기록학연구」 54, 2017, 134쪽.
62) 쿠누기 에니(功刀惠那)·이영학, "일본의 한국인 BC급 전범관련 자료 현황에 관한 연구", 132쪽.

헌법재판과 실패

2014년 10월 14일 '동진회' 회원과 유족은 정부를 상대로 헌법재판소에 '부작위 위헌확인 청구'를 하였습니다. 한국정부가 전범이 된 피해자 배상 문제를 한일청구권협정 절차에 따라 해결하지 않고 방치함으로써 기본권을 침해하고 있다는 논거였습니다.

2021년 8월 31일 헌법재판소는 '각하' 결정을 하였습니다. "한국인 전범들이 국제 전범재판에 따른 처벌로 입은 피해와 관련하여 (한국정부에게) 한일청구권협정에 따른 분쟁해결 절차에 나아가야 할 구체적 작위의무가 인정된다고 보기 어렵다"고 판단했습니다. 이들의 피해가 국제 전범재판소 판결에 따른 처벌에서 비롯된 만큼 한일청구권협정의 대상이 아니고, 헌법재판소도 국제전범재판의 국제법적 효력을 존중해야 한다는 뜻이었습니다.[64]

'지원'인가, '강제동원'인가?

어떤 지원 경위 - 이학래의 경우

"면사무소에서 남방(南方)에서 포로를 감시하는 일을 할 사람을 모집하고 있대. 월급 50엔에 2년 계약이래. 나도 갈 생각인데 너도 가지 않을란가? 두 살 위의 선배가 권유했어요. 1942년 5월의 일입니다. 그때 저는 열일곱 살이었어요. 이미 청년단과 소방단에 호출되었으니 어차피 어딘가로 가지 않으면 안 될 것이라는 생각은 하고 있었어요. 시절이 시절인 만큼 집에서 한가하게 있을 수 있는 분

---

63) 쿠누기 에니(功刀惠那) · 이영학, "일본의 한국인 BC급 전범관련 자료 현황에 관한 연구", 136쪽.
64) 헌법재판소 2021. 8. 31,자 2014헌마888 결정.

위기가 아니었어요."65)

옹호(擁護)의 시선 – 우쓰미 아이코(內海愛子)

舊식민지 출신 전범에 대하여 '옹호의 연구'를 한다고 평가받는 우쓰미 아이코는, 이학래와 그 동료들의 생각을 빌어, 포로수용소 감시원 모집은 '지원이라는 이름표를 단 강제징용이었다'고 평가합니다.

> "당시 조선 청년에게 자유롭게 인생을 선택할 권리는 없었다. 군대에 가든지, 탄광에 가든지, 둘 다 싫어서 응모한 사람들도 상당수였다. 총을 잡고 싶지 않아서 군속이 된 사람도 있다. 집안의 말썽이 싫어 어디론가 떠나고 싶어 응모한 사람도 있다. 50엔이라는 월급에 매력을 느낀 사람, 2년이라는 계약 기간에 매력을 느낀 사람, 아마도 응모 동기는 3,000명 모두 제각각 다를 것이다. … 시대는 완전히 폐쇄된 상황이었다. 스스로 인생을 선택할 수 없었던 청년들이 다른 길보다 좀 낫다고 생각해서 선택한 것이 포로감시원이었다. 이를 지원이라고 부르기에는 시대가 너무나 험악했다. 물리적으로 강제되어 끌려간 것은 아니지만 심리적으로 강제적으로 끌려간 것이다. 이학래씨와 같은 군속들은 지원이라는 단어를 사용하지 않는다. 형식은 지원이었지만, 지원할 수 밖에 없도록 몰린 심리적 강요를 문제 삼고 싶기 때문이다."66)

'일제강점하 강제동원 피해진상규명위원회'의 결정

태평양전쟁의 조선인 B·C급 전범은 모두 148명, 이 중 포로감시원이 129명입니다.67) 2006년 '일제강점하 강제동원 피해진상규명위

---

65) 이학래 지음·김종익 옮김, 『전범이 된 조선청년』, 44쪽.
66) 우쓰미 아이코 지음·이호경 옮김, 『조선인 BC급 전범, 해방되지 못한 영혼』, 166쪽.
67) 대만인은 173명으로 더 많았다. 조선인 148명 중 군인은 홍사익 장군과 지원병 2

원회'는 연합국 법정에서 전범으로 판결받은 포로감시원 129명 중 86명(사형수 14명 중 13명)에 대해 '강제동원 피해자'로 인정하였습니다. 실제로 피해 신고를 한 인원이 86명이었으니 신고자 전원의 손을 들어준 셈이지요.

진상규명위원회 내부 논의에서, 어느 정도 교육 수준을 갖춘 포로감시원과 통역에 대한 강제성은 처지가 다른 '위안부' 등에 대한 판단기준과 달라야 한다는 의견도 있었다고 합니다. 진상규명위원회 B·C급 전범자 담당 조사관 이세일은, "국가총동원법이 시행된 후에는 일본이 정책 결정을 하면 어떤 수단을 사용해서라도 동원하고 있었기 때문에, 형식은 지원일지라도 강제성이 인정된다"는 결론에 이르렀다고 설명합니다.[68]

우쓰미 아이코의 염려

다큐멘터리 거장 정수웅 PD의 <남태평양의 원혼들-포로감시원>이 1989년 MBC를 통하여 방송되었으나 자바 '고려독립청년당'에 초점을 맞춘 프로그램이었습니다. 정수웅 PD도 B·C급 전범을 부각하기에는 조심스러웠을 겁니다. 2006년 8월 KBS 스페셜 <8·15 기획, 해방되지 못한 영혼-조선인 BC급 전범>이 'B·C급 전범'이라는 쟁점을 본격적으로 제기합니다. 이 무렵 '조선인 B·C급 전범' 처벌자가 '강제동원 피해자'로 인정받으면서, 전범 유족들이 목소리를 내기 시작했습니다. 2007년 2월 25일 해방 62년 만에 유족들이 얼굴을 맞대고 '유족회'를 결성하였습니다.

『적도에 묻히다』, 『조선인 BC급 전범의 기록』 등을 집필한 우쓰

명이었다(위키백과).
68) 이학래 지음·김종익 옮김, 『전범이 된 조선청년』, 223쪽.

미 아이코 일본게이센여학원 명예교수(81세)가 <2022년 만해평화
대상>을 받았습니다. 아무도 관심을 갖지 않던 '조선인 B·C급 전
범' 스토리를 추적한 학자입니다. '양칠성'의 존재도 우쓰미가 발굴
하였습니다. 우쓰미 아이코는 발언합니다.

> "지금까지 한국 사회에서 숨죽이고 살아온 유족들이 '전범은 무
> 죄다', 이렇게 주장한다. … 그 기분은 가슴이 아플 만큼 이해할 수
> 있다고 해도, 한국 정부의 피해자 인정 결정이 전쟁 재판의 핵심부
> 까지는 접근하지 못하였다. 전범 재판을 전적으로 부정할 수 있을
> 까? 이 의문이 여전히 남는다."[69]

대한민국 독립유공자 서훈

2008년 이후 대한민국 정부는 포로감시원 12명을 독립유공자로
서훈했습니다. 1944년 12월 29일 밤 인도네시아 웅아란(Ungaran) 산
기슭에서 포로감시원 10명이 혈서로 맹세하고 '고려독립청년당'을
결성하였습니다. 당시 포로감시원들은 샌프란시스코에서 송출되는
VOA(Voice of America) 한국어 방송과 연합군 포로들과의 접촉으로
전황을 짐작하고 있었습니다. 고려독립청년당을 결성하고 1주일도
지나지 않은 1945년 1월 4일, 포로감시원 일부가 싱가포르로 전속
명령을 받았습니다. 전속 대상에는 고려독립청년당원 손양섭과, 손
양섭이 신규당원으로 포섭한 민영학과 노병한이 포함되었습니다.

민영학은 당일 몹시 흥분해 있었다는데 그 이유에 대해서는 여러
가지 해석이 있습니다. 이들 3명은 트럭으로 싱가포르로 이동 중 트

---

[69] 우쓰미 아이코 지음·이호경 옮김, 『조선인 BC급 전범, 해방되지 못한 영혼』,
328,329쪽.

력을 탈취하고, 무기고를 접수하여 경기관총, 소총, 탄약으로 무장하고, 기차역사에 총격하고, 군수품 납품업자를 사살하고, 형무소 소장을 사살하였습니다. 헌병대에는 "시내에서 일본인 의사, 네덜란드, 혼혈인, 인도네시아 현지인에게도 무차별 총격하여 수십명의 사상자가 발생했다"며 긴급출동을 요청하는 전화가 왔답니다. 총격의 피해자 수에 대해서도 사람마다 말이 다릅니다만, 자바 포로수용소가 작성한 공식기록은 이렇습니다.

> "군의 말레이 포로수용소 전출명령을 회피하려 한 것이 동기. 출발 당일 도망, 이틀에 걸쳐 군인·군속·일본인·인도네시아인 등 12명을 사살하고 3명에게 부상을 입히는 사건을 일으키고 자결했음."70)

1월 7일, 3명의 자살 소식을 알게 된 고려독립청년당 총령 이억관은 이 총기난동을 '고려독립청년당 제1차 거사'로 규정했답니다.71) 이들 3명에게는 2008년 '애국장'이 수여되었습니다. "형무소장과 군납업자 등 일본인 사살"이 공훈사실입니다.72)

B·C급 전범으로 고통받은 포로감시원에 대하여 일본정부가 법률적 기교를 부려 원호책임에서 벗어난 점을 비난할 수는 있습니다. 우리 정부가 고통받은 그들에게 강제동원 피해자로서 적절한 배려를 한다면 그것도 이해할 수 있습니다. 그러나 일반론으로 '전범은 무죄'라고 주장한다거나, 나아가 공훈사실을 가공하여 '독립유공자'를 인정하는 취지라면 지나치다는 생각입니다.

---

70) 우쓰미 아이코, 무라이 요시노리 지음·김종익 옮김, 『적도에 묻히다』, 220~227쪽.
71) 우쓰미 아이코, 무라이 요시노리 지음·김종익 옮김, 『적도에 묻히다』, 227쪽, 230쪽.
72) 공훈전자사료관 <https://e-gonghun.mpva.go.kr/diquest/Search.do>

스가모형무소 – 그 후

도쿄 공습을 용케 피한 덕분에 패전 후 일본인 전범 수용소가 된 스가모 프리즌(Sugamo prison)은 의미심장한 공간입니다. 1895년 유럽 행형제도를 도입하면서 경시청 감옥 스가모지서(巢鴨支署)로 시작하여, 1897년 스가모감옥서(巢鴨監獄署)를 거쳐 스가모구치소(巢鴨拘置所)가 되었다가, 1922년 스가모형무소(巢鴨刑務所)로 명칭이 바뀌었습니다. 1930~1940년대에는 주로 치안유지법 위반 사범, 즉 정치범을 수용하였습니다. 1945년 패전 후 GHQ에 접수되어 스가모 프리즌으로 불리다가 1952년 일본에 이관되면서 다시 스가모형무소라는 이름을 찾았습니다. 소련 스파이 리하르트 조르게(Richard Sorge)도 1944년 11월 7일 스가모형무소에서 사형이 집행되었습니다. 독일 언론사 일본 특파원으로 가장하여 고급 정보를 소련에 넘겨 연합국 승리를 도왔던 인물입니다.

극동전범재판에서 사형선고된 전범의 사형집행도 스가모 프리즌에서 행해졌습니다. 1948년 12월 23일 도조 히데키(東條英機) 등 A급 전범 7명의 사형집행을 시작으로 1950년 4월 7일 마지막 집행이 이루어졌습니다. 미군정이 종료되자 재소자는 거의 사면되거나 집행정지로 출소합니다. 1962년경에는 실제로 형무소의 기능을 접었고, 1971년 아예 건물을 해체했습니다. 1978년 이 공간에 당시로서는 일본내 최고층 빌딩인 선샤인60빌딩이 들어섰습니다. 지금은 선샤인60빌딩을 중심으로 쇼핑센터, 공연장, 전시공간이 어우러진 대단위 복합공간 'Sunshine City'가 조성되어 있습니다. 선샤인60빌딩에 스가모형무소 흔적이 없다고 투덜댔더니 일본 사정에 밝은 김치관 변호사가 '東이케부쿠로공원을 뒤져 보라'고 귀띔했습니다. 東이케부쿠로공원은 선샤인60빌딩 바로 옆에 있습니다. 과연 공원에는

"영구평화를 위하여(永久平和を願って)"를 새긴 바위가 서 있고, 바위 뒷면 비문에는 극동군사법정에서 사형선고를 받은 전범의 사형이 집행된 땅이라고 새겨져 있었습니다.

공습희생자애도비

선샤인60빌딩에서 지척에 넓은 南이케부쿠로공원이 있습니다. 밤늦게까지 불을 밝힌 세련된 레스토랑이 멋집니다. 추운 날씨에도 아침마다 유치원 아이들이 반바지 차림으로 놀이터를 뛰어다니고, 레스토랑의 야외 테라스는 늘 젊은이들로 붐빕니다. 그 평화로운 南이케부쿠로 공원에 '공습희생자애도비(空襲犧牲者哀悼の碑)'가 있습니다.

"소화(昭和) 20년 4월 13일 심야부터 다음 날 미명에 걸친 동경 서북부 일대에 대한 기습적 공습은 도시마구(豊島區) 대부분을 초토화하여 사망 778명, 부상 2,523명, 소실가옥 34,000호의 피해를 입혔고, 이재민(罹災民)의 수가 161,661명으로서 당시 인구의 약 7할에 이르렀다. 공습으로 불의에 생명을 잃은 희생자 다수가 이 공원의 한쪽 구석에 매장되었다. 지난 전쟁 과정에서 공습의 희생자가 된 도시마 구민의 명복을 빌면서 아울러 이 비참한 사실을 영구히 후세에 전하여 다시는 전쟁에 의한 비극을 반복하지 않도록 이 비를 건립한다. 평성(平成) 7년 8월 도시마구(豊島區)"

1945년, 동남아시아 독립투쟁에 나선 조선인

2차 대전이 끝나고 조선은 해방이 되었으나, 권력의 진공상태에 빠진 동남아시아 국가에서는 새로운 상황이 전개되었습니다. 베트남 인민은 제국주의 프랑스를 상대로, 인도네시아 인민은 영국과 네덜란드를 상대로 독립전쟁을 시작하였습니다. 연합군이 진주하기 전 일본군을 빠져나와 인도네시아 해방군에 투신하였다가 반둥에 눌러앉은 일본인 혼보우(本坊)가 말합니다.

> "연합군에게 항복했으나 '원수'가 눈앞에 진주하여 '동생뻘'로 여겼던 인도네시아와 총격전을 벌이는데, 동아시아 여러 나라를 백인의 쇠사슬에서 '해방'시켜야 할 '동아시아의 맹주'인 '대일본군'이 이때만큼 비참하게 느껴진 적은 없었다. 일요일 밤 트럭 한 대분의 무기와 탄약, 휘발유 400리터를 가지고 파달라랑(Padalrarang)의 인도네시아 해방군 부대로 갔다."[73]

일본 육사 50기생 이용문 소좌는 사이공에서 종전을 맞아 조선인 군인·군속·위안부의 안전 귀국을 위한 자치조직을 만들었습니다. 후배 김정렬 항공대위에게 그 조직을 맡기고 자신은 프랑스와 교전 중인 베트남 민족주의자들을 돕겠다고 나섰습니다.[74] 이용문은 중국여권을 소지하고 중국인으로 행세하며, 연합군에게 몰수될 군수물자로 베트남 민족주의자들을 지원했습니다. 프랑스군의 포로가 되었으나 가까운 베트남인의 도움으로 풀려났고, 중국을 거쳐 1947년 9월 귀국하였다고 합니다.[75]

패전 후 인도네시아 독립전쟁에 몸을 던진 일본군·군속은 600명이 넘습니다. 포로감시원으로 근무하던 조선인도 일부 가담하였습니다. 1949년 8월 10일 네덜란드와 인도네시아 해방군 사이에 정전협정(Roem Royen 협정)이 성립하고 잠시 총성이 멎은 사이 자바 부근 외진 마을에서 3명이 총살되었습니다. 1948년 11월 네덜란드군

---

73) 우쓰미 아이코, 무라이 요시노리 지음·김종익 옮김, 『적도에 묻히다』, 327~329쪽.
74) 이기동, 『비극의 군인들』, 일조각, 2020, 700쪽.
75) 조갑제 닷컴, 이용문장군 평전(1) - 군인의 길(2).

과 교전 중 포로가 된 일본군 하사관 아오키 마사시로(靑木政四郞), 하세가와 가쓰오(長谷川承雄), 일본군 군속 양칠성(梁七聖, 창씨명 梁川七聖)이 그들입니다. 하사관 아오키가 포로수용소의 총 140자루, 탄약, 의약품을 반출하여 인도네시아 해방군에 합류하였는데, 포로 감시원 양칠성도 뜻을 같이했던 것입니다.

이들은 현지인 동료 게릴라들의 노력으로 1975년 11월 '외국인 독립영웅'으로 선양됩니다. 인도네시아는 1976년 11월 17일 민중묘지에서 유해 3구를 발굴하여 엄숙한 의식을 거쳐 자카르타 칼리바타 국립묘지로 이장하였습니다. 양칠성의 묘비에는 동료 게릴라들이 기억하는 창씨명대로 Yanagawa Sichise, Japan이라고 새겨졌었습니다.[76]

1995년 8월 해방 50주년을 맞아 우리나라에서 그의 국적과 이름을 찾아주자는 캠페인이 벌어집니다. 인도네시아 정부가 동의하면서 묘비 표기가 바뀌었습니다. "YANG CHIL SUNG, KOREAN", 한국에서 제작되어 인도네시아로 옮긴 묘비입니다.[77] 일본군 군속이었던 양칠성은 당시 일본군과 함께 행동했고, 인도네시아 여성과 결혼했습니다. 1995년, 그의 국적과 이름을 바꾼 우리 식의 '역사 바로 세우기'는 과연 50년 전 세상을 등진 양칠성 본인의 의사와 맞는 것일까요?

---

76) 우쓰미 아이코, 무라이 요시노리 지음·김종익 옮김, 『적도에 묻히다』, 316쪽.
77) 구로다 가쓰히로, 『누가 역사를 왜곡하는가』, 7분의 언덕, 2022, 58~61쪽.

IV

끝없는 열패감

끝없는 열패감

다시는 지지 않겠습니다

『한국사람 만들기』의 '청의파' 이야기

함재봉 교수의 『한국사람 만들기』 시리즈는 만만치 않습니다. 내용이 풍부해서 집중을 요구하고, 벽돌 두께인지라 지하철에서 꺼낼 수도 없습니다. 마음먹고 시간을 내지 않고는 아예 시작할 엄두를 내지 못합니다. 책꽂이에 모셔 두었던 『한국사람 만들기 Ⅲ, Ⅳ』를 도쿄行 트렁크에 넣었습니다. 두어 달 머무를 예정이라 가능했습니다.

관서(關西)외국어대학의 장부승 교수에 의하면 일본 대학에는 '사학과'가 많지 않답니다. 외교사, 정치사, 법제사, 과학사처럼 전공별 연구로 족한데 굳이 '일반론으로서의 역사학'이 필요할지는 의문입니다. 정치학자 함재봉 교수의 『한국사람 만들기』에서도 이 점이 확인됩니다. 주류 국사학자들이 보여주는 근대사 해석과는 확연히 구별되는 넓고 깊은 서술입니다.

서태후는 리홍장에게 청의 외교와 국방을 거의 맡기면서도 한족인 리홍장을 견제하기 위하여 '청의파(혹은 청류당)'를 이용했습니다. 이들은 중화주의자, 반외세주의자, 쇄국주의자들이었습니다. 서양 증기선 전함은 석탄 공급이 끊기면 무용지물이 되므로 굳이 도입할 필요가 없고, 서양 대포는 무거워서 이동이 쉽지 않으므로 소용이 없다고 했습니다. 중국이 철도를 부설하면 유사시 외국군이 철도를 이용하여 중국을 칠 것이라며 반대했다지요. '청의파'의 대표 왜인 (倭仁, 1804~1871)은 서양 오랑캐들이 겁내는 것은 중국의 대포나 전함이 아니라 '민심'이라고 주장했습니다. 유럽 경험이 많은 유석홍 (劉錫鴻, ?~1891)조차 미국도 독립혁명 당시 해군 없이 영국을 격퇴했고, 러시아는 미미한 해군력으로 대영제국에 저항하고 있다며 서양의 무기체계를 도입하여 해양방어에 나설 필요가 없다고 우겼습니다. 서양 오랑캐의 기술을 배우면 중국도 오랑캐가 될 뿐이고, 유교 전통가치인 '인의예지(仁義禮智)'를 통해 야만인을 굴복시켜야 한다는 것이 '청의파'의 주장이었습니다.

리홍장은 청의 해군이 실력을 갖추기 전에 프랑스를 자극해서는 안 된다며 청의 정규군을 안남(安南, 베트남)에 투입하는데 반대했습니다. 그러나 1884년경 '청의파'는 리홍장의 반대를 무릅쓰고 나라를 승산 없는 '청불전쟁'으로 밀어 넣어 굴욕적인 패배를 안기고 양무운동(洋務運動)의 몰락을 가져왔습니다. 일본의 근대화와 군사력 확충에 무지했던 '청의파'는 1904년 청일전쟁을 앞두고 대일(對日) 전투의지가 없다고 리홍장을 다시 비판합니다. '청의파'의 공세에 견디지 못한 리홍장은 어쩔 수 없이 추가 파병을 결정하였고, 이것이 청의 몰락을 재촉하는 계기였습니다.[1]

다시는 지지 않겠습니다

문재인 前 대통령은 그의 화려한 참모들과 함께 비장한 어록을

---

1) 함재봉, 『한국사람 만들기 Ⅲ 친일기독교파 1』, 441쪽, 492~494쪽; 『한국사람 만들기 Ⅳ 친일개화파 2』, 244쪽.

남겼습니다. 압권은 "다시는 지지 않겠습니다," 대통령이 '자유와 민주'라는 가치를 공유하는 이웃 국가를 향해 TV 카메라 앞에서 읽은 말씀자료입니다. '써준 놈'이나 '읽은 분'이나 피장파장인데, 유일한 소득이라면 이런 류(類)의 프로퍼간다에 호응하는 이들과 '더불어' 살고 있다는 점을 확인한 정도라고나 할까요? 『한국사람 만들기』의 '청의파' 부분을 읽으며 "다시는 지지 않겠습니다"가 '다시' 떠 올랐습니다.

대통령 선거 – 공수부대 사진

2012년 대통령 선거를 앞두고 문재인 후보는 선거용 책자 『운명』을 출간합니다. 공수부대 낙하 훈련 복장의 청년 문재인이 사진으로 박혔습니다(156쪽). 당당한 모습을 본 순간 혼잣말이 절로 나왔습니다. '선거, 끝났네!' 경쟁 후보가 누구이든, 육군 병장 문재인의 공수부대 사진 앞에서 기를 펴지 못하리라 확신했습니다. 그런데, 격렬한 대통령 선거 운동 와중에 그 사진을 본 기억이 없습니다. 선거 참모라면 누구라도 탐냈을 그 사진이, 유권자 누구에게나 강한 친근함과 안도감을 느끼게 했을 그 사진이 홍보에 거의 이용되지 않았습니다. 탄핵 소동 이후 2017년 치러진 선거에서야 삐죽 등장했을 뿐입니다.

그는 『운명』에서 노무현 前 대통령을 나락으로 밀어 넣은 배경을 밝혔습니다.

> "대통령에게 큰 실수를 하게 된 권 여사님은 우리에게 너무 면목 없어 했다. ... 그 시기 대통령은 좀 이상했다. 당시 대통령도 사실관

계를 정확하게 모르다가, 우리가 사실관계를 파악하기 위해 권 여사
님에게 따져 묻고 권 여사님이 점차 더 자세한 이야기를 하는 과정
을 지켜보면서 우리와 같이 사실관계를 알게 되는 경우가 많았다. ...
결벽증이라고 할 정도로 자신에게 가혹했던 분이 당시 상황을 얼마
나 받아들이기 힘들었는지 나는 너무 잘 알고 있었다."[2]

마지막 페이지를 덮으며 "군데군데 견강부회와 지나친 합리화가
거슬리지만"이라 메모했습니다. 대통령 지망생의 잡문으로는 '솔직
하고 용감하다'는 평가를 그렇게 표현했던 것입니다.

돌이켜보면 문재인 비서실장도, 문재인 수석도 밉상이 아니었습
니다. 노무현 대통령 시절, 참모들의 발언이 전례 없이 거칠어졌습
니다. '세금 폭탄을 안기겠다', '이제 시작에 불과하다' 따위 철없는
발언에서부터, '2% 대 98%' 혹은 '20% 대 80%'식의 편 가르기 발언
이 청와대의 역할에 대하여 근본적인 의문을 품게 하였습니다. 답
답한 일상에서 TV 뉴스 화면에 잡힌 무표정한 그가 괜히 미더웠습
니다. 얼치기들이 나라를 내리막길로 몰아도, 법조인으로 살아온 그
가 마지막 선을 넘지 않게 막으리라 기대했습니다. 노무현 대통령
장례식장에서 어느 열혈남아가 현직 대통령에게 격한 언설을 쏟아
낸 순간, 그 상황을 무마한 이도 바로 그였습니다. 여전히 미더운
모습이었습니다. 대통령이 된 후 훤칠하고 싱글싱글한 참모들과 커
피를 들고 청와대 경내를 걷는 장면은 몹시 청량했습니다.

안타깝게도 거기까지였습니다. 대통령이 앞장서서 이웃국가와 불
화하고, 세습왕조의 불량군주에게 비굴한 모습을 보이고, 무능하거
나 교활한 참모가 써 준 A4 원고를 문자 그대로 낭독하고, 그래서
여전히 궁금합니다. 2012년 대통령 선거에서 문재인 후보는 왜 그

---

2) 문재인, 『운명』, 더휴먼, 2011, 398,399쪽.

N. 끝없는 열패감   193

사진을 아꼈을까요? 공수부대 군복을 입은 육군 병장 문재인은 어디에 있는 것일까요?

독립기념관에서

가능한 한 홀대하는 방식으로

독립기념관 본관 바깥에는 조선총독부 건축물의 석재를 뜯어서 조성한 공원이 있습니다. 안내판의 설명이 걸작입니다.

> "독립기념관은 조선총독부 건물 잔해를 최대한 홀대하는 방식으로 전시하였다. 조선총독부의 상징이었던 첨탑을 지하 5m에 반(半)매장하였고, 전시공원을 해가 지는 독립기념관의 서쪽에 조성하여 일본 제국주의의 몰락과 식민잔재의 청산을 강조하였다."

조선총독부를 가능한 한 '홀대하는 방식으로' 전시했다니, 낯이 확 뜨거워졌습니다. 번역이 번잡해서인지 영문 안내에서는 '최대한 홀대하는 방식' 운운의 설명은 빠졌습니다. 일본어 안내에서는 '粗末に扱う形で'라고 친절하게 옮겨 놓았더군요.

안내판이 설명하는 '홀대하는 방식'이란, 땅을 파서 자연적인 시선 아래로 첨탑을 던지고, 총독부 건물 여기저기서 뜯어 온 석재를 난삽하게 어질렀다는 뜻입니다. 그러나 석재 사이를 거닐며 터키나 로마의 유적에서 맛본 역사의 장엄함을 느꼈으니, 기획 의도가 제대로 구현된 것 같지는 않습니다. 그저 안내판의 졸렬한 설명을 읽으며 서울대 철학과를 나오신 김영삼 전 대통령의 무모함에 망연하였을 뿐입니다.

중앙청의 해체

조선총독부가 경복궁에 들어선 것은 1926년, 그 후 18년 동안 조선총독부는 식민정책의 본산이었습니다. 한편 이승만 건국대통령은 중앙청 광장에서 1948년 정부 수립을 선포하였고, 1948년 9월 조병옥 특사 환송 행사도 중앙청 광장에서 있었습니다(이승만 건국 대통령은 유엔의 독립 승인을 받기 위해 조병옥 박사를 미주와 유럽에 파견하였습니다). 김일성도 서울을 점령하고 중앙청을 인민군사령부로 탐했고, 1950년 9월 28일 서울 탈환 작전의 선봉에 섰던 해병 2대대 박정모 소위와 최국방 수병이 감격에 겨워 태극기를 올렸던 곳도 중앙청입니다.[3] 정착형(定着形) 식민지를 꿈꾸었던 일본이 동양 최대의 현대식 건물로 설계한 웅장한 건축물에, 의도와 달리 해방 이후 50년간 우리의 현대사가 오롯이 담긴 셈입니다.

1996년 중앙 첨탑을 해체해 보니 동판 상량문에는 전·현직 총독과 건축기술자 53명의 이름이 새겨져 있었답니다. 한국인으로는 1919년 경성공업전문학교 졸업 후 총독부 건축기수가 되어 건축에 참여했던 '기수 박길용'이 유일했습니다. 당시 우리사회 건축 역량을 보여주는 예입니다. '기수'는 '기사' 아래의 실무자를 말합니다. 박길룡은 1932년에 조선인 최초로 '건축기사'가 되었습니다.[4]

한국은행 머릿돌

한국은행 본관 머릿돌의 이토 히로부미 글씨 '定礎'가 말썽이 되었습니다. 2016년 민족문제연구소가 시비를 걸었고, 2020년 10월 민

---

3) 조성관, 『민관식 컬렉션 탐험기─實物로 만나는 우리들의 역사』, 웅진씽크빅, 2005, 245쪽.
4) 김소연, 『경성의 건축가들』, 루아크, 2017, 33쪽.

주당 의원이 문화재청 국정감사에서 머릿돌 이전을 주장했다지요. 그는 "민족의 원수인 이토 히로부미의 친필을 대한민국 수도 한복판에 둘 수 없다"고 떠들었답니다. 한국은행 본관 건물은, 1909년 주춧돌을 놓고 1912년 조선은행 본관으로 준공되었습니다. 1878년 제일은행 부산지점이 개설되고 몇 개 일본은행 지점이 개설된 후였습니다. 광복 이후 1950년부터 대한민국 중앙은행의 본관으로 국가 발전 과정에서 중요한 역할을 했고, 1989년 원형을 복원하여 화폐박물관으로 문을 열었습니다(사적 제280호). 문화재위원회 근대분과가, 시비가 된 머릿돌을 그대로 두되 '설명 안내판'을 세우기로 의결했습니다. 야만의 시대를 비껴나서 다행이지만 사실은 그러한 논의 자체가 부끄럽습니다.

포천시 호국로(護國路)와 남산동 미쿠니 아파트

　경기도 포천시가 43번 국도의 '호국로(護國路)' 비석을 철거했답니다. '5·18 민주항쟁 경기기념행사위원회'가 5·18 40돌을 맞아 철거를 요구했습니다.[5] 2020년에는 국립대전현충원 현판을 교체했습니다. 전두환 전 대통령의 글씨를 남겨둘 수가 없다는 강한 의지입니다. 노무현 정권 때인 2006년에는 박정희 대통령의 광화문 한글 현판을 없앴습니다. 「조선일보」 원선우 기자는 이런 식으로 벌어지는 '현재 집권자의 과거 집권자 행적 지우기'를 이집트 파라오와 로마 황제의 '기록말살형'에 빗댔습니다. '기억의 죽음'을 뜻하는 라틴어 담나티오 메모리아이(Damnatio Memoriae)란 마음에 들지 않는 전임자의 비석·건물·동상·조각을 아예 없애는 행태를 말합니다. 그것이 21세기 우리 사회에서 재현되고 있습니다.[6] 그래서 1930년대에

---

　5) 「한겨레신문」, 2020－05－18 "포천 전두환 '호국로' 친필 공덕비 철거하라"
　6) 「조선일보」, 2021. 5. 27.자, 「기자의 시각」 "기록 지워야 역사 바로 서나"

건축된 남산동 미쿠니 아파트가 여전히 아파트로 사용 중이라는 사소한 이야기마저 반갑습니다.[7]

망상 - 제국의 복원

대한문 월대 재현

오랫동안 덕수궁 입구를 공사장 가림막이 막았습니다. 「대한문 월대 재현 공사 진행 알림」이라는 제목으로 "대한제국기 황궁 정문으로서의 면모를 회복하고자 덕수궁 '대한문 월대' 공사를 추진"한다는 설명이 붙어 있었습니다. 성형외과 선전광고인 양 '공사 전' '공사 후' 사진까지 박아 놓았습니다. 월대(月臺)란 중요한 건물 앞에 설치하는 넓은 단을 말합니다. 지붕이 없는 빈공간에서 달이 보인다고 월견대(月見臺)라고도 합니다.

문화재청 보도자료입니다.

> "대한문의 월대는 일제강점기 당시 일제에 의해 훼손·철거되었으며 현재는 월대 끝부분에 있었던 석수(石獸)만 현존하고 있다. 고종이 환구단이나 왕릉으로 행차할 때 사용하였고, 1910년 대한제국의 명운이 다하는 마지막까지 궁궐의 정문에서 격동했던 근대사의 한가운데를 묵묵히 지키고 있었던 만큼 월대의 재현은 일제에 의해 훼손되고 지워진 우리의 역사를 되찾고, 오늘날 우리들의 품에 되살리는 의미를 가진다."

---

7) 「조선일보」, 2021. 5. 25.자 A16, "남산동 미쿠니 아파트를 아시나요?"

광무개혁과 방사성 도로

덕수궁은 원래 경운궁이었고, 대한문은 원래 대안문(大安門)이었습니다. 1904년 덕수궁에 큰불이 나자 보수를 하면서 '대한문(大漢門)'으로 간판을 바꿨습니다. 대안문은 1898년에 세워졌고, 그 앞의 '월대'는 1899년에 만들기 시작했다고 합니다. 「황성신문」 1899년 2월 15일자는 "대안문 현판 서사관(書寫官)을 의정부 참정 민병석으로 임명한다"고 하고, 「독립신문」 1899년 3월 3일자는 "정동 대궐 새로 지은 정문에 대안문(大安門)이라 쓴 현판을 제작일에 달았는데 또 그 문 앞 축대역사도 시작하였다더라"고 보도했답니다. 1900년에는 월대를 고쳤다는 기록도 있습니다.[8] 대한제국의 관료들은 1897년부터 광무개혁(光武改革)에 들어갑니다. 덕수궁을 중심으로 하는 방사상(放射狀) 도로의 구축도 개혁의 내용이었습니다. 주미공사관의 번역관으로 미국 맛을 본 한성부 판윤 이채연이 워싱턴 D.C.를 모델로 욕심을 부린 덕분입니다.[9] 조선총독부 발간 1912년판 영문편람 『Annual Report on Reforms and Progress in Chosen』에는 대한문 앞의 하수도 공사 장면 사진이 실렸습니다. 이 사진은 서울특별시사편찬위원회 발간 『서울육백년사(제4권)』에도 수록되었습니다.[10]

대한문 이전

식민지 통치는 피식민지 지배계급의 권위를 벗기고 복종시키는 방식으로 시작됩니다. 통감부 관료들도 고종 폐위 후 순종을 창덕

---

8) 국사편찬위원회＞각사등록＞각부청의서존안, 1900(광무 4년) 9월 7일, (大安門外月臺改築及龍頭石二介治鍊入排費 銀一千七十四元二十戔).
9) 토드 A. 헨리 지음, 김백영 등 옮김, 『서울, 권력 도시』, 산처럼, 2020, 주 65).
10) 이순우, 『손탁호텔』, 하늘재, 2012, 37쪽.

궁으로 옮기게 함으로써 덕수궁의 상징성을 깎아내리려 했습니다. 한편, 합병 초기 야심적인 식민지 관료들은 경성의 주요 도로를 위생 처리하고, 넓히고, 직선화하고, 체계화하고자 노력했습니다. '방사상 도로체계 구상'에는 대한제국의 광무개혁가들과 뜻을 같이했습니다. 건축에서 '높이'는 권위를 상징하는데 높이를 조작하기 위하여 사용하는 기법이 계단입니다.[11] 아마도 1910년대에 덕수궁 앞에 방사상 도로를 구축하고 하수관 공사를 벌이는 과정에서 계단식 월대가 사라진 것이 아닌가도 싶습니다. 그로부터 60년쯤 지나 서울시는 늘어나는 교통량을 해결하기 위하여 대한문을 무려 33m 뒤로 물려야 했습니다. 지금 대한문의 위치는 건축 당시 위치와 많이 다르다는 뜻입니다.

대한문 월대의 소멸에 일제의 '훼손' 의도가 있었다손 치더라도, 100년도 더 지난 지금에 와서 월대를 복원하겠다는 발상은 엉뚱합니다. 국가기관이 나서서 '일제의 훼손' 운운하는 태도에도 동의하지 않습니다. 복원하겠다는 월대가 대한문 앞에 존재했던 기간이 10년 남짓으로 보이기에 더욱 그렇습니다. 도시는 변화하기 마련입니다. 경성의 변화는 그야말로 드라마틱했습니다. 앞으로 서울에 어떤 변화가 있을지도 모릅니다. 주한외교사절단을 불러놓고 해방 후 50년간 '대한민국 만들기'에 헌신했던 '중앙청'을 깨부순 날, 행사 기획자는 히로히토 천황의 라디오 항복 연설을 배경으로 깔았고, KBS는 그 빛나는 현장을 생방송했습니다. 대한문 앞 월대 재현 공사 안내문 앞에서 그날 대한민국이 뽐낸 천박(淺薄)이 다시 떠올랐습니다.

---

11) 이상현, 『길들이는 건축 길들여진 건축』, 2012, 131쪽.

광화문 월대

2023년 4월 25일 KBS 뉴스는 "일제가 훼손한 '광화문 월대', 이렇게 복원한다"를 제목으로, SBS 뉴스는 "일제가 훼손한 광화문 '월대' 모습 드러내 … 10월까지 복원"을 제목으로 했습니다. 다음 날 「조선일보」는 '경복궁 영건일기'의 기록을 근거로 월대의 변화를 추적했습니다. 1866년(고종 3년) 축조된 월대가 4단계로 변화했다는 것입니다. ① 처음에는 남쪽에 계단 3개가 있었고, ② 중앙의 어도(御道)가 계단에서 경사로로 변했으며, ③ 계단이 동서 외관으로 축소되면서 단선 형태의 전차 선로가 설치됐고, ④ 1923년 무렵 전차 선로의 복선화와 함께 월대가 파괴되었다는 것입니다. 문화재청은 동구릉 등에 이전됐던 월대 부재를 재사용하고 전통 재료와 기법을 통해 2023년 10월까지 1890년 이전 모습으로 복원을 마무리하겠다고 밝혔답니다.12)

소실(燒失)과 중건

경복궁은 1392년 조선이 건국되고 3년이 지나서 1395년경 건축되었습니다. 1592년 임진왜란 때 선조가 피난하자 분노한 백성들이 불태워 없앤 궁궐입니다. '선조수정실록'은 이렇게 기록합니다.

"도성의 궁성(宮省, 궁중에 설치된 관서)에 불이 났다. 거가(車駕, 임금의 수레)가 떠나려 할 즈음 도성 안의 간악한 백성이 먼저 내탕고(內帑庫)에 들어가 보물(寶物)을 다투어 가졌는데, 이윽고 거가가 떠나자 난민(亂民)이 크게 일어나 먼저 장례원(掌隷院)과 형조(刑曹)를 불태웠으니 이는 두 곳의 관서에 공사 노비(公私奴婢)의 문적(文

---

12) 「조선일보」, 2023년 4월 26일 "고종 때 만든 광화문 월대 남북 길이 48.7m 첫 확인"

籍)이 있기 때문이었다. 그리고는 마침내 궁성의 창고를 크게 노략하고 인하여 불을 질러 흔적을 없앴다. 경복궁(景福宮)·창덕궁(昌德宮)·창경궁(昌慶宮)의 세 궁궐이 일시에 모두 타버렸는데, ... 임해군의 집과 병조 판서 홍여순(洪汝諄)의 집도 불에 탔는데, 이 두 집은 평상시 많은 재물을 모았다고 소문이 났기 때문이었다. 유도대장(留都大將)이 몇 사람을 참(斬)하여 군중을 경계시켰으나 난민(亂民)이 떼로 일어나서 금지할 수가 없었다."13)

그렇게 소실된 경복궁은 300년 가까이 방치되었지요. 세월이 흘러, 원납전으로 매관매직(賣官賣職)을 하고 당백전을 남발하며 무리하게 중건했습니다. 소실되기 이전의 경복궁을 원형 그대로 복원했을 리도 없습니다. 1395년경 390여 칸 건축물을 대원군이 7225칸으로 중건했답니다. 문화재청은 "월대는 임금과 백성이 만날 수 있는 공간"이라고 했으나, 1866년 월대 축조 이후 고종도 순종도 월대에서 백성을 만났다는 기록은 없습니다.14)

경복궁 월대 또한 조선 전기에는 존재하지도 않았고, 고종 이후 불과 57년간 존재했던 구조물입니다. 일제시대에 도시계획 과정에서 전차 노선과 겹치며 사라졌고, 철거한 월대 부재는 동구릉 등에 이전했습니다. 누구를 위한 복원이고, 무엇을 위한 복원인지 도무지 알 수 없습니다.

---

13) <https://sillok.history.go.kr/id/knb_12504014_028> 국사편찬위원회 > 조선왕조실록 > 선조수정실록 26권, 선조 25년 4월 14일 계묘 28번째 기사 (1592년 명 만력(萬曆) 20년)

14) 「조선일보」, 2023년 4월 26일 "고종 때 만든 광화문 월대 남북 길이 48.7m 첫 확인"

조선인의 월경(越境)

『제국의 브로커들』과 『반일종족주의』

우치다 준(內田じゅん)의 『제국의 브로커들』은 자신의 하버드대 박사학위 논문 "Brokers of Empire: Japanese Settler in Colonialism in Korea, 1910~1937"을 발전시킨 역작입니다. 2012년 미국 역사학회의 페이뱅크상(John King Fairbank Prize)도 받았습니다. 성실한 저자가 한국어·일본어 원문을 영문으로 풀었으니 이를 다시 한국어로 번역해 낸 역자의 수고도 대단했겠다고 짐작하였습니다.

책 말미 '옮긴이의 말'이 꽤 깁니다. 그런데 뜬금없이 『반일종족주의』 비판이 등장합니다.

> "그런 맥락에서도 최근 물의를 일으킨 『반일종족주의』(이영훈 외 지음, 미래사, 2019)류의, 몇 가지 단편적인 사실들의 자의적인 조합을 근거로 한 시혜적·선도적 일본제국관을 앞세운 일제강점기 역사해석은 실제와 동떨어진 것이라고 할 수 있다. 그것을 『반일종족주의』가 한국보다 일본에서 훨씬 더 많이 팔리고 있는 기묘한 현상과도 밀접한 연관이 있어 보인다."[15]

역자는 『제국의 브로커들』의 다음 내용을 근거로 『반일종족주의』의 시각이 틀렸다고 공격합니다.

> "일본인들의 계속되는 조선 이주와 식민화는 빈궁해진 조선인 농민들을 그들의 토지에서 쫓아내 국경 너머 간도 지역으로 떠밀었다. 만주사변이 일어났을 무렵, 만주 내 조선인 인구는 63만 명에 이르렀고, 그들 중 약 40만 명이 간도 지방에 살았다. 간도에는 중국인

---

15) 우치다 준 지음·한승동 옮김, 『제국의 브로커들』, 길, 2020, 560쪽.

도 11만 6,000명이 살았으며, 일본인 거주자는 2,000명 정도였다.(본문 423~424쪽)

　　조선어 신문들은 빚에 찌든 소작농들을 딛고 부를 쌓아 올린 정착민 지주들과 벼락부자들에 대한 경멸로 가득 차 있었다. 사실상 그들은 각계각층의 일본인들을 조선인을 비참하게 만든 원흉으로 그렸다(『동아일보』). 좀 더 시선을 사로잡은 비유들 중에는 그들을 "조선인들의 생혈을 빼는" '독사들'로 묘사한 것도 있다(『시대일보』). 그들의 분노는 특히 동양척식회사의 지원을 받아 조선에 건너 온 농업 이주민들을 향해 있었는데, 그들은 수적으로는 적었으나 일본의 억압을 보여주는 가장 중요한 상징이었다. 조선어 신문들은 이 반관(半官)의 기업이 인민들의 땅과 수확물, 그리고 생혈을 빼앗아 가고 있다고 비난했다(『조선일보』). 김제의 어느 노동자·농민 단체는 '[일본인] 이주 제도의 폐기'를 요구하는 결의문을 통과시키기까지 했는데, 그 호소에 동아일보의 편집자들이 공감했다. 그 신문은 '2천만 명의 조선인 모두'를 위해 동양척식회사가 '자진해산하거나 정부가 폐업시켜라'라고 요구했다.(본문 290~291쪽)"

'단편적인 사실들의 자의적인 조합'이라, 소수의 연구집단이 학계, 정치집단, 시민사회로부터 난타를 당하면서도 통계를 근거로 면면히 학문적인 작업을 이어온 결과를 두고 그렇게 트집잡다니, 그렇다면 식민지 시기 조선 각 신문에 넘쳐나던 식민지 정책에 대한 찬양은 어찌할까요?

『반일종족주의』가 일본에서 더 많이 팔린 사실은 우리 사회 독서 수준의 조악함을 보여주는 증거일 뿐 『반일종족주의』 필자들의 논지를 비난할 이유가 될 수 없습니다. 『반일종족주의』가 출판된 그 해에 10만 부 이상이 팔렸다고 하니, 아마도 2등을 크게 따돌린 사회과학 분야 베스트셀러였을 겁니다. 우리나라에서 압도적으로 많이 팔린 수준이 10만을 겨우 넘었고, 일본에서 그렇게 순위가 높지 않았을 텐데도 국내 판매량보다 3배 이상이었다면 일본 시민사회의 독서력 앞에서 그저 민망해 하고 말 일입니다. 『반일종족주의』의 흠은 일본에서의 판매량이 아니라 '독도'에 대한 서술 부분입니다. 주로 경제사를 전공하는 필진이 양국의 국제법학자들 사이에서 공방하고 논증하고 있는 첨예한 영토 문제에 나설 일은 아니었습니다. '독도'편이 없었다면 『반일종족주의』가 더욱 돋보였을 것입니다.

조선인의 월경 역사

실제로, 조선인들의 월경 역사는 꽤 오래됩니다. 제임스 S. 게일(James Scarth Gale)은 1890년을 전후하여 압록강 너머 많은 조선 사람들이 풍요로운 생활을 누리고 있더라고 했습니다.[16] 영국 여인 이사벨라 버드 비숍(Isabella Bird Bishop)은 1894년부터 1897년 사이에 네 번이나 한국에 머물렀고, 시베리아를 여행하면서 다수의 조선사람들을 만났습니다. 그 성과가 1898년 출판된 『Korea and Her Neighbors』(조선과 그 이웃 나라들)입니다.

그녀가 보기에 조선 내에는 허가받은 흡혈귀인 양반계층과 인구의 5분의 4를 차지하는 하층민이 착취계급과 피착취계급으로 구성되어 있더랍니다.[17] 1863년에 조선인 몇 가족이 함경도에서 국경을 넘어 티젠호에 정착한 이래 1866년까지 100세대가 정착했고, 1869년경 조선 북방의 심한 기근으로 4,500명이 프리모프스크로 이주하더니 1897년쯤 되자 블라디보스토크와 니콜스키 근처에만 16만 내지 18만 명이 몰렸습니다. 처음 러시아 정부로부터 옥수수씨를 배

---

16) 제임스 S. 게일 지음·최재형 옮김, 『조선, 그 마지막 10년의 기록 1888~1897』, 책비, 135쪽.
17) I. B. 비숍 지음·신복룡 역주, 『조선과 그 이웃나라들』, 집문당, 2021, 461쪽.

급받아 경작을 시작한 곤궁했던 그들이, 자치권을 누리며 조선의 관리보다 안락하게 살고 있더라고 비숍 여사는 놀라워했습니다.

하바로브스크의 조선사람들은 중국인들과의 경쟁에서 완전히 승리하여 도시 상권을 장악했고, 최상류층 조선식 가옥이 마을 전체에 산재하였답니다. 여성들도 유쾌하게 비숍 일행을 환영하였고, 조선에서 보여주던 연약하고 위축된 농민의 특징이 독립심으로 바뀌어 있더라네요. 주거에는 아늑함과 평온함이 넘쳤고, 어떤 마을은 조선 사람이 마을 전체를 아름답게 만들었으며, 그중 누추한 집은 당연히 중국인 가옥이라고 했습니다. 중국 만주 국경의 혼춘으로 이동하여서도 비슷한 변화를 보았답니다. 조선에서는, 그들이 열등민족으로서 삶의 희망이 없는 존재라고 생각했으나, 정직한 행정과 수입에 대한 보장이 있는 환경에서는 변화의 희망을 보았다는 것이 비숍 여사의 결론입니다.[18]

1898년 한성사범학교 교사 호머 헐버트(Homer Bezaleel Hulbert)는 부모에게 보낸 편지에 안타까운 심정을 담았습니다. "나라 전반에 걸쳐 관리들은 백성의 고혈을 짜는 데만 혈안입니다. 심지어 서울의 외교가는 이 상태로 간다면 몇 년 안에 대한제국에 '외국간섭(foreign intervention)'이 도래할 것으로 예견합니다." 학부(學部)의 관리들도 학교 예산을 쥐어짜 배를 채울 뿐 학교 발전에는 털끝만큼도 신경을 쓰지 않더랍니다.[19] 헐버트의 예상대로 1905년 일본의 통감정치가 시작되었지요. 1906년 10월 대한제국은 7만 명 이상으로 불어난 간도 거주 한국인 개척민의 보호를 통감부에 요청했고, 1907년 8월 이토 히로부미는 북간도 용정(龍井)에 통감부 임시 파출

---

18) I. B.비숍 지음·신복룡 역주, 『조선과 그 이웃나라들』, 226~241쪽.
19) 김동진, 『헐버트의 꿈』, 조선은 피어나리!, 참좋은 친구, 2019, 118,119쪽.

소를 설치했습니다.

19세기 중엽 청나라가 힘을 잃으면서 만주지역에 대한 봉금(封禁) 정책을 포기하자, 먼저 함경북도 사람들이 두만강을 넘어 간도를 개척하였습니다. 1880년대에 이르러 간도 지방 소유권 문제로 한국과 청나라 대표 사이에 감계담판(勘界談判)이 몇 차례 벌어지는 등 심각한 국경 분쟁도 있었습니다.[20]

'창씨개명'의 정치학

영화 〈족보〉

임권택 감독의 1978년作 영화 〈족보〉는 1941년 전북 고창에서 '창씨개명' 등쌀에 자살한 설진영의 실화를 바탕으로 했답니다. 하명중이 경기도청 총력1과 직원으로, 독고성이 총력1과장으로 등장합니다. 훈남 하명중과 그의 형 하길종 감독은 영화계 스타 형제였습니다. 독고성은 이제는 원로배우가 된 독고영재의 부친이지요. 전북 고창에서 벌어진 이야기에 경기도청 공무원들이 등장하는 이유는 일본 작가 가지야마 도시유키(梶山季之)가 소설 〈족보〉에서 배경을 수원으로 바꾸었기 때문입니다.

주인공 하명중(극중 인물 '다니 로쿠로, 谷 六郎')은 선전(鮮展)에 조선 풍속화를 출품하는 미대 출신 공무원입니다. 명랑한 영혼이라 거친 창씨개명 정책이 영 마땅찮습니다. 상사가 몰아치니 설진영을 찾아가서 부탁도 하고 설득도 합니다. 설진영은 군량미 2만 석을 기부하여 조선군 사령관 표창도 받은 인물이나, 700년 내려온 족보를

20) 이기동,『비극의 군인들』, 일조각, 2020, 315쪽.

'혈통이자 역사이자 생명으로' 여기는 종손(宗孫)입니다. '薛'씨의 일
본식 발음인 '마사키'로 창씨 하겠다고 꾀를 내고, '사업상' 창씨가
필요하다는 서울 사는 아들과도 대립합니다. 딸의 파혼까지는 무릅
쓰고 버텼으나 '친구들은 다 일본 이름이 있다'며 소학교에 다니는
손자·손녀가 졸라대니 그때는 무너집니다. 자신을 제외한 가족 전
원의 창씨를 신고한 날 밤, 족보에 '후손들에게 면목이 없다'는 글을
남기고 자결합니다. 1978년 대종상을 휩쓸었습니다(작품상, 감독상,
남우주연상).

민적법 – 호적의 등장

1909년 대한제국 시절 「민적법(民籍法)」에 의해 일본식 호적제도
를 받아들였습니다. 1911년 총독부령 제124호 '조선인의 성명개칭
에 관한 건'으로 개성개명을 신고제에서 허가제로 바꾸지만, 실제
운용에서는 일본인으로 혼동될 수 있는 이름을 호적에 올릴 수 없
었습니다. 일제는 1871년 호적법 공포를 통해 홋카이도 아이누족에
게 창씨개명을 실시했고, 1940년 2월 12일 기원절(건국기념일) 기념
이벤트로 조선과 대만에서도 시행합니다. 아프리카 북부 알제리는
1830년부터 132년간 프랑스의 식민지로 있었습니다. 프랑스는 식민
지 정책 초기에 이미 프랑스식 성명 표기를 강제했습니다. 그래서
창씨개명은 프랑스가 알제리에 행한 식민정책의 모방이라고도 합니
다.[21]

'씨'란 '家의 칭호'로서 통상 2字姓으로 나타납니다. 메이지 민법은
家의 우두머리인 戶主에게 큰 권한을 주고 국가가 家를 통하여 개인
을 파악하도록 했습니다. 미나미(南次郎) 총독은 조선의 '조상중심주

---

21) 우치다 준 지음·한승동 옮김, 『제국의 브로커들』, 길, 2020, 43쪽.

의'가 일본의 '황실중심주의'와 어울리지 않는다고 생각했나 봅니다. '황실중심주의'의 바탕인 '씨'를 창설하여 내선일체의 결실을 거두겠다는 것이 미나미의 의도였습니다(「경성일보」 1940년 6월 13일자). 창씨개명 해설서에서도 "종래는 일신이 종족에 결부되어 있었지만 앞으로는 각 가정이 직접 천황과 결부된다"고 소개했습니다.[22]

　미나미는 1939년 11월과 12월에 '조선민사령'을 개정하여, '2월 11일부터 6개월 안에 씨를 설정하여 신고할 것'을 의무로 했습니다. 총독부는 '조선인의 뜨거운 요망에 따라 실시한다'고 떠들었습니다. 그러나 「조선일보」는 사설에서 대놓고 비판했고, 「동아일보」는 아예 취급도 않고 무시했습니다. 초기 실적이 부진하자 중추원 참의 등 유지들이 압력을 받습니다. 윤치호는 문중회의가 3회나 소집되어 격론을 벌였는데 중추원 부의장 윤덕영마저 반대했다고 했습니다. 그는 일기에 이렇게 썼습니다. '모든 것을 일본 방식에 따르게 하려는 (미나미 총독의) 광기는 완전히 불필요하고 무분별한 정책'이고(1940년 1월 4일), '총독부가 조선 이름을 고집하는 자를 반일로, 게다가 위험한 인물로 간주하고 있는 것이 명백'하며(2월 1일), '자식들을 블랙리스트에 넣고 싶지 않'고(5월 26일), '시골에서는 부동산 거래 신청서에 일본 이름이 적혀 있지 않으면 허가를 하지 않고, 소학교에 입학할 아이들도 곳에 따라서는 이름이 일본식으로 바뀔 때까지 호적증명을 얻을 수가 없다고 한다'(5월 30일). 대표적인 협력 엘리트로서, 조선은 영국으로부터 독립을 요구하는 아일랜드가 아니라, 영국에 통합된 스코틀랜드여야 한다고 믿었던 그도 미나미의 '창씨개명' 드라이브를 터무니없는 짓거리로 보았던 것입니다.

---

22) 미즈노 나오키 지음·정선태 옮김, 『창씨개명』, 산처럼, 2008, 76,77쪽.

강제성의 실제

1940년 3월 19일 일본 추밀원 회의에서 조선교육령 심의 중 담당 고문관이 '내지(內地) 방식의 씨명으로 바꾸지 않으면 아동의 입학을 허가하지 않는다는 말이 사실이냐'고 질의하자, 척무대신(拓務大臣, 일본의 식민지사업을 총괄하는 척무성의 장관)은 '없다고 할 수 없다'고 돌려서 답했습니다.23) 전남 곡성의 류건영, 전북 고창의 설진영, 경북 영주의 이현구는 멸족을 한탄하며 목숨까지 던졌습니다. 일본 내부에서도 창씨 강제와 조선어 신문 폐간 등 미나미 총독의 무리수에 비난이 많았고, 총독 경질설까지 비등했습니다. 대구에서 성장한 어느 일본인은, 도마 크기 판자를 문패 대용으로 하여 도쿠카와 이에야스(德川家康), 가마쿠라 시대의 무장 구스노키 마사시게(楠木正成) 같은 이름을 크게 적은 양반집이 나타났는데, 강렬한 분노의 표현을 느꼈다고 했습니다.24) 한편으로는, 1940년 봄 경성사범학교 부속 제2심상소학교에 입학했던 조선인은 자기 반 생도 대부분이 창씨개명을 했으나 '개명을 하지 않았다고 나쁜 이야기를 들은 일은 없었다'고 회고했고,25) 소설가 박완서 선생도, '운수가 좋아 좋은 선생을 만났던지 창씨를 안 한 애들이 서너 명밖에 안 남았을 때도 특별히 구박하거나 무언의 압박을 받은 기억이 없다'고 썼습니다.26) 그런저런 사연으로 '상당히 무리가 있었던 것은 사실이나 법령상의 강제는 아니었다'는 것이 창씨개명과 관련한 일본 정부의 방어논리입니다.

---

23) 미즈노 나오키 지음·정선태 옮김, 『창씨개명』, 131쪽.
24) 모리사키 가즈에 지음·박승주, 마쓰이 리에 옮김, 『경주는 어머니가 부르는 소리』, 글항아리, 2018, 218쪽.
25) 미즈노 나오키 지음·정선태 옮김, 『창씨개명』, 126쪽.
26) 박완서, 『그 많던 싱아는 누가 다 먹었을까』, 웅진출판, 1992, 129쪽.

예상 밖 이행률

대만 여성은 결혼하면 원래의 성에 남편의 성을 덧붙였습니다. 일제는 이를 일본식 2자성(2字姓), 즉 가(家)의 호칭으로 해석했습니다. 그래서 조선처럼 새로이 "씨"를 만들 필요는 없고 성을 고치는 것으로 족하다고 보았습니다(改성명제도). 조선과 대만의 정책에는 차이가 컸으니, 대만의 개성명은 허가제였고, 허가신청에 기한을 두지 않았습니다. 그 이행률은 1943년까지 전 호수의 약 2퍼센트에 머물렀습니다.27)

총독부 법무국은 기획 당시 창씨 신고율을 20% 미만으로 예상하고 보수적으로 예산을 편성했다고 합니다(구체적으로는 1939년 12월 19일의 기안에서 약 12%로, 10일 후인 12월 29일의 기안에서 약 18%를 예상했습니다).28) 신고 마감 전날인 8월 9일 '5할을 돌파할 것으로 보여 발안자인 총독을 기쁘게 했다'는 보도가 나오고, 8월 10일 마감 직후 '약 70%의 '굉장히 좋은 성적'이라는 자평이 등장하더니, 최종 집계에서는 '80.5%'를 찍었습니다.29) '조선인은 맹렬한 기세로 씨명을 변경하고 있어서 어느 관청이나 애로를 먹고 있다'던 총독부 간부의 자랑이 허언이 아니었던 셈입니다.30)

80.5%라면 '조선인 전부'라고 해도 과언이 아닙니다. 창씨개명을 하지 않아서 경질된 전북지사 손영목과 충북지사 유만겸처럼 실제로 불이익을 받은 분들도 있고, (각각의 사정으로) 인촌 선생, 박흥식 화신사장, 홍사익 장군, 일본 중의원 박춘금 등 창씨개명을 하지 않

---

27) 미즈노 나오키 지음 · 정선태 옮김, 『창씨개명』, 273~276쪽.
28) 미즈노 나오키 지음 · 정선태 옮김, 『창씨개명』, 80~82쪽.
29) 미즈노 나오키 지음 · 정선태 옮김, 『창씨개명』, 146~148쪽.
30) 모던일본사 편 · 박미경 등 번역, 『잡지 모던 일본 조선판 1940』, 어문학사, 2020, 80쪽.

을 수 있었던 분들도 있기는 합니다. 1946년 10월 23일 군정청 법령 제122호 「조선성명복구령」이 공포됩니다. 호적에 기재된 일본식 씨명 위에 '다시' 붉은 선을 긋고, 신분변동 사항에 "조선성명복구령에 의하여 성명복구"라는 기입을 함으로써 1940년 이후에 붉은 선이 그어져 있던 80.5% 조선인의 옛 성명이 회복되었습니다. "불령선인으로 낙인찍힌 특별한 집안이라면 모를까, 우리네 같은 보통 집안사람은 대개 비슷했으리라 생각한다. 그런데도 단시일 내에 창씨가 그렇게 확산됐던 것은 너무 내 경험 위주로만 생각하는 건지는 몰라도 아직까지도 이해가 잘 안 되는 부분이다." 박완서 선생의 자전 소설, 『그 많던 싱아는 누가 다 먹었을까』의 문장입니다(130쪽). 입장을 달리하는 반대쪽의 누구인가를 모욕하기 위하여 굳이 창씨명을 찾아서 밝히고 싶다면, 내 가족의 舊호적을 먼저 뒤져 볼 일입니다.

일제의 잔악함 - 조선인만 팼다

조선총독부 시절의 '태형'

1909년 7월 12일 대한제국은 일본과 '대한제국 사법 및 감옥사무 위탁에 관한 각서'(기유각서, 己酉覺書)를 체결합니다. 이로써 대한제국의 사법권과 감옥사무는 통감부의 사법청(司法廳)으로 이전하였습니다. 1912년 3월 18일 조선총독부는 '조선형사령'을 공포하면서(제령 제11호, 1912년 4월 1일 시행), '조선태형령'도 함께 공포하였습니다(제령 제13호, 1912년 4월 1일 시행). 형사사법 제도를 전반적으로 일본의 제도에 맞추면서도, 조선인에게는 1905년 4월 공포·시행된 대한제국 '형법대전'의 '태형'을 계속 집행할 수 있게 한 것입니다(조선태형령 제13조).

태형은 1920년 3월 31일 폐지되었습니다. '태형'의 잠정적 존속에 대해서는 식민지 무단정치의 사례로 들며 "조선인만 매질했다"고도 비난하고, '갑오개혁'에서 금지한 고문을 조선총독부가 살려냈다고도 주장합니다.

탈아론(脫亞論)이 지적한 조선 형벌의 참혹성

'게이오대학'을 세우고 일간지 「時事新報」를 창간한 후쿠자와 유키치(福澤諭吉)는 1885년 3월 16일字 「시사신보」에 '아시아를 벗어나서 유럽과 어깨를 나란히 하자'는 사설을 썼습니다(脫亞論). 김옥균, 서재필, 박영효, 유길준, 윤치호 등 조선의 개혁 청년들은 후원하던 그가 갑신정변의 실패를 목도한 후 좌절하여 쓴 글이라고 합니다.

> "동아시아의 일본·중국·조선 세 나라 중 중국·조선은 서로 한 몸을 이루고 문명을 거부하고, 도덕조차 땅에 떨어져 잔인·몰염치가 극에 달하지만 자성하는 기색이 없어 보인다. 중국·조선은 일본에 조금도 도움이 되지 않을 뿐만 아니라 서양인의 눈에는 때로는 일본까지 동일시된다. 이웃나라의 개명을 기다려 함께 아시아를 부흥시킬 여유가 없으니 오히려 대열을 벗어나 서양 문명국과 진퇴를 함께 하고 중국·조선을 이웃나라로서 특별히 대우하지 말자."

후쿠자와는 「脫亞論」에서 조선의 非문명의 예로 '형벌의 참혹성'을 들었습니다. "조선국에서 사람에게 내리는 형벌이 참혹하면 서양 문명인의 눈에는 일본인도 역시 함께 무정한가 하고 추론될 수 있다"고 했습니다.

'능지처참'될 뻔한 묄렌도르프

청국 리훙장의 천거로 조선에서 출세한 독일인 묄렌도르프는 한양살이가 길어지면서 청국보다 조선의 입장으로 기울었습니다. 조선의 미래를 러시아와 일본 사이의 완충국으로 구상하고, 1884년 '조·러수호통상조약' 체결을 반겼습니다. 러시아의 영향력이 없다면 조선은 '영국의 보호령'이 될 것으로 보았답니다. 묄렌도르프는 갑신정변이 터지자, 고종의 명을 받아 러시아 황제에게 도움을 청하고, 주일 러시아공사관에 조선을 '보호령'으로 선언해 달라고도 졸랐습니다. 갑신정변의 '사죄사절단'으로 일본에 가서는 주일 러시아 공사에게 군사교관 파견을 제안했고, 러시아 정부는 그 파견 비용까지 부담하기로 결정했습니다. 그런데, 고종은 통리교섭통상아문(외교부)을 통해 이미 미국에 군사교관 파견을 요청해 두었습니다. 통리교섭통상사무아문 독판(장관) 김윤식조차 묄렌도르프의 러시아 교관 요청을 알지 못했답니다. 리훙장도 묄렌도르프의 독자행동에 분노했습니다.[31] 고종은 '조선식'으로 묄렌도르프의 반역행위를 처벌하려 하였으나, 미국 공사관의 폴크 소위를 비롯한 외교사절들이 묄렌도르프는 독일 국적이므로 위험한 일이라고 극구 말렸답니다.[32]

민비의 '능지처참 욕구'

1885년 9월 9일은 임오군란으로 피난갔던 민비가 환궁한 지 3년

---

31) 함재봉, 『한국 사람 만들기 Ⅲ』, 프레스, 2020, 665~688쪽.
32) Lensen, George Alexander, *Balance of Intrigue: International Rivalry in Korea & Manchuria, 1884–1899*, Tallahassee, FL: University Presses of Florida, 1982, 『한국 사람 만들기 Ⅲ』, 689쪽에서 재인용.

이 되는 날이었습니다. 민비는 화려한 잔치를 여는 한편 임오군란 때 대원군을 도운 혐의자 색출 작업을 재개하여 10월 5일경에는 한양의 모든 감옥이 넘쳤습니다. 10월 5일과 6일, 무위영 포수 김춘영, 훈련도감 나팔수 이영식 등 관리 3명을 '능지처참'한 민비는, 그 시신을 중국에서 돌아오는 대원군의 입경(入京) 길목에 버릴 것을 명했습니다.[33] 한양 주재 외교관들은 조선 조정을 공개적으로 비판하였고, 10월 9일 원세개는 더 이상 처형을 금하고 저잣거리의 시신을 치우도록 조치했습니다.[34]

1905년경 스웨덴 기자의 목격담

일본 군부는 유럽인 기자들의 러일전쟁 취재를 금했습니다. 1904년 말 종군을 위해 도쿄에 도착한 스웨덴 기자 아손 그렙스트(W. A:son Grebst)는 러일전쟁 취재를 포기하고 사업가로 위장하여 조선으로 향했습니다. 1904년 12월 24일 부산항에 내려 막 개통한 경부선 열차로 한성에 당도합니다. 선교사에게 영어를 배운 조선 청년의 안내로 1905년 초 조선의 이곳저곳을 기웃거리다가 급기야 한성 근교 감옥에서 '태형'과 '사형집행'을 목격하고 참관기를 남겼습니다.

그의 여행기는 1912년 스웨덴에서 『I. KOREA』로 출판되었고, 우리나라에서는 2016년 『스웨덴 기자 아손, 100년 전 한국을 걷다』로 번역되었습니다. 일본에서 『悲劇の朝鮮』으로 먼저 번역되었습니다. 그는 선교사로부터 '아직 조선에서는 고문이 행해진다'는 정보를 얻

33) 다바호시 기요시(田保橋潔)·김종학 옮김, 『근대일선관계의 연구』, 下, 일조각, 2016, p.54.
34) Korean-American Relations Vol.1. p.134. 『한국 사람 만들기 Ⅲ』, 710쪽에서 재인용.

고 적극적으로 감옥을 수배하였답니다.[35]

아손 그렙스트가 목격한 '태형'

"담을 따라 죄수들 20여 명이 목에는 크고 두터운 칼을 쓰고, 다리는 쇠사슬에 묶여 있었다. 구석에는 호기심 가득 찬 군중이 있었고, 한쪽에는 단정치 못한 군인 몇 명이 땅에 소총을 팽개치고 바위위에 자리를 잡았다. 뜰의 한 가운데 무릎 높이 긴 상이 놓여 있었는데, 그 위에 남자 한 명이 밧줄에 묶인 채 엎드려 있었다. 하체는 종아리까지, 상체는 어깨까지 옷을 벗겨놓아 볼기짝을 비롯한 중간 부분은 완전히 알몸이었다.

… 형 집행은 바로 시작되었다. … 열두 번이나 거듭된 회초리가 그의 몸을 갈기갈기 찢어놓자 비명을 지르던 죄수는 결국 졸도하고 말았다. 그때서야 비로소 형 집행이 일시 중단되었고 죄수의 머리 위에 찬물이 끼얹어졌다. 죄수는 몸을 한 차례 부르르 떨더니 경련을 계속하다가 의식을 회복하였다. 그는 신음 소리를 내면서 용서해 달라고 애걸하였다. …

그에게는 아직 태형 열두 대가 남아 있었다. 형 집행이 끝났을 때 죄수의 몸은 이미 인간의 육신이 아니었고 단지 피투성이 고기덩어리에 불과하였다. 오라가 풀어지자 의식 불명인 그는 밑으로 굴러떨어져 만신창이가 된 등을 땅바닥에 댄 채 누워 있었다. 바지가 난폭하게 올려졌고 상의도 같은 식으로 내려졌다. 억센 두 손이 그의 어깨를 잡더니 질질 끌고 뜰을 넘어가 근처의 감방에 거꾸로 처박아 버렸다."[36]

---

35) 아손 그렙스트 지음·김상열 옮김, 『스웨덴 기자 아손, 100년 전 한국을 걷다』, 책과 함께, 2016, 271쪽.
36) 아손 그렙스트 지음·김상열 옮김, 『스웨덴 기자 아손, 100년 전 한국을 걷다』, 281~283쪽.

다음은 사형 집행 목격기

"죄수의 안다리에 막대를 집어넣고 집행인들은 자신들의 온몸의 무게를 막대 끝에 얹었다. 죄수가 연달아 토해내는 비명은 듣기에 처절했다. 다리뼈가 부러져 으깨어지는 소리가 들리더니 처절한 비명도 멎었다. 온몸이 밧줄로 묶인 죄수가 자신의 상체를 세워 거의 앉은 자세가 되었다.

얼굴에는 죽은 사람처럼 핏기가 싹 가셨고, 두 입술은 굳게 물렸다. 두 눈은 흰자위만 남았고, 이마에서는 식은땀이 비 오듯 흘러내렸다. 이내 고개가 힘없이 수그러졌고, 몸이 축 늘어지면서 땅바닥으로 쓰러졌다. 집행인들은 막대를 빼내고 난폭한 손놀림으로 다리뼈가 정말로 완전하게 부러졌는지를 확인했는데, 그는 아무 것도 느끼지 못하는 양 죽은 듯이 누워 있었다. ...

기절한 죄수는 한참 후 의식을 회복해 힘없이 고개를 좌우로 흔들면서 신음소리를 토했다. 형집행인들은 죄수의 팔뼈와 갈비뼈 사이에 막대기를 집어넣어 뼈를 하나하나 차례차례로 부러뜨린 다음, 마지막으로 비단끈을 이용하여 죄수의 목을 졸라 숨을 끊고 시체를 질질 끌고 나갔다. 관중들이 뿔뿔이 흩어졌고 옥리들이 짐승을 우리로 몰듯이 죄수들을 감옥에 가두었다."[37]

러·일전쟁 이전 러시아 장교가 파악한 조선의 형벌

1885년부터 1896년에 이르기까지 러시아 참모 본부 소속 육군대령 카르네프와 그 부하장교들이 조선 전역을 답사하고 조선의 행정 체계 및 사회상 전반을 기술한 자료가 있습니다. 1895년~1896년간

---

37) 아손 그렙스트 지음·김상열 옮김, 『스웨덴 기자 아손, 100년 전 한국을 걷다』, 285,286쪽.

의 '조선 중남부 여행기' 1895년 12월~1896년 1월의 '조선 중북부 여행기', 1889년 여름의 '조선 북부 여행기' 등을 묶은 것으로 1958년 모스크바에서 출간했고, 우리나라에서는 2003년 『러시아 장교 조선여행기, 내가 본 조선, 조선인』으로 번역되었습니다. 동학농민운동, 갑신정변, 민비 시해, 아관파천, 단발령에 대한 민심의 정밀 보고서입니다. 이 보고서에도 조선 형벌의 실태가 등장합니다.

"형사판결에는 여러 고관과 친척, 첩 등이 간섭을 하였다. 분명한 사실은 조선에서 행해지는 재판은 유감스러운 상황이며, 거대한 규모의 뇌물이 존재한다는 것이다. 심리는 부당하게 이루어졌으며, 잔혹한 고문을 통하여 진술을 강요하였다. 고문방법으로는, 판자로 무릎을 쳐서 골절상을 입히거나, 등 뒤로 두 손을 묶어 매달거나, 몸을 지지거나, 도끼로 몸의 일부를 잘랐다.

조선에서는 사형이 평범한 형벌이었다. 반국가사범에게도 좀도둑에게도 사형이 선고되었다. 나라에 상납되는 공물을 훔쳤거나 아편을 사용하였거나 귀금속을 밀수출하고 탈취한 경우에도 사형을 선고하였다. ... 사람들은 형벌을 받은 대신 돈을 내고 죄를 면하기도 하였는데, 재판관은 이를 축재에 악용하였다."[38]

'조선태형령'의 의미

스웨덴 기자 아손 그렙스트는 일본이 조선을 손아귀에 넣게 되면 가장 먼저 고문을 없앨 것이라고 예상했습니다.

"특히 우리네 기독교인들이 더욱더 부끄럽게 여겨야 할 점은, 이

---

38) 카르네프 외 4인 지음; A. 이르게바예브·김정화 옮김, 『러시아 장교 조선 여행기 내가 본 조선, 조선인』, 가야넷, 2003, 269쪽.

교도 일본인들이 코레아를 손아귀에 넣게 되면 가장 먼저 이런 고문의 철폐를 단행하리라는 사실이다. 이교도를 개종시키는 데만 급급한 나머지 그냥 지나쳐서는 안 될 실상에 장님이 되어 버리는 우리 기독교인의 태도는 아직도 우리가 안고 있는 커다란 과제 중 하나이다."[39)]

실제로 고문의 철폐와 형사제도의 근대화는 1912년의 '조선형사령'에 의하여 비로소 제도적으로 구현되었을 것입니다. '조선형사령'은 식민지적 특성을 부가하였다고 해도 기본적으로 형사법제를 '근대화'하는 취지였습니다. 1895년 1월 갑오개혁 정부는 참형을 폐지했습니다. 하지만 권력에 대한 도전이 잇따르자, 1898년 11월 22일 고종은 갑오개혁을 무효화하고 역모죄인에 대해 참형을 부활시킵니다. 이승만이 한성감옥에 수감돼 있던 1904년 3월 15일 오후 10시 대한제국 마지막 참형이 집행됐습니다. 이날 참수된 죄인은 을미사변에 연루된 유동근이라는 죄인이었습니다.[40)] 아손 그렙스트가 목격하였듯이 1905년 '형법대전'이 시행될 때까지 형벌은 여전히 조선에서 잔혹한 방식으로 집행되고 있었습니다.

'조선태형령'에 의하면, 3개월 이하의 단기 자유형을 처할 자에게 '사정에 따라' 태형으로 갈음할 수 있고(제1조), 100원 이하의 벌금 또는 과료에 처해야 하는 자의 '주거가 부정'하거나 '자산이 없는 경우'에도 태형을 선고합니다(제2조). 100원 이하의 벌금 또는 과료 선고를 받고도 '납입을 하지 않는 경우'에도 태형으로 갈음합니다(제3조). 그런데, '조선태형령 시행규칙'(조선 총독부령 제32호, 1912년 4월 1일 시행)에서는 태형의 집행에는 '의사(醫師)의 참여'를 원칙으로 했

39) 아손 그렙스트 지음·김상열 옮김, 『스웨덴 기자 아손, 100년 전 한국을 걷다』, 2016, 287쪽.
40) 「조선일보」, 2023, 4, 26자, "박종인의 땅의 역사 [341] 근대로 가는 길목 ⑥"

습니다(제1조, 태형을 집행하고자 할 때에는, 매번 의사가 수형자의 신체를 진찰하여 태형을 받기 어려운 건강 상태라고 인정할 때에는 집행을 유예한다. 단, 의사가 진찰할 수 없을 때에는 입회 관리(立會官吏)의 인정에 따라 집행하거나 집행을 유예할 수 있다). 수형자의 건강이 불량하면 집행을 유예하고 그래도 호전되지 않으면 집행을 면제하였습니다. 한편, 태형의 집행장에는 책임 있는 관리가 입회하여야 하고(제5조), 집행에 종사하는 자 이외에는 장내(場內)에 들어갈 수 없습니다(제7조).

'조선형사령'을 공포하면서도 동시에 '조선태형령'에 의하여 대한제국기 형법대전의 '태형'을 유지한 이유는, 급작스럽게 단기자유형 수형자를 모두 수용할 만한 근대적 수형시설이 부족했고, 자력(資力) 부족으로 벌금형의 집행이 현실적으로 쉽지 않았으며, 그러함에도 단기자유형이나 벌금형의 집행을 확보할 필요가 있었다는 사정 때문이었을 것입니다.

선진국 중 싱가포르가 태형을 시행하고 있으나 태형은 분명히 전근대적입니다. 벌금형을 납부할 수 없는 무자력자가 대상이 될 수 있다는 점에서 가난한 조선인에 대한 차별이기도 합니다. 그런데, 적어도 1905년 무렵까지 참혹한 형 집행이 횡행했던 사정, 태형이 대한제국 「형법대전」에서 규정하던 제도인 점, 1912년 조선태형령 시행규칙에 의해 태형 집행의 비공개성을 확보하고, 의사의 참여를 보장하는 등 제도개선이 이루어진 사정을 보건대 과연 태형의 잠정적 시행을 막무가내로 비판할 수 있을지는 의문입니다. 물론 '의사의 참여를 보장'한다는 식의 시행규칙이 제대로 준수되었다고는 믿지 않습니다.

한글을 뺏기다 - 조선어학회

이인화의 『2061』

박영수 특검 소동의 희생양인 이인화가 신작 『2061』을 들고 돌아왔습니다. 훈민정음이 세계어가 된다는 판타지입니다. 훈민정음은 세종 이후 사실상 잊힌 소리글자였습니다. 연산군이 사용을 금했고, 아녀자의 글로서나 숨통을 이었습니다. 그런데, 한글의 가치가 선교사들의 눈에 번쩍 띄었습니다. 1877년 스코틀랜드 출신 선교사 존 로스(John Ross)는 최초의 한글판 성경을 번역하면서 띄어쓰기를 시도했습니다. 1900년 선교사들은 교파를 초월해 예수교서회(현재 대한기독교서회)를 설립하고 한글 성경과 한글 읽을거리를 펴내 선교에 활용했습니다.

고종 시절 육영공원(育英公院)의 교사로 입국한 헐버트(Homer B. Hulbert)도 훈민정음의 쉬운 쓰임새를 바로 알아챘습니다. 1891년 간행된 순한글 교과서 『사민필지』(士民必知, Knowledge Necessary for All)는 벽안(碧眼)의 외국인 헐버트의 작품입니다. 상당한 수준의 언어학자였던 그는 1889년 '뉴욕 트리뷴'지에 훈민정음을 진정한 소리글자(a true alphabet)라고 소개하는 등 한글 전도사로 활약했습니다. 이제 그 역할을 이인화가 넘겨받았다고 할까요? 포승줄에 묶였던, 죽었다 살아난 이인화가 반갑습니다.

이인화는 「조선일보」 김윤덕 기자와의 인터뷰에서 '체육특기자 정유라에게 학점을 줬다'고 특검의 가택수사를 두 번 받았다고 했습니다. 고3이었던 둘째 아이에게 정말 미안했고, 그래도 가족이 있어서 죽지 않고 버텼다고 속마음을 비췄습니다. 특히, '조교를 협박했다'거나, 그래서 '검찰에서 조교와 대질신문했다'는 건 검찰조서에도 없는 가짜뉴스랍니다.[41] 김윤덕은 인터뷰 제목을 이렇게 뽑았습니다. "설 수도 앉을 수도 없어 그냥 걸었다, 황무지를", 섹시합니다.

혐한서적 『今こそ, 韓國に謝ろう』

일본 친구에게 혐한서적 『今こそ, 韓國に謝ろう』(이제야말로, 한국에 사과하자)의 필자 百田尚樹(Hyakuta Naoki)의 일본 내 영향력을 질문했습니다. "가장 차별적인 사람"이라더군요. 얼마나 팔렸는지 확인이 되냐고 물었더니 "첫 1주일에 5만 권 팔렸다고 자랑하는데 그 다음은 모르겠다"는 답이 왔습니다. 일본에서는 아직도 1년에 100만 권이 팔리는 책이 몇 권씩 됩니다. 첫 주에 5만 권이면 만만치 않겠다 싶었습니다.

일본 친구는 '읽어서는 안 될 책'이라고 못을 박았지만 재미있게 읽었습니다. 대체로는 있는 사실관계를 뒤집어서 한국사회를 조롱합니다. 불쾌한 부분도 있고, 조롱당해 싸다 싶은 부분도 있습니다. 1911년 제1차 '조선교육령'으로 '한글'을 필수과목으로 규정하고, 최초의 한글 교과서를 도쿄에서 인쇄했으며,[42] 총독부가 '언문철자(諺文綴字)연구회'를 만들어 '보통학교용 언문철자법'을 결정하고 교과서에 채용했는데,[43] '그게 한글을 뺏은 것이냐'는 식으로 공격합니다.

일제는 한일병합과 동시에 1911년 조선교육령을 발표하였습니다. 이후 식민정책의 변화에 따라 1922년 2차 개정 교육령, 1938년 3차 개정 교육령, 1943년 4차 개정 교육령이 발표됩니다. '조선어 필수, 일본어 필수'의 원칙이 1938년 3차 개정에서 '조선어 선택, 일본어

---

41) 「조선일보」 2021. 3. 6.자 "아무튼 주말"
42) 百田尚樹, 『今こそ, 韓國に謝ろう』, 飛鳥新社, 2019, p.20.
43) 百田尚樹, 『今こそ, 韓國に謝ろう』, p.124.

필수'로 바뀌었다가, 1943년 4차 개정에서 '조선어 폐지, 일본어 필수'가 되었습니다.[44] 조선총독부는 1912년 보통학교용 언문철자법을 발표하면서 '경성말(서울말)'을 표준어의 기본으로 삼았습니다. 이 표준어 기준은 이후 조선어학회의 '한글맞춤법 통일안'에도 반영되어 표준어 선정의 원칙이 되었습니다. 1936년의 '표준말 모음집'에서는 표준어를 "서울의 중류계층에서 사용하는 말"이라고 구체화했습니다.[45]

조선어의 근대화는 총독부 학무국 편집과의 관리이자 경성제대 조선어과 주임 교수인 오쿠라 신페이(小倉進平)의 『濟州道方言』(1913), 『南部朝鮮の方言』(1924) 등 조선어 방언 연구를 통해 그 중요한 기초가 닦였습니다. 오쿠라의 조선어 연구가, '국어'로서의 일본어의 기원을 밝히기 위한 주변언어 탐구 목적이었다 하더라도 결코 무시할 수 없는 사실입니다.[46]

소설 〈무정〉과 영화 〈말모이〉

1917년 1월 1일부터 6월 14일까지 126회에 걸쳐 「매일신보」에 연재된 이광수의 『무정』에는 일본어 표현이 종종 등장합니다. "요ー. 오메데또오(축하해), 이이나즈께(약혼녀)가 있나 보네 그려. 움. 나루호도(과연)." 이런 표현에 대하여 연세대 김철 명예교수는, 근대 어문에 새겨진 식민성이 아니라 '근대 한국어가 만들어지는 과정'이고, '순수하고 완결된 형태의 언어란, 다른 모든 언어가 그렇듯이 존재하지 않는다'고 썼습니다.[47]

---

44) 최경봉, 『우리말의 탄생』, 책과 함께, 2005, 32쪽.
45) 최경봉, 『우리말의 탄생』, 181쪽.
46) 김철, 『복화술사들』, 문학과 지성사, 2016, 41쪽.
47) 김철, 『복화술사들』, 20~22쪽.

윤치호는 1887년 영어로 일기를 쓰는 이유를 한국어 어휘 부족 때문이라고 했습니다. " ... its vocabulary is not yet rich enough to express all what I want to say." 윤치호와 이광수의 사례는 언어의 측면에서 한국의 근대란 이미 완성된 것도 아니고, 완성된 것을 누군가 완전히 파괴한 것도 아님을 말해 줍니다. 소설가 김동인은 "구상은 일본말로 하되 쓰기는 조선글로 썼다"고 했습니다. '약한 자의 슬픔'을 쓴 1919년 무렵에 대한 회고입니다.[48]

어느 선배가 독서모임에서 영화 <말모이>를 '형편없는 엉터리'라고 평했습니다. 한글의 박탈은 1930년대 말 일본 사회가 이성을 잃은 이후 짧은 기간 동안 있었고, 그 이전 오랜 기간은 총독부의 정책 덕분에 한글이 온전한 문자가 되었답니다. 소리 그대로 적기만 하던 '혜경궁 일기'식 한글 문장을 총독부가 끼어들어 독해가 되는 문장으로 만들었는데, 그 시절에는 조선어학회도 총독부와 우호적 관계였다는군요. 물론 식민지 교육의 목적은 매뉴얼을 읽을 수 있는 '노동이 가능한 인간'의 양성이었습니다. 그러나 그 노동 가능한 인간이 '근대인'이라는 사실은 부인할 수 없습니다.

1929년부터 '조선어사전' 편찬 사업이 시작되었습니다. 원고지 2만 6천 5백여 장 분량의 조선어사전 원고뭉치가 조선어학회 사건의 증거물로 일본 경찰에 압수되었습니다. 1945년 8월 13일, 고등법원에 신청한 상고가 기각되면서 검찰 측 증거인 원고뭉치가 경성역 구내 조선통운 창고에 방치되었답니다(당시에는 항소심 법원을 복심법원, 상고심 법원을 고등법원이라고 했습니다). 일본이 항복 선언을 하여 행정이 마비된 가운데 벌어진 일일 테고, 조선어학회는 수소문 끝에 1945년 9월 8일, 압수 후 3년 만에 원고뭉치를 발견하였습니다.[49]

---

48)「조선일보」 2020년 1월 1일자, 선우정 칼럼 "복화술사의 시대"

1936년 10월 28일 훈민정음 반포 490돌 기념축하회에는 150명이 모였습니다. 조선어학회는 <사정(査定)한 조선어 표준말 모음>을 세상에 내놓았습니다. 실력양성론자들은 표준어의 정립을 민족운동의 소중한 결실로 꼽았습니다. 신간회와 수양동우회를 이끌던 안창호 선생이 축사를 하였습니다. 경찰은 현장에서 축사의 내용에 대하여 수차 경고한 후 축사를 중단시켰답니다. 이후 경찰은 조선어학회의 활동을 사전편찬을 비롯한 순수한 학술연구로 제한하였습니다.[50]

조선어학회는 1940년 조선총독부 검열 당국으로부터 '조선말큰사전' 출판 승인을 받고, 어렵게 자금을 확보하여 1942년 인쇄에 들어갔습니다. 북촌 한옥마을을 조성한 사업가 정세권이 1935년 여름 서울 화동 소재 2층 건물을 통째로 조선어학회에 기증하였습니다. 공간의 확보가 사전 편찬에 큰 힘이 되었습니다. 1930년대 말부터 공공기관에서 조선어 사용이 금지되고, 조선어 교과가 폐지되고, 조선인조차도 조선어 학습을 기피하는 상황에서 이루어 낸 쾌거였습니다. 그런데 인쇄에 들어간 바로 그 무렵 조선어학회 사건으로 원고가 일본 경찰에 압수되었습니다.[51]

『우리를 지키는 더러운 것들』

김철 교수의 『우리를 지키는 더러운 것들』(뿌리와 이파리, 2018)은 애써서 脫식민지를 거역하는 우리사회의 모순을 조롱합니다. 잔기침 없이 바로 도발하는 글이라 공감도 즉각적입니다.

'일제강점기'라는 용어에 대해서는, "자신의 과거를 직시하고 싶지 않은 욕망, 과거의 진실과 마주하고 싶지 않은 초라한 욕망의 단

---

49) 최경봉, 『우리말의 탄생』, 37,38쪽.
50) 최경봉, 『우리말의 탄생』, 197쪽.
51) 최경봉, 『우리말의 탄생』, 252~260쪽.

적인 표현"이라고 했습니다. 용어를 통해 식민지 지배를 '교전상태에서의 적의 일시적 점령'인 양 조작하고, "식민지를 살았던 수천만 명의 삶을 특정한 목적에 맞추어 재단하는 타자화의 폭력"을 행한다는 것입니다. 국가나 정부의 사과에 '진정성'을 요구하는 것은 불가능할 뿐만 아니라, "그런 요구 자체가 진정성을 결여하고 있다"는 문장은 폭포수처럼 서늘합니다.

공감하는 에피소드가 넘쳐나지만 하나만 소개합니다. 1972년 한글학회 발간 『한글학회 50년사』 머리말의 문장입니다.

"한글학회의 창립정신은 … 민족정신을 파괴하려는 침략자의 마수에서 민족을 지키려는 데에 근본적인 목적이 있었다. … 일본 제국주의 침략자들은 … 우리 겨레를 얼빠진 허수아비로 만들어야 했고, 이 '얼'을 빼기 위해서 그들은 우리의 역사를 왜곡하고, 우리의 말과 글을 없애려고까지 한 것이다. 무서운 악마들이었다. 이 악마들의 손에서 민족의 정신과 문화를 지키려고, 말과 글의 보존, 연구, 발전을 위해서 창립된 것이 한글학회이다. 따라서 한글학회의 역사는 일제에 대한 무기 없는 투쟁이었다."

김철 교수의 해설입니다.

"최현배를 중심으로 한 조선어학회가 '조선어학회 사건' 이전에는 조선총독부와 대립하는 일이 거의 없는 비적대적인 관계를 유지했을 뿐만 아니라, 1938년 이후 조선어 폐지와 '국어상용' 정책이 시행되는 기간에도 침묵을 지켰다는 사실, 동시에 기관지인 『한글』에 다른 잡지에서 보기 힘든 「신년봉축사」를 매년 1월호에 싣고 「國民精神總動員 '銃後報國强調週刊'에 대하여」(1938), 「第三十六 海軍記念日을 맞음」(1941) 같은 글을 통해 노골적인 전쟁 협력 행위를 한 사실 등은 깨끗이 망각되었다. … 또한 최현배의 언어학 지식의 거의

전부가 일본의 국수주의 언어학자 야마타 요시오(山田孝雄)의 것을
그대로 '베끼는 수준이었다는 사실이 학계에서 거의 논의조차 되지
않았고, 일반인에게는 전혀 알려지지 않았다는 것 역시 ... "52)

일본의 피폭 - 폭력적 시선

이우(李鍝)의 피폭

1945년 8월 6일 08:15, 히로시마 상공에서 원자폭탄 Little Boy가
터졌습니다. 히로시마와 나가사키에서 조선인도 7만 명이 희생되었
습니다. 그중에는 의친왕(義親王) 이강(李堈)의 아들 이우(李鍝)도 있
었습니다. 히로시마의 제2군 총사령부 교육참모로 부임한 이우는
1945년 8월 6일 말 기마 헌병의 호위를 받으며 애마(愛馬)로 출근
중 연락이 끊겼습니다. 공족부 무관 요시나리 히로시(吉成弘) 중좌
는 불안감에 싸입니다. 사령부가 수색명령을 내렸고 오후 늦게 폭
심지(爆心地) 근처에서 이우를 발견하였습니다. 즉시 육군 임시구호
소로 옮겼으나, 다음날 오후 4시를 넘기지 못했습니다. 요시나리 중
좌는 이우의 죽음을 확인하자 임시구호소 앞 잔디밭에 정좌한 채
권총으로 자살하였습니다.53)

원폭의 혼란 중에서도 이우의 타계가 알려지자 도쿄에서 황족과
군 수뇌가 히로시마로 달려와 조문했습니다. 다음날 유해는 육군
쌍발기로 경성의 가족에게 돌아왔고, 장례식은 육군장(陸軍葬)으로
경성운동장에서 치러졌습니다. 소련의 참전이 초읽기에 들어간 그
시각, 미군이 제공권을 완전히 장악한 그 시각에 히로시마에서 경

---

52) 김철, 『우리를 지키는 더러운 것들』, 뿌리와 이파리, 2018, 239쪽.
53) 이기동, 『비극의 군인들』, 일조각, 2020, 670~672쪽.

성으로 유해를 공수하였고, 천황의 이른바 '옥음(玉音) 종전 방송'이 흐르던 중에도 장례식은 멈추지 않았다고 합니다.[54]

그날 히로시마의 여섯 사람

히로시마에서 원자폭탄이 터진 바로 그때, 회사원 '사사키 토시코'는 사무실에 출근하여 막 자리에 앉으며 옆자리 동료에게 말을 붙였고, 개업의 '후지이 마사카스'는 여유 있게 다리를 꼬고 「오사카아사히신문(大阪朝日新聞)」을 펼쳤고, 남편을 잃은 '나카무라 하츠요' 여사는 미군 공습에 대비하여 소방로를 확보하고자 이웃 건물을 철거하는 모습을 주방 창으로 구경했고, 예수회 소속 독일인 신부 '빌헬름 클라인조르게'는 속옷 바람으로 사제관 맨 위층 침대에 누워 예수회 잡지 「Stimmen der Zeit」를 읽었고, 적십자 병원 젊은 의사 '사사키 테루부미'는 혈액 샘플을 들고 병원 복도를 걸었고, 히로시마 감리교회 소속 '타니모토 기요시' 목사는 B-29 공습을 피해 리어카에 잔뜩 가재도구를 싣고 시 외곽의 친구 집 문간에 도착했습니다.

그 순간 섬광이 터지며, 10만 명이 목숨을 잃었습니다. 중국에서 어린 시절을 보내고 Yale과 Cambridge를 거쳐 기자로 활동하다가 작가로 전업한 John Hersey의 논픽션 『Hiroshima』 첫 부분의 그날 상황 묘사입니다. 작가는 원폭 피해자 6명의 당일 체험과 40년 이후의 현실(the aftermath)을 기록으로 남겼습니다.[55]

'사사키 도시코'의 시선

회사원 '사사키 도시코'는 피폭으로 다리를 심하게 다쳤습니다.

---

54) 구로다 가쓰히로, 『누가 역사를 왜곡하는가』, 7분의 언덕, 2022, 170,171쪽.
55) John Hersey, *Hiroshima*, Vintage, 1989.

신혼집까지 마련해 두고 중국의 전쟁터로 떠났던 약혼자가 무사 귀환했으나 결혼은 깨졌습니다. 인생 진로를 바꿔 수녀 교육을 받은 사사키는 고아원을 맡았습니다. 한국에서 6·25 전쟁이 일어나자 미군기지가 분주해지더니, 미군기지 옆의 고아원도 덩달아 바빠졌습니다. 사생아가 늘어났기 때문입니다. 원장 수녀 눈에는, 매춘부이기도 하고 그렇지 않기도 한 애 엄마들이나, 혹은 애 아빠들이나 딱하기는 마찬가지였습니다. 아빠라고 해도 엉뚱한 전쟁에 징집된 열아홉·스물 청년들로서 책임감 혹은 죄책감을 약간 느끼든 말든, 그저 혼란스런 영혼으로 보였답니다. 사사키는 다른 피폭자(hibakusha)들과는 좀 달랐습니다. 세상이 원자폭탄의 위력에 지나치게 관심을 가질 뿐 정작 전쟁의 폐해에는 관심이 덜하다는 생각이었습니다.

더욱 솔직히는, 살짝 다친 경중 피폭자들과 권력을 좇는 정치인들이 원자폭탄을 너무 들먹여 불만이었습니다. 전쟁은, 일본인들을 원자폭탄과 소이탄에 시달리게 하고, (일본군의 공격으로) 중국인을 희생시키고, 군대 가기 싫어하는 미국과 일본 청년들을 사상자로 만들고, 심지어 일본의 매춘부들과 혼혈아까지도 무차별적으로 희생자로 만든다고 지적합니다. 자신은 원폭의 야만성을 온몸으로 겪었지만, 총력전이 전개하는 무기 체계보다는 '전쟁의 원인'을 깊이 들여다봐야 한다는 의견입니다.[56]

「중앙일보」 – 원폭은 신의 징벌

「중앙일보」 2013년 5월 20일자 '김진의 시시각각'은 "아베, 마루타의 복수를 잊었나"라는 제목입니다. '히로시마와 나가사키에 원폭이 투하된 것은 신의 징벌이자 일본군 731부대 생체실험 피해자의

---

56) John Hersey, *Hiroshima*, pp.121,122.

복수였다'로 포문을 열었습니다. 마루타의 비명이 하늘에 닿았던지 45년 8월 원자폭탄 열폭풍이 히로시마와 나가사키를 덮쳤고, "가스실 유대인처럼, 마루타처럼, 작두로 머리가 잘렸던 난징 중국인처럼 일본인도 고통 속에서 죽어갔다. 방사능 피폭까지 합치면 모두 20여만 명이 죽었다"고 휘갈겼습니다.

일본 관방장관 스가 요시히데(菅 義偉)는 기자회견에서 "참으로 식견이 없다고 생각한다. 세계 유일의 피폭국인 일본으로서 이런 인식은 결코 용납할 수 없다"고 했습니다. 자신이 피폭자인 히로시마 시장 마쓰이 가즈미(松井一實)도 "피폭자의 고통과 피폭자의 핵무기 폐기 요구에 동감하는 한·일 양국의 많은 이의 감정을 상하게 한다는 것을 왜 모르는가"라고 비판했고, 나가사키 시장 다가미 도미히사(田上富久)도 "내용이 감정적이어서 일·한 관계를 악화시키고 있다. 서로 문화에 대한 이해를 깊게 하고 우호관계를 구축할 수 있도록 노력하는 것이 중요하다"고 했습니다.[57] 대한민국 주요 언론사 중견언론인의 시각이 이 정도입니다. 조국의 죽창가와 윤미향의 탐욕이 달리 만들어진 게 아닙니다.

"역사적 과오 인정 인색한 일본, '뉘른베르크 재판' 보고 배워라"

「중앙선데이」 주말판 (2023년 3월 18일~19일) <오동진의 시네마 역사>는 일본의 전쟁 책임을 말합니다. 제목은 "역사적 과오 인정 인색한 일본, '뉘른베르크 재판' 보고 배워라", 흥미 있는 문장입니다. 마지막은 이렇게 맺습니다. "일본은 여전히 역사적 과오를 인정하는데 있어 한참 떨어진다. 그래서 늘 세계를 분개하게 만든다."

---

57) 「중앙일보」 입력 2013−05−24, "원폭은 징벌이라는 주장 용납못해" 일 관방장관, 중앙일보 김진 칼럼에 항의

일본이 늘 세계를 분개하게 만들었을까요? 별로 그런 것 같지 않습니다. 남북한을 제외하고 일본에 늘 분개하는 사회를 알지 못합니다. 중일전쟁 때, 전투는 장개석에게 떠넘기고 살살 도망만 다녔던 모택동의 후예들이 혹시 남북한에 더해질까, 막상 피비린내 나도록 당했던 장개석과 그를 이은 타이완 정부도 타이완 사회도 이제 일본과 혈육처럼 친합니다.

일본에 대한 적개심에서 벗어나지 못하는 이들에게 하고 싶은 이야기입니다. "히로시마 평화공원에 서 보시라. 일본 군부의 판단착오로 일본의 '시민'이 어떤 고통을 당했던지. 일본 전역, 어디서나 만나는 '평화'의 비석, 지자체 작은 사료관마다 쌓인 공습 피해 현장 모습을 보시라. 그들이 말하는 '평화'가 얼마나 간절한 것인지."

천황과 일왕

호칭으로 분쟁이 되다

'천황' 호칭은 1875년에 운요오호(雲揚號)의 강화도 포격을 촉발했습니다. 1867년 일본에서 도쿠가와 막부가 천황에게 대권을 넘기고 (大政奉還) 천황의 중앙정부가 외교권을 행사하지만, 對조선 외교는 여전히 대마도번(藩)이 관할했습니다. 1868년 대마도주(對馬島主)가 전한 외교문서(書契)에 황상(皇上), 황조(皇祚) 등 중국의 천자(天子)만이 쓸 수 있는 호칭이 보였습니다. 대원군은 세계의 용어가 종래의 규정(舊規)에 어긋난다는 이유로 접수를 거부합니다. 갈등이 가라앉기도 전에, 1875년 동래 부사와 일본 외교관이 접견시 드레스코드(dress code)를 논의하다가 또 문제가 생깁니다. 일본은 연미복을 주장하고 조선은 전통 복식을 우겼습니다. 시기가 무르익기를 기다리던 일본은 내정간섭을 빌미로 함포외교에 돌입했습니다. '황상' 호칭이 중국에 대한 결례이자 조선의 격을 낮춘다는 판단이었을 텐데, 훌쩍 앞으로 나아간 일본의 변화에 무감각했다는 비판을 면하기 어렵습니다.

영국과 일본 사이에서도 비슷한 분쟁이 있었습니다. 1874년 요코하마 세관장과 주일 공사 사이에서, 당시 영국을 통치하던 빅토리아(Alexandria Victoria)를 '여왕 폐하(Queen Majesty)'로 표기할지 '여황 폐하(Empress Majesty)'로 표기할지를 두고 시비가 되었습니다. 영국은 빅토리아가 일본식으로는 여성 황족에 해당하니 '여황'으로 표기해야 한다고 했습니다. 세관장은 영국 스스로 (Empire, Empress가 아니라) Kingdom, Queen을 사용하니 'Her Majesty'의 번역어로는 '여왕 폐하'가 맞다고 버텼습니다. 격분한 주일 공사의 요구로 일본 정부는 세관장을 징계해야 했습니다. 업무에 깐깐했던 그 세관장은 우리나라와도 인연이 있습니다. 1877년 일본인 최초로 영국 법정변호사(barrister) 자격을 딴 호시 도루(星亨, 1850~1901)가 주인공인데, 호시는 조선의 근대 법령 1호 '재판소구성법' 제정을 도왔습니다.[58]

언론의 '일왕'

우리 언론은 '일황', '천황', '일왕' 사이에서 오락가락 합니다. 1988년 무렵까지는 일황(日皇)으로, 히로히토 천황이 타계한 1989년부터는 일왕으로, 1998년 김대중 대통령 방일(訪日)에 맞추어 천황으로, 2005년 노무현 대통령의 연두기자 회견을 계기로 다시 일왕으로 격하하였습니다.

2004년 말 「동아일보」는 천황 호칭의 변경을 따로 알렸습니다.

〈동아일보 스타일북〉 ▼ 이렇게 바꿨어요 ▼
· 일본 국왕 명칭
　"본보는 1998년 10월 8일자 사고(社告)를 통해 "상대국 국가 원수에 대한 호칭은 그 나라에서 부르는 대로 써 주는 외교적 관례에 따라 '천황'으로 표기하기로 결정했다"고 밝히고 그 표기원칙을 지켜왔다. 그러나 입헌군주제 국가의 국가원수에 대한 일반적이고 보편적인 명칭은 '국왕' 또는 '왕'이다. 일본에 대해서만 차별성을 둘 필요가 없다는 판단 아래 '천황'을 '일본 국왕' 또는 '일왕'으로 쓰기로 했다."[59]

2016년 8월 6일자 「동아일보」 [최영훈의 법과 사람]의 칼럼 제목은 "천황을 꼭 '일왕'이라고 해야 하나"입니다. 논설위원 최영훈은

---

58) 「조선일보」, 2021년 1월 29일자 〈신상목의 스시 한 조각〉 [83] "영국을 격분시킨 '여왕폐하' 사건
59) 「동아일보」 2004-12-02 18:43:00 편집, [동아일보 타임북] 주요용어-표기원칙.

'천황을 일왕으로 불러야만 직성이 풀리는 협량(狹量)'을 탓하는 한국 기업인의 발언에 조금 놀랐답니다. 도쿄에서 만난 그 기업인은 독립투사의 후손으로서, 혐한(嫌韓) 기사를 게재한 일본 신문에는 광고를 배정하지 않는 인물이라고 소개했습니다.

「조선일보」 2019년 6월 8일자 김수혜 부장의 [터치! 코리아] '천황과 친일파'의 문장입니다.

> "일제강점기 때 일왕 마차에 폭탄을 던진 이봉창(1900~1932) 의사도 김구 선생을 만났을 때 '독립운동을 한다면서 왜 천황을 안 죽이오?'라고 물었지 '왜 일왕을 안 죽이오?'하지 않았다. … 대통령은 일왕을 천황이라고 부르는데, 언론은 천황을 일왕이라고 쓴다. 이상하지 않은가."

2021년 5월 13일자 「경향신문」 <역사와 현실> "천황인가, 일왕인가"는 서울대 동양사학과 박훈 교수의 글입니다. 박 교수는 이웃나라 스스로 원하는 호칭을 존중하는 것이 성숙한 자세라고 썼습니다. 댓글이 살벌하게 붙었습니다. 사실 「동아일보」 최영훈도 「조선일보 김수혜」도 제3자의 말을 빌어 '천황'을 표기했을 뿐 자신의 문장에서는 여전히 '일왕'으로 쓰고 있습니다.

우리 언론이 '천황'을 꺼리고 '일황' 정도로 타협하려던 태도도 이해는 갑니다. '천황'을 외국에서 'emperor'라고 번역하지만 따지고 보면 애매합니다. 일본 입장에서 '천황'은, 유럽의 나라마다 있는 emperor 정도가 아니라, '세상의 주인'을 뜻할 것입니다. 그래서 이승만 건국 대통령은, 일본이 만든 국체(國體)로서의 천황 제도를 비판하며, 천황 즉 텐노(Tenno)의 정확한 번역어는 'Heavenly King'이고 이는 '天地의 肉化'(bodily representative of Heaven and Earth)라는 가당찮은 의미라고 지적했습니다.[60] 흥미롭게도 얼마 전 「조선일보」
가 천황을 '덴노(天皇)'라고 표기했습니다. 신문사가 정한 원칙인지
기자의 취향인지는 두고 볼 일입니다.[61] 일본은 7세기 무렵부터 '천
황'을 사용했습니다. 흉노의 군주도 기원전에 이미 '하늘의 아들'이
라는 뜻으로 탱리고도선우(撐犁孤塗單于)로 칭했고, 고구려 광개토왕
의 별호도 호태왕(好太王)이었지요. 거란의 야율아보기(耶律阿保機)
도 10세기 초에 천황(天皇)이라고 했답니다. 한반도 주변 여러 나라
가 중화문명의 영향으로 군주에 대해 천황 혹은 그와 비슷한 존칭
을 사용했던 것입니다.[62]

안중근의 '천황'

안중근은 이토 히로부미(伊藤博文)가 '천황'의 뜻을 거슬렀기에 쏘
았다고 했습니다. 1회 공판에서 재판장이 범행의 목적을 질문하자
안중근이 대답합니다.

> "이토는 일본에서도 제1인자로서 한국에서 통감직을 맡았습니다.
> (1905년 을사보호조약과 1907년 제3차 한일협약) 두 협약은 일본
> 천황의 뜻이 아니었다고 생각합니다. 나는 이토가 천황뿐만 아니라
> 한국 국민도 기만했다고 생각해 왔기 때문에 한국 독립을 위해서는
> 그를 제거해야겠다고 마음먹었습니다."

---

60) Syngman Rhee, Ph.D, *Japan Inside Out*, Flemming H. Revell Company, 1941,
p.14.
61) 「조선일보」 2022. 7. 8. 자 "일제가 갈라놓은 창경궁과 종묘, 90년 만에 다시 만
나다" 내용은 "일제는 덴노(천황)의 궁궐 보존에 정성을 다했다. … 총독부의 조
선궁궐 대우는 달랐다. 경복궁을 식민지 근대화의 선전장으로 동원하며 크게 망
가뜨렸다. …"
62) 김시덕, 『일본인 이야기 1 - 전쟁과 바다』, 메디치, 2019, 62,63쪽.

3회 공판에서 한 진술입니다.

> "(이토가) 통감으로서 한 행위가 일본 천황의 지시에 어긋나는 것
> 뿐이기에 지금도 양국은 싸우고 있는 것입니다. … 이토가 내각총리
> 대신을 역임할 때 민비를 시해한 일도 있습니다. 일본의 천황 폐하
> 에 대해서도 역적이라는 말을 들었습니다."[63]

판결문의 '일왕'

가장 엄정한 공기록(public record)이라고 할 수 있는 '판결문'에서
도 '일왕'이 등장하였습니다. 2021년 1월 서울중앙지방법원은, 일본
국이 위안부 할머니들에게 1억 원씩을 지급하라고 판결했습니다
(2016가합505092호). 주권면제(Sovereign Immunity) 이론을 정면으로 벗
어났다고 하여 말이 많았던 판결입니다. '국가는 타국 법원에서 피
고가 되지 않는다'는 주권면제는 강대국에 특권을 부여하는 이론이
아닙니다. 국내 법원은 내국인 사이의 분쟁 처리에 익숙하고, 외국
국가를 피고로 한들 강제집행이 사실상 불가능하니, 외교적인 교섭
으로 해결하는 편이 낫다는 뜻입니다. 일본을 상대로 강제집행을
하려면 국내에 일본의 국유재산이 있어야 합니다. 국내의 일본 국
유재산이란 외교공관을 생각할 수 있으나 국제조약은 외국공관과
부속물은 강제집행의 대상이 아니라고 못 박고 있습니다(외교관계에
관한 비엔나협약 제22조 제3항).[64]

그런데 판결문 26쪽에서는 '천황'을 '일왕(日王)'으로 표기하고 있

---

63) 사이토 타이켄 지음·이송은 옮김, 『내 마음의 안중근』, 집사재, 2002, 181쪽, 183쪽.
64) Art. 22. 3. The premises of the mission, their furnishings and other property
thereon and the means of the trnsport of the mission shall be immune from
search, requisition, attachment or execution.

습니다.

　"1912. 3. 28.부터 일왕(日王)의 칙령 제21호에 의하여 우리나라
　에 의용되어 오다가 …"

　판결문의 이 부분은 한일관계 파탄의 발단이 된 2012년 대법원
징용배상 판결의 표현을 거의 그대로 가져왔습니다(2009다68620판
결). 1965년 한·일청구권협정으로 종결된 사안을 두고 일본기업 신
일본제철에게 다시 배상하라고 하였던 문제적 판결입니다. 불필요
하게 한일관계를 꼬이게 만든 두 건의 판결에서 재판부가 굳이 '일
왕'이라고 표기했다는 점에서도 재판부의 정서가 읽힙니다.

일본의 천황제 = 서양의 기독교

　'천황제'는 일본 입장에서는 결코 양보할 수 없는, 승전국 미국도
양해한 제도입니다. 1871년 12월 23일 요코하마항(港)을 떠난 이와
쿠라(岩倉) 사절단은 미국을 거쳐 유럽 각국을 관찰했습니다. 이토
히로부미를 비롯한 청년 지식인들은 서양을 움직이는 종교의 기능
에 주목합니다. 서양에서는 종교가 국민을 통합하고, 도덕을 유지하
는 역할을 담당한다고 각성되었습니다.

　그들은 서양에서는 종교가 국가의 중심을 이루고 있는데 일본에
는 국가의 중심이 될 만한 것이 무엇일까를 고민합니다. 불교는 이
미 쇠퇴하였고, 신도(神道)는 종교로서 인심을 돌이킬 힘이 부족했
습니다. 이토는 헌법을 기초하면서 서양의 기독교에 갈음하는 "일
본의 축"을 '천황'에게서 찾고자 했습니다. 국가통일의 기반으로서
'천황제'를 의도적으로 선택한 것입니다. 그렇게 기독교의 '기능적
등가물(等價物)'인 천황제가 탄생하였습니다.[65]

대한민국 외교부의 입장

자유로운 영혼의 예술세계에서도 작품에는 반드시 '작가가 원하는 그대로' 작가 이름을 붙여야 합니다. 이를 작가의 '성명표시권'이라 합니다(저작권법 제12조). 대한민국 외교부의 공식명칭은 '천황'입니다. 일본 헌법 제1조는 "천황은, 일본국의 상징이며 일본 국민 총합의 상징으로서, 이 지위는 주권이 있는 일본국민의 총의에 기초한다"(天皇は、日本国の象徴であり日本国民統合の象徴であつて、この地位は、主権の存する日本国民の総意に基く)고 규정합니다. 이승만 건국 대통령의 지적처럼 단순한 호칭 이상의 의미가 읽힙니다. 국체(國體)로서의 천황이고, 종교로서의 천황입니다.

1881년 이용숙이 재자관(齎咨官)으로 청나라에 파견되었을 때의 일입니다. 청의 실세 리홍장은 한양의 일본 외교관 상주를 허락하고 인천 개항을 촉구했습니다. 외국과의 교역으로 관세 수입을 확보하면 조정의 재정도 든든해질 것이라고 조언합니다. 국왕의 호칭 문제에 대해서도, 서양에서는 황제나 왕은 마찬가지이니, 일본이 자국의 군주를 '황제'라고 하더라도 시비하지 말라고 이릅니다. 물론 조선의 왕과 일본의 천황이 같은 급이라는 뜻이었을 뿐 일본의 천황과 청의 황제가 동급이라는 뜻은 아니었습니다.[66]

그렇거나 말거나, 일본 헌법의 '천황' 규정에 호칭 이상의 거룩한 뜻이 있거나 말거나, 우리는 호칭으로 인식하고, 일본이 원하는 데

65) 정종휴, "천황 지배 이데올로기의 형성과 그 정당화 : 호즈미 야츠카의 역할을 중심으로", 「법과 사회」 제68호 (2021년 10월), 430~432쪽.
66) Key‒huik Kim, *The Last Phase of the East Asian World Order: Korea, Japan, and the Chinese Empire*, 1860‒1982 (Birkeley: University of California Press, 1980), pp.307,308. 함재봉, 『한국사람 만들기 II』, 아산서원, 2017, 342,343쪽에서 재인용.

로 '천황'이라고 불러주면 그만입니다. 일본으로부터 처절하게 당했던 장개석 정부도, 장개석 부대에 부담을 떠넘기고 전투력 보존에 시종했던 모택동 정권도 '天皇'이라 칭하는 데는 마음이 맞았습니다. 중국도 대만도 '천황'이라 하는데, 이웃국가가 양보할 수 없는 원칙에 소득 없이 시비를 거는 협량(狹量)은 우리의 전유물이 되어 있습니다.

명성황후, 영웅, 또 영웅

　2022년 12월 21일 국가보훈처가 주관한 뮤지컬 영화 <영웅> 시사회에서 박민식 처장이 "5천만 대한민국 국민이 전부 보는 영화가 되기 바란다"는 덕담을 했답니다. 정권 교체 후 국가보훈처(현재는 국가보훈부)의 행보에 박수를 보내왔습니다. 영화 시사회에서 할 만한 덕담이지만, 한편 언제까지 이런 식이어야 할지 의문도 없지 않습니다.

　2022년 코로나 시국에 뮤지컬 <명성황후> 25주년 기념공연 소식이 있었습니다. 초연(初演)이 1996년 무렵, 세월이 그만큼 흘렀습니다. 초연 무렵 제작 프로듀서에게서 초대권을 받았습니다. 초등학생 아들·딸까지 끌고 예술의 전당을 찾았으니 무엇인가 덕담을 해야 했습니다. "이 정도면 브로드웨이 가도 되겠네요." 프로듀서 눈빛이 반짝 빛났습니다. '아하, 이미 계획을 하고 있구나' 표정에서 바로 읽을 수 있었지요.

　<명성황후>는 여러 번 해외공연을 떠났습니다. 브로드웨이 공연, 웨스트엔드 공연을 위해 의상과 무대 세트를 컨테이너로 실어 날랐습니다. 우리말 대사와 영어 대사를 왔다 갔다 하는 시행착오

도 거쳤습니다. 미국과 영국 관객이 고종 시절 조선의 시련에 관심이 있을 리 없습니다. 중국학, 일본학에 비해 한국학은 싹도 미미했고, 강남스타일도, BTS도 한참 후의 일입니다.

<명성황후> 제작자 윤호진 선생은 뚝심이 대단합니다. 해외공연을 떠날 때마다 몇억 원씩 까먹는다는 소문이 들렸습니다. 무모하게 보이는 그 감투정신으로, 어떻게든 <명성황후>를 세상에 알렸으니 존경받아 마땅합니다. 송승환 대표는 "호진이 형 덕분에 <난타>를 만들었다"고 했습니다. 컨테이너로 무대 세트와 의상을 나르는데 드는 수고와 운송비에 질렸고, 대사를 우리말에서 영어로 다시 우리말로 바꾸는 혼선을 보며 결심했답니다. 첫째, 우리말은 무대 언어가 될 수 없다, 둘째, 항공용 핸드 캐리(hand carry)가 가능한 무대 세트가 아니면 승산이 없다. 비언어극 <난타>의 1천만 관객 기록은 그렇게 나왔습니다.

세종회관에 근무하는 후배에게서 윤선생이 명성황후 공연 빚을 다 갚았다더라는 소식을 들었습니다. 2017년 탄핵사태 와중에 광화문 세종문화회관에 <영웅>이 걸렸는데, 촛불시위에 나온 젊은 커플들이 <영웅> 간판에 끌려 현장에서 티켓을 사면서 만석 행진이 이어졌다고 합니다. 후속 공연에서도 열기가 식지 않아 극장을 옮기면서도 계속 만석이 이어졌다는군요. "촛불시위의 최대 수혜자는 윤선생이네!" 실없는 농담을 하고 함께 웃었습니다.

<명성황후>도 <영웅>도 對일본 감정과잉입니다. 영화 <영웅> 홍보문구에서 '이토 히로부미'는 여전히 "조선 침략의 원흉"입니다. 안중근이 우리 민족의 영웅이라면, 이토 히로부미는 일본 근대화의 대부입니다. 양계초(梁啓超)는 "조선은 스스로 망했다"고 했습니다. 무장항쟁론자들의 테러리스트 저항사(抵抗史)를 인정하면서

공화정의 실체를 구축한 실력양성론자들을 존중하여야 하듯, 안중근을 부각하면서도 당대 동아시아의 인걸(人傑) 이토 히로부미를 평가할 수 있어야 합니다. 안중근의 이토 히로부미 저격 이후 한 세기 이상이 훌쩍 지났으니 더욱 그렇습니다.

친일잔재의 양상 – '지적재산'에서 '우리 집에 왜 왔니'까지

지식재산 v. 지적재산

영어 Intellectual Property를 '지적재산'으로 번역해 왔습니다. 그래서 Intellectual Property Right는 '지적재산권', Intellectual Property Law는 '지적재산(권)법'이 됩니다. Intellectual Property를 줄여서 IP, Intellectual Property Right를 IPR이라고도 씁니다. 2011년에 '지적재산권'이 '지식재산권'이 되었습니다. 배경이 생뚱맞습니다. '지적재산권'이 '일본식' 번역이기 때문이랍니다. 2011년 '국가지식재산기본법'을 만들고 대통령 직속으로 '국가지식재산위원회'를 운영하면서 벌어진 일입니다. 국가지식재산기본법의 부칙에서 우리나라 법령 중의 '지적재산권'이란 용어를 모두 '지식재산권'으로 바꾸었습니다.

그 무렵 세계지적재산권기구(WIPO, World Intellectual Property Organization)가 주최한 행사에서, 한국인 스텝이 WIPO를 '세계지식재산권기구'라고 소개하더군요. 바로 시비를 걸었습니다.

> "대한민국의 파견 공무원이라면 정부 시책에 따라 새삼스레 기구 명칭을 달리 번역할 수도 있겠지만, UN 직원인 당신이 멀쩡하게 '세계지적재산권기구'라고 쓰던 국제기구의 명칭을 왜 바꾸어 불러야 하는가?"

일본의 번역

일본은 근대화 과정에서 번역에 관(官)이 개입한 나라입니다. 초대 미국공사를 지낸 모리 아리노리(森 有禮, 1847~1889)의 역할이 작용했습니다. 모리는 1873년 뉴욕에서 출판한 『Education of Japan』에서 '영어 공용화론'을 주장합니다. 추상어가 빈약한 일본어로는 서양문명을 정확하게 번역해 낼 수 없다는 이유였습니다. 자유민권 운동의 투사 바바 다쓰이(馬場辰猪, 1850~1888)가 반발합니다. 영어를 공용어로 하면 영어 학습이 가능한 상류층과 그렇지 않은 계층 사이에 갈등이 생길 수 있다고 했습니다. 언어가 달라지면 하층계급 대다수가 나랏일로부터 배제될 수 있다는 우려에 영어 공용화론이 시들해졌습니다.[67] 대신 정부가 직접 영어 서적의 번역에 총력을 기울였습니다. 정부 부서에 번역국과 인쇄국을 설치하고 정밀하고 신속한 번역에 박차를 가한 전통은 아직도 남아 있습니다.

대학원 수업용 영어교재 한 권을 학생 수만큼 쪼갠 후 학생들에게 번역 발표를 시키고 얼렁뚱땅 교수 이름으로 출판했던 우리 풍토와는 하늘만큼 땅만큼 차이가 큽니다. 일본 교수들이 안락한 골프를 위해 안식년을 미국에서 보낸다는 얘기도 듣지 못했습니다. 단기 해외 체류에 목숨을 걸 이유도 없지만, 꼭 필요하다면 무엇인가 번역 과제라도 싸들고 대학 도서관 칸막이(carrel)를 차지하는 성실한 생활인의 모습을 보여줍니다.

---

67) 마루야마 마사오·가토 슈이지 지음·임성모 옮김, 『번역과 일본의 근대』, 이산, 2002, 50,51쪽.

이웃 국가

1997년 여름 학기, 미국 도착 후 두 달 만에 IMF 위기를 맞았습니다. TV 뉴스에서는 밤낮으로 한국이 망한다고 떠들어댔습니다. 방송국은 준비해 둔 자료 화면조차 없어 태극기를 브라운관에 꽉 채우고 장시간 앵커 목소리만 내보내기도 했지요. 어느 날 오전 로스쿨 로비에서, 지나가던 학생 둘이 한국 경제를 조롱했습니다. "또 환율이 10% 떨어졌더라, 후후." 일본 재무성에서 연수 온 공무원이 나섰습니다. "한국은 후진국이 아니다. 한국은 곧 일어선다." 늘 대형 강의실 맨 앞자리를 독차지하던, 조용하고 왜소한 사나이였습니다. 가슴이 뭉클했습니다. 일본 학생들끼리 모이는 파티에도 여러 번 초대 받았습니다. 기말 시험이 끝나고 일본 친구가 두 나라 유학생 가족 파티를 제안했습니다. 정해진 시간에 한 사람 빠짐없이 레스토랑에 앉아 있는 일본 유학생 가족들과, 20분이 지나서 듬성 듬성 나타나는 내 나라 동포들과는 DNA가 달라도 너무 달랐습니다. 연신 시계를 보며 정말 창피하고 민망해 했던 날이었습니다.

국가 간 외교에서도 일본의 도움을 많이 받는다는 사실은 알 만한 사람은 다 압니다. 어느 큰 나라의 퇴직 대사는, 미국에 제대로 메시지가 전달되지 않을 때, 미국이 움직이지 않을 때, 늘 일본에 SOS를 쳤다고 했습니다. 미국이, 영향력 있는 일본의 의견을 무시하지는 않기 때문입니다. 그렇게 도움을 받고도 별로 고마워하지 않고 대충 뭉개버린 게 한국외교라고도 했습니다. 인사하고, 돌아서서 또 인사하고, 돌아가서 메일로 또 감사해 하고―그런 일본 외교관들과는 전적으로 다르게 처신해 왔다는 뜻이겠습니다.

북해도대학에서

2019년 여름 "NO JAPAN"으로 우리 사회가 분기탱천해 있을 때 북해도대학에 갔었습니다. 북해도대학은 1870년대 미국인 클라크 (W.S. Clark)에 의하여 농업학교로 시작하여, 일본 최초로 학사 학위를 수여하였고, 1907년 제국대학으로 승격한 전통의 강호입니다. 클라크는 "Boys, Be Ambitious!"의 주인공이지요. 노벨 화학상 수상자를 배출한 사실이 보여주듯 기초과학이 단단합니다. 사실 일본의 명문대학은 하나같이 기초과학을 중시합니다.

본부는 대학 박물관과 별도로 大學文書館(University Archives)을 운영했습니다. 넓은 전시실 서가에는 자유 열람 가능한 자료가 빼곡했습니다. 100년史, 125년史 '사진집'을 시간 가는 줄 모르고 뒤졌습니다. 기록의 치열함은 감동입니다. 식민지 시절 북해도대학교 농과대학이 경기도 안성에 가지고 있던 연습림(練習林) 현장 사무실의 설계도면까지도 깔끔하게 남아 있었습니다. 두터운 자료집에서는 1926년 개교 50주년을 맞아 설립자 W. S. Clark 동상을 제막하였고, 종전 후인 1948년 동상을 '재설치'하였다고 했습니다. 동상이 사라진 이유가 궁금했습니다. 전쟁 중에 제국주의 군대가 대학 본부에 대본영(大本營)을 설치하였으니, 적국의 시민이라는 이유로 설립자의 동상을 까부셨을까 살짝 걱정이 되었습니다. 서가 구석에 박혀 있던 얇은 팸플릿에서 해답이 나왔습니다. '1943년 5월 전시 금속징용(戰時 金屬徵用)으로 흉상을 헌납'하였고, 1943년에 학생들이 학도병으로 출진했다고. 제국주의 군대가, 설립자 흉상을 깨부술 만큼 그렇게까지 구질구질하지는 않았다는 사실을 확인하고 바로 안도가 됐습니다.

동해와 일본해

　광복절 무렵이면 '동해/일본해' 표기로, '독도' 영유권으로 연례행
사처럼 시끄러워집니다. 우리 정부도 우리 시민도 동해(東海)를 일
본해(Sea of Japan)로 표기한 지도를 보면 자지러집니다. 강만길 선생
의 자서전 『역사가의 시간』의 한 대목입니다. 2003년 '남북역사학자
학술회의'에서 '동해'가 일본 제국주의자들의 횡포로 '일본해'가 된
사실을 남북 학자들이 함께 규탄했다고 썼습니다. 기조발언으로 이
렇게 말씀하셨답니다.

　　"여러 나라로 둘러싸인 내해에 어느 한 나라의 이름을 붙인 예는
　　세계적으로도 없다. 내해에다 이름을 붙인다면 지중해는 이탈리아해
　　가 되고 에게해는 그리스해가 되어야 하지 않겠는가 … 한반도와 일
　　본 사이에 있는 바다는 지구의 가장 동쪽의 내해로서 동해란 이름
　　이 타당하다. 동해를 일본해로 고집하는 데는 제국주의적 침략욕이
　　깃들어 있다 해도 변명할 여지가 없을 것이다."68)

　지명이란 그 '위치'와 '속성'을 반영함으로써, 들을 때 읽을 때 잘
특정(identification) 되는 쪽이 범용성(汎用性)이 강합니다. 동해는 한
반도, 일본, 러시아로 둘러싸인 바다이고, 대한민국은 '동해', 북한은
'조선동해', 일본은 '일본해', 러시아도 '일본해'로 부르는 바다입니다.
일본 외무성은 세계 대부분의 지도가 'Sea of Japan'이라 표기하고
있고, 18세기말부터 서양에서 그렇게 불렀을 뿐 일본의 특별한 의도
는 없었다고 강변합니다. 1897년 출간된 비숍(Isabela Bird Bishop) 여
사의 『Korea and Her Neighbors』에 부록으로 붙은 지도에도 'Sea of
Japan'이 선명합니다.

---

68) 강만길, 『역사가의 시간』, 창비, 2010, 379쪽.

매년 여름, 어느 나라에선가 우리 정부 예산으로 동해(East Sea) 표기를 주장하는 국제학회를 열어 왔습니다. 참여하는 외국 학자들에게는 부담 없고 용돈 생기는 휴가 모임일 것입니다. 그런데, 인도양(Indian Ocean)은 인도의 바다일까요? 인도양은 인도네시아와 아프리카, 호주에 둘러싸인 바다입니다. 유럽인들이 '인도네시아'를 인도의 부속섬으로 오해하여 잘못 작명하였으나 굳어져서 그렇게 쓰고 있습니다. 멕시코 만(Gulf of Mexico)은 미국 남부와 멕시코 동부, 쿠바 사이의 바다일 뿐 멕시코의 영해가 아닙니다. 일본과 한국 사이의 바다를, East Sea와 Sea of Japan 중에 어느 쪽으로 표기하는 편이 그 바다의 위치와 속성을 세계인에게 더 간명하게 전달할까요?

'우리 집에 왜 왔니'와 지적재산권

2019년부터 경기도와 경기교육청이 '친일잔재 청산 프로젝트'를 추진해 왔다고 여러 번 언론에서 보도했습니다. 꼬맹이 때 하던 놀이 '우리 집에 왜 왔니'도 '위안부 강제 동원'을 합리화하는 놀이이므로 교과서에서 삭제한답니다.[69] 취지도 타이밍도 엉뚱합니다. 그런데, 그 경기도 교육감은 조국 교수의 딸 스펙 만들기를 '관행'이라고 했지 싶습니다. 한 나라의 장관을 했던 인물이 교육감으로서 보인 처신으로는 여러모로 혼란스러웠습니다.

'지적재산권'으로 돌아옵니다. 근대화 과정에서 한 단어, 한 단어 번역어를 궁리한 일본의 노력은 그 자체로 드라마입니다. 그 노력에 업혀 가며 우리는 쉽게 서양을 이해할 수 있었습니다. '지적재산권'이란 단어는 100년 이상 일본과 함께 사용해 온 전문어입니다.

---

69) 「머니투데이」, 2019년 5월 26일자 "우리 집에 왜 왔니"부터 '향나무'까지 … 곳곳의 일 잔재; 「조선일보」. 2021년 7월 2일자 "경기교육청, 교실 태극기도 친일잔재라며 철거대상 지목"

독립 국가를 건설하고 70년도 더 지나서 새삼 번역을 시비하는 행태는 지독한 시대착오입니다. 따지고 보면 '지식재산권'은 중국식 번역이라는 혐의가 짙습니다. 중국은 Intellectual Property를 지식산권(知识产权)이라고 번역합니다.

사도광산(佐渡鑛山) 이야기

다시 '한·일 역사전쟁'?

일본은 사도광산 유네스코 세계 문화유산 등록 시도를 포기하지 않고 있습니다. 2022년 초 우리 언론은 일본의 시도에 강하게 반발했고,[70] 2022년 1월 28일 우리 외교부는 대변인 성명을 통해 '한국인 강제노역 피해 현장에 대한 세계유산 등재 시도를 중단하라'고 촉구했습니다. 사도광산 쟁점이 '한·일 역사전쟁'이라는 기사 제목도 자주 등장하고, 신문 사설(社說)에서도 비슷한 주장이 보입니다. 2023년 1월 19일 일본이 다시 사도광산을 유네스코 세계유산에 등재 신청하자 우리 정부는 즉각 주한일본 대리 대사를 불러서 항의했습니다.

작년에는 러시아가 논쟁에 끼어들었습니다. 「러 "사도광산 유네스코 등재 반대"」類의 보도가 2022년 2월 10일을 전후해서 SBS, MBC, YTN 등 TV뉴스는 물론,「동아일보」,「조선일보」,「매일경제」 등 지면에도 등장했습니다. 세계유산위원회 회원국인 러시아가 '한국의 입장에 동조했다'는 식의 우정출연을 반기는 보도 가운데, 극

---

70)「조선일보」2022년 1월 28일자 「아베 "한국과 역사전쟁 피해선 안돼"」,「한국일보」, 2022년 1월 28일자 「한일 '역사전' 시작」,「조선일보」, 1월 29일자 社說 「사도광산' 세계유산 추천, "역사전쟁 하겠다" 달려든 日」 등.

도로 불안한 우크라이나 정세에서 '일본이 유럽에 LNG 물량 양보하자' 러시아가 반발한 결과라는 분석은 나름 의미가 있었습니다.

러시아 외무부는 "당시 군국주의 일본이 식민지 국가에서 많은 사람을 광산 강제 노역에 동원한 사실을 어떻게 부인할 수 있는지 이해하기 어렵다"며 "(사도광산에 반대하는) 한국의 입장을 이해한다"고도 밝혔답니다. 러시아의 이 같은 반응은 하야시 요시마사(林 芳正) 일본 외무상이 이날 주일 미국 대사를 만나 "일본의 LNG 수입량 중 일부를 천연가스 수급 우려가 있는 유럽에 먼저 보내겠다"고 밝힌 직후에 나왔습니다.[71]

일 · 소공동선언과 일본인 억류자

1945년 8월 6일 히로시마에 핵폭탄이 떨어지고 일본이 전의(戰意)를 완전히 상실한 8월 9일, 비로소 소련은 대일전(對日戰)에 발을 담급니다. 대독전선을 정리하고 그즈음 참전하겠다는 미국과의 약속은 있었습니다. 힘들이지 않고 승전국이 된 소련은 일본군 전쟁 포로 60여만 명을 시베리아 각지로 극비리에 이송하였으니 황당한 노동력 수탈이었습니다. 야만적 환경에서 포로 약 6만 명이 '시베리아 억류' 중 사망했습니다.

만주 · 쿠릴열도 · 사할린의 일본군 부대에서 복무하던 조선인 청년들도 가혹한 운명을 비껴갈 수 없었습니다. 정확한 억류자 수는 알 수 없으나, 강제노동 3년을 훨씬 넘기고 1948년 12월 말 약 2,200명이 소련 화물선으로 흥남항으로 돌아옵니다. 이중 남한 출신 약 500명은 1949년 초 38선을 넘었는데, 1990년 한국과 소련이 국교

---

71) 「조선일보」 2022. 02. 10. 23:03 입력, 러시아, 日 사도광산 유네스코 세계유산 등 재 반대… "韓 입장 이해"

를 맺을 때까지 자신들의 기막힌 처지를 입 밖에 꺼내기도 어려웠답니다. 식민지 청년들이 패전국 군인으로 시베리아에서 겪은 한많은 사연입니다.[72]

1956년 10월 일·소공동선언을 통하여 일본과 소련은 국교를 회복합니다. 일·소공동선언 6항은 소련의 대일배상청구권 포기와 함께 '국가·단체·개인에 대한 청구권의 상호포기'를 내용으로 합니다. 1907년 성립한 '육전의 법 및 관습에 관한 헤이그협약(Convention respecting the Laws and Customs of War on Land)'은 전쟁 포로의 노동 대가는 억류국이 지급할 것을 전제로 했습니다.[73] 그러나 일·소공동선언 제6항이 소련에 대한 청구를 막았습니다. 일본군 송환자들은 일본 정부를 상대로 강제노동에 대한 보상을 요구했으나 1997년 3월 13일 일본최고재판소에서 청구기각 판결이 확정됩니다. 1949년의 '전쟁포로의 대우에 관한 제네바 협약(Geneva Convention Relating to the Treatment of the Prisoners of War of August 12, 1949)'은 포로의 본국(the Power on which the prisoner of war depends)이 억류 중 노동에 대하여 보상하도록 규정합니다(제66조, 제67조). 그러나 이 조약이 일본에서 발효한 시기는 1953년 10월이었습니다. 결국 송환자들은 일본 정부로부터 소액의 위로금을 받고 만족해야 했습니다.

1990년 9월 30일 대한민국이 소련과 수교하자, 다음 해 남한 출신 시베리아 억류자들이 삭풍회(朔風會)를 구성합니다. 일본 정부는, 1965년 한·일청구권협정은 포괄적 보상(lump sum agreement)을 규정하므로, 5억 불의 경제지원을 넘어서는 부담은 있을 수 없다고 삭

---

72) 김효순, 『나는 일본군 인민군 국군이었다』, 서해문집, 2009.
73) 협약 부속서 제6조. The wages of the prisoners shall go towards improving their position, and the balance shall be paid them on their release, after deducting the cost of their maintenance.

풍회의 보상 청구에 선을 그었습니다. 내국인에게도 엄격한 기준을 적용했던 일본 정부가, 식민지 피해자들에게 기준을 바꿀 리가 없습니다. 뒤늦게 한국 정부로부터 위로금과 의료지원이 있었습니다만 '그나마 다행'이라고 하기에는 몹시 거북합니다.[74] 한국과 일본 사이 사도광산의 유네스코 등재 시비를 두고, '강제노동의 메카'인 소련의 후예 러시아까지 끼어든 형국은 지독한 부조리극(不條理劇)입니다.

강점, 강제, 강제동원

노무현 정부 시절인 2003년 「일제강점하 강제동원피해 진상규명 등에 관한 특별법」(진상규명법)이 발효하고, 그 진상규명이 종료한 후 2010년 「대일항쟁기 강제동원 피해조사 및 국외강제동원 희생자 등 지원에 관한 특별법」(강제동원조사법)이 성립하였습니다. 법명에 '강제'가 반복되고 있으나 '진상규명법'도 '강제동원조사법'도 '강제동원'의 의미를 정의하지 않았습니다. 진상규명법의 "일제강점하 강제동원 피해"란 '만주사변 이후 태평양전쟁에 이르는 시기에 일제에 의하여 강제동원되어 군인·군속·노무자·군 위안부 등의 생활을 강요당한 자가 입은 생명·신체·재산 등의 피해'를 말하고(제2조 제1호), 강제동원조사법의 "대일항쟁기 강제동원 피해"란 '만주사변 이후 태평양전쟁에 이르는 시기에 일제에 의하여 강제동원되어 군인·군무원·노무자·위안부 등의 생활을 강요당한 자가 입은 생명·신체·재산 등의 피해'라고 정의하고 있을 뿐입니다(제2조 제1호).

위안부 문제가 그러했듯, 조선인 노무동원에 대한 연구도 일본에

---

74) 「연합뉴스」, 2021. 01. 02 "[특파원 시선] 시베리아 억류 피해자들 ... '삭풍회를 아시나요"

서 좌파학자들이 선도하고, 우리 학계가 이들에게 신세를 겼을 것입니다. 우리 사회는 그들을 '일본의 양심세력'이라고 불러왔습니다.

　1939년 이전의 일본 내 취업은 기업의 자유모집이나 지인을 통한 연고취업이 대부분입니다. 1937년 중일전쟁 발발 이후 일본 정부는 1938년 4월 '국가총동원법'을 제정하여 국가총동원체제를 확립합니다. 국가총동원법은 일본은 물론 조선과 대만에서도 시행됩니다. 국가총동원법을 근거로 1939년 7월 15일부터는 '국민징용령'이 발동하였습니다. 당시 국민징용령의 대상 지역은 일본 본토였고, 조선에서는 1944년 9월부터에야 시행되었습니다. 1945년 3월쯤에는 연합국이 제공권을 장악하면서 한·일간 선박 운행이 끊겼으니 실제로 조선에서 징용령이 발동된 기간은 7개월 남짓입니다. 1939년 이후 노무동원은 '집단모집'으로 시작하여, 1942년부터 관 알선이 등장하고, 1944년 9월 이후 징용이 실시됩니다. 각 방식이 서로 중첩되기도 하고, 그 사이에도 연고모집이 남아 있었습니다. 한편 '근로보국대'로서 탄광에 동원된 경우도 있었습니다.[75)]

노무동원, 전시동원, 강제동원, 강제연행

　1990년대까지 일본에서는 제국주의 시대 일본으로 넘어와서 노동을 했던 조선인들의 처지에 대해 "강제연행"이라는 단어를 널리 사용하였습니다. 도노무라 마사루(外村 大) 동경대 교수는 징용령 시행 이전의 '모집' 방식에도 조선총독부의 인원 할당이 있었으므로 "강제성"을 인정하자고 합니다.[76)] 단, 그러한 강제노동에 대한 금전 배상은 현실적이 아니므로 '사과'하는 정도로 정리하자고 주장합니

---

75) 박광준, 『여자정신대, 그 기억과 진실』, 뿌리와 이파리, 137,138쪽.
76) 外村 大, 『朝鮮人强制連行』, 岩波新書, 2012.

다. 한편, 동경도립대 정대균 교수는 반론을 제기합니다. '재일한국
인이 강제연행된 조선인의 후예라는 주장이 있으나, 그 증언을 꼼
꼼히 따져보면 허구에 불과하다는 점이 드러난다'고 공언합니다.[77]
대한민국 외교부 출신인 간사이외대(關西外大) 장부승 교수는 최근
의 일본 학계 분위기에 대하여 '전시 노무동원'이라는 중립어를 사
용하는 경향이 보인다고 설명합니다. "강제연행"은 관헌이 집에 와
서 데려가는 것을 연상케 하므로 '모집'이나 '개별도항'까지 포함하
기에는 무리라는 뜻입니다. 단, '연행(連行)'이라는 단어의 의미 변화
에도 주목하여야 합니다. 해방 이전에 '연행'은 조선에서나 일본에
서나 '데리고 간다'는 의미일 뿐 '본인 의사에 반하여 데리고 간다'
는 아니었습니다. 1948년 일본 「경찰관직무집행법」에서 '연행'을 '의
사에 반하여 데리고 감'으로 규정하면서 그 의미가 바뀌었고 한국
도 영향을 받았습니다. 중국어 '연행(連行)'은 여전히 '데리고 감, 동
행(相連而行, 同行)'의 의미입니다.[78]

이 시기 근로자 동원을 '전시동원', '노무동원' 등 중립적 용어로
설명할 만하지만, 강제동원조사법과 진상규명법의 법명에서 보듯
우리 정부의 공식용어도 '강제동원'입니다. 언론에서도 강제동원이
라는 용어에 집착합니다. 학계에서도 1937년 중일전쟁 발발 후 국
가총동원 체제 발령 이후의 동원을 모두 강제동원이라고 해석하고
싶어합니다.

사도광산 노무동원의 실제

1930년대에는 조선총독부가 가뭄대책에 몰두했습니다. 1939년에

77) 鄭大均, 『在日・强制連行の神話』, 文春新書, 2004.
78) 박광준, 『여자정신대, 그 기억과 진실』, 138쪽.

는 가뭄이 극심하여 이재민을 남양군도와 만주, 南사할린으로 대거
송출하였습니다. 1939년 2월 사도광산은 할당모집 방법으로 충남지
역 출신자 제1진을 모집하였답니다. "1개 촌락 당 20명을 할당했는
데 약 40명씩 응모가 쇄도할 정도"였습니다. 1944년 조선노무협회
도 官알선으로 십 수 명을 동원하였습니다. 1944년 7월 16일자「新
潟新聞」기사 "佐渡鑛山へ半島勞務者"는 '13일 입산식이 사도광산
협화회관에서 열렸고, 광산장의 훈시, 경찰서장의 축사, 입산자 대
표의 선서가 있었다'고 기록합니다.[79]

　남성들이 대거 전장으로 징병된 상태라 노동력의 결원 보충을 위
해서 일본 전역에서 학생이나 근로보국대가 동원되었습니다. 사도
광산에는 아이카와중학교와 고등여학교 학생들이 참여하였습니다.
1944년 12월 18일 사도광산은 군수성 지정 관리공장으로 지정되었
고, 따라서 징용령과 무관하게 취업한 근로자들도 전원 '현원징용'
영장을 받았습니다.[80]

　가족동반 노무자에게는 사택을 무료로 제공하고, 공동목욕탕 시
설을 갖추고, 쌀과 된장·간장·기타 생활필수품의 염가배급이 가능
했습니다(직영구매회). 가족이 아픈 경우에도 직영 의원에서 진찰을
받았고, 독신자는 상애료(기숙사) 3개소에서 무료로 숙박하고 식사
는 일본인과 동등한 내용으로 1일 50전에 제공하였습니다.[81] 1943
년 8월 조선인에 대한 징병령이 시행되면서 1944년에는 징병대상자
가 되어 입영하는 사도광산 조선인 광부도 생겼습니다. 사도광산

79) 정혜경,「일본지역 탄광 광산 조선인 강제동원실태－미쓰비시(三菱)광업 ㈜ 사도
　　(佐渡)광산을 중심으로」, 일제강제동원피해자지원재단, 2019, 96~98쪽
80) 정혜경,「일본지역 탄광 광산 조선인 강제동원실태－미쓰비시(三菱)광업 ㈜ 사도
　　(佐渡)광산을 중심으로」, 94,95쪽.
81) 정혜경,「일본지역 탄광 광산 조선인 강제동원실태－미쓰비시(三菱)광업 ㈜ 사도
　　(佐渡)광산을 중심으로」, 108쪽.

조선인 징병대상자 20여 명 중 1944년 제1회 징병검사에서 갑종합 격자 10명이 나왔고, 이 중 8명이 9월 입대하였습니다. 사도지청장, 경찰서장, 광산향군분회장 등이 축사와 훈시를 하고 조선인 대표가 선서를 하였습니다.82)

희생자의식 민족주의

일본이 2007년 이와미(石見) 은광을 세계유산으로 등재할 때에는 아무런 반대가 없었습니다. 2015년 군함도를 세계유산으로 등재할 당시 우리나라가 반대했고, 유네스코 세계유산위원회는 "유산의 전 체역사(full history)를 이해할 수 있는 방안을 마련한 것"을 요구하고 그 이행경과를 보고하도록 했습니다. 일본은 내각관방 명의로 보존 현황보고서(SOC, State of Conservation)를 제출했으나, 유네스코와 국 제기념물유적협의회(ICOMOS) 공동조사단은 충분하지 않다고 판단 했습니다. 한국 외교부는 "희생자를 추모하는 노력을 발견할 수 없 다는 점에서 우려와 실망을 금할 수 없다"는 입장입니다.83)

우리 언론은 2022년경 일본이 사도광산 등재 신청을 하자, 군함 도에 대한 조치를 제대로 이행하지 않았고, 사도광산의 유산 대상 기간을 에도시대(1603~1867)로 한정함으로써 강제노동 기간을 의도 적으로 뺐다고 공격했습니다. 일본은 "제2차 세계대전 당시의 징발 정책을 설명하는 패널이 산업유산 정보센터에 전시되어 있다"며 유 네스코의 입장을 성실히 이행하고 있다는 입장입니다.

사도광산에 노무동원된 조선인들은 식민지 2등 국민이었습니다.

---

82) 정혜경, 「일본지역 탄광 광산 조선인 강제동원실태-미쓰비시(三菱)광업 ㈜ 사도 (佐渡)광산을 중심으로」, 108,109쪽.
83) 노지현·마승혜, "하시마와 사도광산 유네스코 등재에 대한 한국과 일본의 시각차 이 분석", 「일본학」 제59집(2023.4), 190,191쪽.

일본 관헌의 총칼 앞에 강제연행 당한 근로자들이 아니라, 자유의사로 도일한 구직 근로자들이거나 징용령에 의해 동원된 근로자입니다. 일본은 태평양전쟁의 확대로 병력자원을 총동원하면서 빚어진 노동력 진공을 식민지 청년들로 충당하였습니다. 일본 국내에서 발동하였던 징용령을 식민지로 확대하였던 것입니다. 제국주의의 탁류에 휩쓸려가며 빚어진 상황을 시대의 맥락과 노무동원의 실태를 무시하고 '강제동원'이라고만 단정하는 것이 적절한지 의문입니다.

군함도 주민들은, 당시 조선인도 일본인이었고 강제노동도 학대도 없었다고 목소리를 높입니다. 조선인 노동자를 일본 탄광산업의 공로자이자 행복했던 시절을 함께 한 동료로 기억합니다. 한국에서 군함도를 독일 아우슈비츠처럼 묘사한 출판물이 간행된 데 대해 혼란스러워하고, 유네스코에 대해서도 공정한 조사를 원한다고 나지막히 말합니다.[84] 일본의 「아사히신문」은 '희생자의 기억과 증언도 함께 전시하라'며 한국측 주장에 동조했습니다.[85] 어느 대학교수는 강제징용 군함도 고발 영상 '군함도의 진실'을 뉴욕 타임스퀘어 전광판에 올렸다가, 영상의 주인공이 징용 조선인이 아니라 후쿠오카 광산 일본인 노동자로 확인되어 사과한 해프닝도 있었습니다.[86] 그런데, 이웃 국가가 근대화 유산을 유네스코 세계유산으로 등재하겠다면 과거사를 뒤로하고 이를 축하할 아량은 우리에게 전혀 없는 것인가요?

---

84) https://www.gunkanjima-truth.com/l/ko-KR/article/유네스코-결의문에-대한-도민의-목소리(2023. 7. 12. 방문).

85) 「朝日新聞」, 2021年 7月 27日 5時00分 (社説) 産業革命遺産　約束守り´ 展示改めよ

86) KBS뉴스, 입력 2017.07.06. [K스타] '군함도' 사진 실수 서경덕, "머리 숙여 사과"

조선 · 동아를 폐간하라

광화문 풍경

광화문 한국금융사박물관 앞 작은 쉼터는 '토착왜구' 「조선」·「동아」를 비난하는 현수막으로 요란합니다. 꽁지머리 헤어 스타일에, 여름이면 티셔츠도 맞춰 입은 중늙은이들이 가끔씩은 인도에 의자를 놓고 통행을 방해하며 허세를 부립니다.

1910년 한일합방 이후 「황성신문」, 「대한매일신보」, 「만세보」, 「제국신문」, 「대한민보」는 강압적으로 폐간되었습니다. 3·1운동이 일어나고 총독부 정책이 유화책으로 바뀌면서 「동아일보」와 「조선일보」가 창간됩니다. 그 사이 약 10년간 국내 언론매체라고는 조선총독부 기관지 「매일신보」가 전부였습니다. 「매일신보」에는 이광수, 이인직, 홍난파, 이상협 등 당대의 문인, 음악가, 번역가 등이 포진했으니, 정치색이 없는 영역에서라도 되도록 민족성을 띠려고 노력했습니다. 일본인이 경영한 공연장 정보보다 1914년 박승필이 인수한 단성사 공연을 자주 기사화했고, 전통 소리문화에 대한 기사도 꽤 많이 실었답니다.[87] 그런데, 이제 「동아일보」, 「조선일보」가 등장하면서 언론의 양상이 크게 달라졌습니다.

영문학자 조용만 선생(전 중앙대, 고려대 교수)은 식민지 시기 국내 언론 상황에 대하여 다음과 같이 요약 설명합니다.

"문화정치를 표방한 사이토 총독은 1920년 1월에 민간신문으로 셋을 허가했다. 첫째는 민족 진영측의 김성수에게 「동아일보」, 둘째는 친일색체를 가진 대정실업친목회의 예종석에게 「조선일보」, 셋째는 친일본주의자 민원식에게 「시사신문」을 허가한 것이다. ... 각 신

---

87) 김은신, 『여러분이시여 기쁜 소식이 왔습니다』, 김영사, 2008, 56쪽, 118쪽.

문은 발간을 서둘러 「조선일보」가 제일 먼저 3월 5일에 창간되었고, 「동아일보」와 「시사신문」은 4월 1일부터 발간하였다. ... 「동아일보」는 총독부의 시정을 신랄하게 비판하여 그들의 두통거리가 되었고 ... 발행한지 반년도 못되어서 정간처분을 당하였다. 그러나 이에 굴하지 않고, 속간되자 역시 같은 논조로 3·1 운동의 주동자 48인의 공판, 강우규 사건 ... 상해임시정부의 동향 등을 대대적으로 보도하였고, 동시에 도쿄 유학생 순회계몽 강연의 후원, 물산장려운동의 적극지지, 민립대학 건립운동의 응원 등 활발한 신문화 운동을 일으켜 나갔다. ...

한편, 「동아일보」에서 1923년에 ... 퇴사한 이상협은 1924년 9월에 '조선일보사'를 매수하여 ... 민족진영의 신문으로서 쇄신 재출발하였다. ... 그러나 「조선일보」에는 점차로 젊은 사회주의자들이 많이 입사하여 민족주의적인 「동아일보」에 대하여 사회주의 신문이라는 세평을 받게 되었다. ... 이 당시의 총독부 당국자의 언론탄압은 그 정도가 날로 가혹하여져서, 신문기사의 삭제·압수·발매금지·무제한 발행정지 등 온갖 수단을 다하여 신문을 괴롭혔는데, 「동아일보」는 1920년부터 1923년까지 매월 평균 15회의 압수를 당했고, 1930년까지는 매년 40~50회의 압수를 당했으며, 1930년 4월까지 총계 292회의 압수를 당하였다. 「조선일보」는 1923년까지는 연 24회 가량의 압수를 당하더니, 혁신 후인 1924년에는 2배가 늘어서 연 48회, 1925년에는 53회, 1926년에는 55회로 가중되어 갔다. ...

그러면 1920년에 민간신문이 터져 나온 후 1931년까지 신문화 운동에 끼친 업적은 어떠한 것인가? ... 실상은 정치운동을 할 수 없었던 때인 만큼 신문사는 민족운동의 본부였던 것이며, 신문기자는 애국적 투사인 동시에 신문화운동의 선구자였던 것이다."[88]

"(1931년 만주사변 이후) 민족적 총역량을 집중하였던 단일 단체

---

88) 조용만, 『일제하 한국신문화운동사』, 정음문고, 1975, 113~119쪽.

인 '신간회'가 해산되고 일부 좌익분자가 지하로 숨은 뒤에, 항일전선에 남은 것은 세 민간신문 뿐이었다. 합법기관으로 일제와 대결하여 투쟁하는 민족의 대변지로서 가장 관록이 있는 것이 「동아」「조선」의 양대 신문이었고, ... 한편 「조선일보」는 1932년에 방응모를 맞아서 재정을 확립하고, 편집진용을 강화하여 「동아일보」에서 이광수, 주요한, 서춘을 끌어내어 사세(社勢)를 진작시켰다. ... 1936년에는 베를린 올림픽에서 손기정이 마라톤에 우승하자, 그 사진의 일장기 말살 문제로 「동아일보」는 무기정간을 당하고 ... 마침내 일본이미·영을 상대로 한 태평양전쟁을 일으키게 되자 제8대 총독인 고이소는 우리 민족의 대변기관인 「동아일보」와 「조선일보」의 폐간을 결심하고 .. 자진폐간할 것을 종용하였다. 그러나 두 신문사 사장은이를 거부하고 발간을 계속하였던 바 그들은 강권을 발동시켜서 1940년 8월 10일에 두 신문을 폐간시키고 말았다. 「동아일보」는 제6,819호, 「조선일보」는 제6,923호로 20년간의 파란 많던 역사에 종지부를 찍었다."[89]

아사히신문

'인권'과 '평화'를 이야기하는 진보지 「아사히신문(朝日新聞)」은 1879년 1월 오사카에서 창간되었습니다. 판매 부수는 「요미우리(読売)」다음, 2천명 기자가 조간 600만 부, 석간 200만 부 가까이 찍고 있습니다. 요시다 세이지(吉田清治)의 '위안부 강제연행 경험'을 인터뷰하고 지속적으로 기사화했다가, 요시다의 주장이 소설로 드러나면서 관련 기사 21건을 철회하고 공식사과하는 해프닝도 겪었습니다.

오사카 중심가에는 '朝日新聞 festival hall' 간판이 선명한 아사히신문 사옥이 우뚝 섰습니다. 그 맞은편 건물에는 '香雪美術館(Kosetsu

---

89) 조용만, 『일제하 한국신문화운동사』, 정음문고, 1975, 195~199쪽.

Museum of Art)' 간판이 보일 듯 말 듯합니다. 아사히신문을 창립한 무라야마 료헤이(村山龍平, 1859~1933) 소장품을 전시하는 사설 미술관입니다. '香雪'(kosetsu)은 무라야마 료헤이의 호입니다. 무라야마는 1889년 아시아미술잡지 '국화(國華)'를 창간하고 1905년부터 영문판으로도 냈습니다. 1923년 관동대지진 때 도쿄의 국화사(國華社) 사옥이 불타면서 창간 이래의 목판화 판목, 원판, 사진, 장서를 소실하였으나 6개월 후에 '國華'를 복간하였고, 1944년 말 태평양전쟁으로 휴간하였으나 1946년 3월 다시 복간하여 이후 결호(缺號) 없이 발행하고 있다고 합니다.

아사히신문사의 애드벌룬

하야시 후미코(林芙美子, 1903~1951)는 일본 근대문학을 대표하는 여성작가입니다. 1930년 자신의 고달픈 삶을 그린 자전소설 『방랑기』를 60만부 팔았습니다. 카페 여급, 여공 등 몸소 겪은 바닥 인생을 묘사하여 대중의 인기를 얻었던 작가이지요. 1937년 7월 중일전쟁이 일어나자 그해 12월부터 1938년 1월까지 「每日新聞」 특파원으로 남경(南京)을 취재했고, 1938년 종군하여 펜(pen)부대 일원으로 한구(漢口)공략전에 파견되었습니다. 1940년에는 북만주를 시찰하고, 1942년에는 육군보도반원으로서 남방(南方)전선에 다녀와서는 강연회로 대중의 호응을 끌었습니다.

『戰線』(아사히신문사 간행, 1938. 12)과 『北岸部隊』(중앙공론사 간행, 1939. 1)는 1938년 종군 체험을 바탕으로 한 작품입니다. 종군 체험을 전후하여 그녀의 문학 특징이 달라졌다고도 합니다(李相赫, "林芙美子の 『戰線』における感覚と不安").

아사히신문사 사옥에 애드벌룬이 걸렸더랬습니다. 1938년 12월 간행한 『戰線』 1주년 기념 애드벌룬, 전시에 황군의 용맹을 찬양하고 전쟁을 독려했던 「아사히신문」의 태도가 증거로 남았습니다. 물론 내각의 주문에 따르지 않으면 폐간이 당연하던 시절이었지요. 1945년 태평양전쟁 패전 이후, 「아사히신문」의 논조는 다시 180도 바뀌었습니다.

이렇게 「아사히신문」에도 대동아전쟁·태평양전쟁 시절, 전쟁을 독려하고 찬양했던 흑역사가 있습니다. 성전(聖戰)이 패전으로 끝나고 논조가 손바닥 뒤집듯이 바뀌어 비웃음을 사기도 했습니다. 정론직필(正論直筆)이 정간, 폐간으로 이어지던 서슬 퍼렇던 시절을 겪었습니다. 「아사히신문」이 그럴진대 식민지 신문 「동아일보」 「조선일보」의 운신은 어땠을까요? 식민지 시절 '천황' 기사를 예쁘게 쓴 일이 있으니 「조선일보」, 「동아일보」 폐간하여야 한다고 수선떠는 중늙은이들, 그 영감님들 '아르바이트비'는 출처가 어디일까요, 영감님들 볼 때마다 그것이 궁금했습니다.

찾아보기

저자약력

홍승기(洪承祺)

고려대학교 법학과, 같은 대학 대학원을 졸업하고, 미국 펜실베니아대 로스쿨에서 수학하였다. 사법시험과 뉴욕주 변호사시험에 합격하였고, 대한변협 공보이사를 지냈다.

인하대 로스쿨 원장, 한국엔터테인먼트법학회 회장, 언론진흥재단 감사, 출판문화산업진흥원 이사, 예술인복지재단 이사, 영상자료원 이사/감사, 영화진흥위원회 부위원장, 저작권위원회 부위원장 등의 직을 수행하였다.

현재, 인하대학교 로스쿨 교수로 재직하며 법조윤리협의회 위원장, 콘텐츠분쟁조정위원장으로도 활동하고, 한일협력 방안을 고민하고 있다.

『시네마법정』(생각의 나무, 2003), 『어느 여행자의 독백』(라이프맵, 2016), 『방송작가의 권리』(2020, 시나리오친구들) 등을 쓰고, 『치열한 법정』(청림출판, 2009)을 번역하였다. 위안부, 징용배상 등 한일관계에 대한 논문도 다수 발표하였다.

중세지향, 퇴행사회

초판발행	2023년 9월 20일
초판4쇄발행	2024년 7월 12일
지은이	홍승기
펴낸이	안종만·안상준
편 집	윤혜경
기획/마케팅	김민규
표지디자인	BEN STORY
제 작	고철민·김원표
펴낸곳	(주)**박영시**
	서울특별시 금천구 가산디지털2로 53, 210호(가산동, 한라시그마밸리)
	등록 1959. 3. 11. 제300-1959-1호(倫)
전 화	02)733-6771
f a x	02)736-4818
e-mail	pys@pybook.co.kr
homepage	www.pybook.co.kr
ISBN	979-11-303-4544-4 93360

* 파본은 구입하신 곳에서 교환해 드립니다. 본서의 무단복제행위를 금합니다.

정 가   18,000원